楚國文化研究叢刊

劉玉堂◇主編

楚國交通研究

劉玉堂 袁純富○著

昌明文化

楚國文化研究叢刊

楚國交通研究

著　　作　劉玉堂　袁純富

版權策劃　李　鋒

發行人　陳滿銘

總經理　梁錦興

總編輯　陳滿銘

副總編輯　張晏瑞

編輯所　萬卷樓圖書(股)公司

排　　版　雙子設計公司

封面設計　雙子設計公司

印　　刷　百通科技(股)公司

出　　版　昌明文化有限公司

桃園市龜山區中原街 32 號

電話 (02)23216565

發　　行　萬卷樓圖書(股)公司

臺北市羅斯福路二段 41 號 6 樓之 3

電話 (02)23216565

傳真 (02)23218698

電郵 SERVICE@WANJUAN.COM.TW

大陸經銷

廈門外圖臺灣書店有限公司

電郵 JKB188@188.COM

ISBN 978-986-94604-7-7(平裝)

2017 年 8 月初版二刷

2017 年 3 月初版一刷

定價：新臺幣　420　元

如何購買本書：

1. 劃撥購書，請透過以下帳號

　帳號：15624015

　戶名：萬卷樓圖書股份有限公司

2. 轉帳購書，請透過以下帳戶

　合作金庫銀行古亭分行

　戶名：萬卷樓圖書股份有限公司

　帳號：0877717092596

3. 網路購書，請透過萬卷樓網站

　網址 WWW.WANJUAN.COM.TW

大量購書，請直接聯繫，將有專人為您

服務。(02)23216565 分機 10

如有缺頁、破損或裝訂錯誤，請寄回
更換

版權所有 · 翻印必究

Copyright 2017 by WanJuanLou

Books CO., Ltd. All Right Reserved

Printed in Taiwan

國家圖書館出版品預行編目資料

楚國交通研究 / 劉玉堂著 . -- 初版 . --
桃園市 : 昌明文化出版 ; 臺北市 : 萬
卷樓發行 , 2017.03
面 ;　公分 . -- (楚國文化研究叢刊 ;
A0201008)
ISBN 978-986-94604-7-7(平裝)
1. 文化史 2. 楚國
631.808　　　　　　　　　106003979

本著作物經廈門墨客知識產權代理有限公司代理，由湖北教育出版社有限責任公司授
權萬卷樓圖書股份有限公司出版、發行中文繁體字版權。

目 次

總　序①

　　春秋戰國時期領異標新、驚采絕豔的楚文化，為中華文化的形成與發展完美地奉獻出了自己的珍藏。楚學的使命就是對這一稀世珍藏進行廣泛而深入的挖掘、整理和研究。這是一項異常艱辛而又充滿愉悅的工作，需要眾多的志士仁人協力同心共同完成。

　　楚文化是古老的，它的誕生在三千年以前；但楚學是年輕的，人們有幸對它進行系統的科學研究至今還不過百年光景。

　　楚文化的遺存埋藏在地下達三千年之久，直到20世紀20年代至40年代才被盜墓者「驚起」。當時，在安徽壽縣和湖南長沙出土了大量戰國時期的楚國銅器和漆器，其工藝之精絕，風格之獨特，令史學家和古董商歎為觀止。但這還只是「小荷才露尖尖角」，人們一時還很難捕捉它們的意態風神。從20世紀50年代起，楚文化的遺存在湖

---

① 簡體版由湖北教育出版社於二〇一二年出版。今繁體版於臺灣重新編輯印刷，因考量兩岸學術寫作習慣不同，故在編輯體例上作出些微調整，以符合繁體區的閱讀方式與學術格式。茲向讀者說明如下：

1.若遇特殊名詞，則改為繁體區習慣用語。如：「釐米」，改為「公釐」。「米」，改為「公尺」。其他以此類推。

2.本套書各冊之〈總序〉、〈序〉與〈後記〉，皆照錄簡體版之原文。

3.原書的簡體字，如「杰」、「云」……等，皆改為相應之繁體字。

4.字體簡繁轉換，造成用字不同，皆以該單位原有繁體之名稱為準。如：「岳麓書社」，改為「嶽麓書社」。

總
序

1

南、湖北、河南、安徽等地一批又一批地被考古學家喚醒，引起學術界和文藝界一陣又一陣的狂歡。「驚起卻回首」，人們重新審視哲學史上的老莊和文學史上的屈宋，徹然大悟，原來它們也都是楚文化的精華。

楚文化因楚國和楚人而得名，是周代的一種區域文化，集中了東周文化的大半精華。它同東鄰的吳越文化和西鄰的巴蜀文化一起，曾是盛開在長江流域古區域文明的奇葩。與並世共存的先進文化相比，楚文化可以說是後來居上。當楚文化跡象初露之時，它只是糅合了中原文化的末流和楚蠻文化的余緒，特色不顯，影響不大，幾乎無足稱道。到了西周晚期，它才脫穎而出，令北方有識之士刮目相看。及至春秋中期，它竟突飛猛進，已能與中原文化競趨爭先了。楚文化不僅有爐火純青的青銅冶鑄、巧奪天工的漆木髹飾和精美絕倫的絲織刺繡，而且還有義理精深的老莊哲學、鑠古切今的屈宋辭賦和出神入化的美術樂舞。透過這耀眼的紛華，我們還能領悟到楚人進步的思想精髓和價值追求：「篳路藍縷」的進取精神、「撫夷屬夏」的開放氣度、「鳴將驚人」的創新意識、「和眾安民」的和合理念以及「深固難徙」的愛國情結。它們無疑是楚人留給世人的最寶貴的文化遺產。

為了對楚文化研究成果進行階段性總結和集中展示，20世紀90年代中期，湖北教育出版社推出了由張正明先生主編的大型學術叢書「楚學文庫」（18部），在學術界產生了強烈而持續的影響，「楚學」至此卓然而立，蔚為大觀。

自「楚學文庫」出版至今十數年間，隨著湖北棗陽九連墩大墓、河南新蔡葛陵楚墓、湖北隨州葉家山西周墓群的發掘，尤其是湖北荊門郭店楚簡、上海博物館珍藏的戰國楚竹書和清華大學藏戰國竹簡等出土文獻的陸續問世，以及新的研究方法和新的技術手段的推廣與運用，楚學研究出現了「驚濤拍岸」的高潮，眾多的楚學研究成果如浪花般噴珠濺玉，美不勝收。面對楚學研究的空前盛況，湖北教育出版

社以弘揚學術、嘉惠士林的遠見卓識，約請我主持編纂大型學術叢書「世紀楚學」（12部），這對於全面、系統、深入地探討楚文化的內涵與精蘊，及時展示楚學研究的最新成果，繼承和弘揚楚文化乃至中華文化的優秀傳統，促進社會主義文化強國和中華民族共有精神家園建設，既具有重要的理論意義，又具有重大的實踐價值。

「世紀楚學」選題嚴謹，內容宏富，研究範圍包括楚簡冊、政治、法律、禮儀、思想、學術、文學、地理、農業、水利、交通、飲食、服飾和名物等，大都是楚學研究中十分重要且「楚學文庫」未曾涉及或涉而不深的議題。因此，「世紀楚學」既是對「楚學文庫」的賡續、豐富和完善，又是對「楚學文庫」的延伸、拓展和推進。

之所以將叢書定名為「世紀楚學」，所思者有三：一是現代意義的楚學研究始於20世紀20年代，迄今已近百年；二是本叢書是21世紀推出的第一套大型楚學叢書，帶有鮮明的新世紀的印記；三是「世紀」也可泛指「時代」，意在誠勉本叢書切勿有負時代之厚望。

作為國家出版基金資助專案和湖北省社會公益出版專項資金資助專案，「世紀楚學」致力於從新視角、新構架、新材料、新觀點四個方面，實現楚學研究的新突破、新跨越、新發展，奮力開創楚學研究的新局面！

我忝任主編，限於學識和俗務，時有力不從心之感，幸有張碩、靳強先生襄助，諸事方才就緒，令我心存感念！

任何有益於本叢書的批評和建議，我們都竭誠歡迎！

劉玉堂

2012年2月於東湖之濱

總序

第一章　先秦時期江漢平原及其周邊地理狀況與自然道路

第一節　先秦時期江漢平原及其周邊地理狀況

先秦時期，江漢平原及其周邊地區土地肥沃，氣候濕潤，水生物、森林、礦產資源皆十分豐富，是適宜古人長期繁衍、生息與勞作的地方。江漢平原及其周邊地區在上古時代，是一個多山，多水，人憑舟楫、肩擔、推車往來的地區。鄂東北，屬低山丘陵區，其地勢東北高而西南低。其間分布有滆、澴、灄、舉等幾條流量較大的河流。鄂東南，其西南緊靠湖南，東南與江西為鄰，東北依託長江，西與漢江平原毗連。這一地區南高北低，嶺谷平行，山丘盆地參差，地形頗為複雜。由於受地質構造的影響，這裡在先秦時期就形成了一些大大小小的構造湖泊和壅塞湖泊[①]。

鄂西北，總的地勢是西高東低，南部和北部高起，中間為漢江谷地。漢江幹流為這一地區最大的河流，其西從陝西入湖北境，沿秦嶺、大巴山之間滾滾東流，貫串一系列陷落盆地，形成峽谷和盆地相

① 劉玉堂，袁純富：〈武漢地區古湖泊的成因及其演變過程〉，載《社會科學論叢》，1990年第3期。

間出現的地貌。在那個時期，這裡分布著茂密的森林和大片的草地，是土特產極為豐富的地區。鄂北，其北與河南省的南陽盆地相接，南與江漢平原相連，東與鄂東北低山丘陵毗鄰，西與鄂西北山地接壤。這一地區主要包括棗（陽）北、襄（陽）北、老河口北三部分，人們常稱之為「三北岡地」，是先秦時期湖北通向中原地區最理想的天然孔道。鄂西南，總的地勢是西高東低，屬我國雲貴高原的東部邊緣，長江三峽東段江流和清江為其境內主要河流。巴人曾在此地進行過大量的經濟開發活動，傳說中的廩君乘土舟而爭王位之事，就發生在清江河流的上段。同時，考古資料證明，鄂西南亦是湖北最早的古人類活動地區之一①。江漢平原的地勢基本上是周邊高中間低，江、漢、沮、漳、夏等為其境內主要河流，流向大抵是自西往東或往東北流，河水的流量亦很大，《楚辭　哀郢》中有「惟郢路之遼遠兮，江與夏之不可涉」。《左傳》中將江、漢、沮、漳四大水並提，也可提供這一資訊。先秦時期，在江漢堤防尚未興起之前，這裡的河流大抵皆呈扇狀向東南或東北散流，並且分別注入長江和漢水，沒有形成所謂的跨大江南北的一片汪洋湖泊的地理條件。但是，江漢平原地區有陸地、沼澤、湖泊、森林，並且土地已經可供人們耕種，是歷史的事實。《尚書　禹貢》說，江漢平原「沱潛既道，雲土夢作乂」。解放後，在江漢平原發現眾多的新石器時代古文化遺址，即是最好的實物證據。因此，在四五千年前，江漢平原是不存在一片汪洋湖泊地貌的②。

據《史記　司馬相如列傳》記載：

雲夢者，方九百里，其中有山焉。其山則盤紆岪鬱，隆崇嵂崒，

---

① 王善才：〈湖北地區古人類遺存的發現與展望〉，載《江漢考古》，1980年第2期。
② 袁純富：〈試論江漢地區原始文化的地理諸問題〉，載《考古》，1987年第9期。

岑岩參差，日月蔽虧，交錯糾紛，上干青雲，罷池陂陁，下屬江河。其土則丹青赭堊，雌黃白坿，錫碧金銀，眾色炫耀，照爛龍鱗。其石則赤玉玫瑰，琳瑉琨珸，瑊玏玄厲，瑌石武夫。其東則有蕙圃衡蘭，芷若射干，穹窮昌蒲，江離麋蕪，諸蔗猼且。其南則有平原廣澤，登降陁靡，案衍壇曼，緣以大江，限以巫山。其高燥則生葳菥苞荔，薛莎青薠。其卑濕則生藏莨蒹葭，東薔雕胡，蓮藕菰蘆，菴藺軒芋，眾物居之，不可勝圖。其西則有湧泉清池，激水推移，外發芙蓉菱華，內隱鉅石白沙。其中則有神龜蛟鼉，瑇瑁鼈黿。其北則有陰林巨樹，楩楠豫樟，桂椒木蘭，蘗離朱楊，櫨梨梬栗，橘柚芬芳。其上則有赤猨蠷蝚，鵷雛孔鸞，騰遠射干。其下有白虎玄豹，蟃蜒貙豻，兕象野犀，窮奇獌狿。

這段史料雖然有些浪漫的文學色彩，但它卻從另一角度反映出了江漢地區在先秦時期屬於一個兼有平原、廣澤、丘陵地貌，且有人類活動的自然經濟資源較為豐富的地區。《戰國策 楚策》中曾有這樣一段記載：「楚王游於雲夢，結駟千乘，旌旗蔽日，野火之起也若雲蜺，兕虎嗥之聲若雷霆，有狂兕牂車依輪而至，王親引弓而射，壹發而殪。」從楚王結駟千乘來看，江漢平原在楚人先祖和土著人的精心治理下，早在先秦時期已經有所開發，道路基本形成①。

從文獻資料看，江漢平原及其周邊地區在先秦時期水系、湖泊甚多，變化亦較大。長江自湖北巴東邊入境，東流橫穿鄂西、江漢平原和鄂東，並分別在湖北的武穴、黃梅、小池口附近進入江西北境和安徽西南境，全長1061公里。

先秦時期湖北境內的長江，自巴東至宜都一段，由於兩岸山陵丘地的限制，江面寬度與今相當。但是江水自宜都以下至黃梅小池口

① 袁純富，王耀明：〈試論春秋時期的楚國道路〉，載《公路交通編史研究》，1989年第3期。

鎮，其江面及分流路線，皆有很大的變化。具體說來，今宜都至荊州
市沙市區一段，在先秦時期，江面比今要寬闊，江中分布著許多大大
小小的沙洲。沙市區以上，文獻稱之為上百里洲；沙市區以下，則稱
之為下百里洲①。每逢汛期，江面極為寬闊。《荀子　子道》說：「昔
者江出於岷山，其始出也，其源可以濫觴，及其至江之津也，不放
舟，不避風，則不可涉也。」江之津的位置，在今天荊州沙市。這說
明，荊州沙市附近的江面在先秦時期要比現在的江面寬闊得多②。
同時，江水的枝江至沙市段，因水量的季節性變化和眾多沙洲的影
響，這裡出現了主泓分流的現象。《枝江縣志》稱百里洲北為「沱
江」，其南為大江。沙市以東，江水大體上也分為兩江。《漢書　地
理志》說：「夏水首受江，東入沔，行五百里。」實際上，先秦時期
的夏水是江水流至沙市後向東分出的一條汊河道。《水經注　江水》
說：「江津口（今沙市），故洲亦取名焉，江大自此始也。《家語》
曰：『江水至江津，非方舟避風，不可涉也。』故郭景純云：『濟江
津以起漲，言其深廣也。』江水又東逕郢城南……江水又東得豫章口
（今沙市東郊），夏水所通也。又東逕華容縣西，夏水出焉。」《夏
水》云：「夏水出江津於江陵縣東南。江津豫章口東，有中夏口，是
夏水之首江之汜也。屈原所謂過夏首而西浮，顧龍門（今江陵紀南城
遺址東門）而不見也。」這段史料，說的是長江流至沙市，向東分出
夏水，夏水向東「行五百里」，入沔水。《水經注　江水》說：「江
水又右逕陽岐山北（戴震謂今石首西山），山枕大江，山東有城，故
華容縣尉舊治也。大江又東，左合子夏口。江水左迆北出，通於夏
水，故曰子夏也。」這說明今石首東北，亦當有一條夏水入江。唐張
守節說夏州為「大江中洲也」③，看來頗有道理。這就是說，在先秦

---

① 《續修江陵縣志　卷首》。
② 袁純富：〈沙市市歷史地貌及其演變過程〉，載《荊州市師專學報》，1983年第3期。
③ 湖北省社會科學院歷史研究所：《楚國編年資料》，1980年版。

時期長江下荊江河段①除了河道彎曲、江中有許多的沙洲外，這一地帶的江流形勢也是處於分汊狀態，其主泓道大體上與今江流形勢相同。由於下荊江河段的南岸地勢高於北岸，今監利、洪湖南在先秦時期因受江漢諸水系氾濫的影響，其凹地也出現了沼澤和湖泊。《漢書 地理志》華容條說：「雲夢澤在華容縣南。」《三國志 魏書武帝紀》宋裴松之注引有云：「公（曹操）船艦為備所燒，引軍從華容道步歸，遇泥濘，道不通，天又大風，悉使羸兵負草填之，騎乃得過。」這些史料提供了這一信息。

先秦時期長江的湖北武漢段，江面亦比今寬闊得多。當時江中分布著許多江心洲。據《水經注 江水》記載，這一河段在先秦時期較大的沙洲就有20餘處，其中以鸚鵡洲、東城洲、武洲、夏洲、蘆洲、金梁洲為最大。但是，由於大江兩岸受黃陵丘地和鴿子山餘脈的限制，今長江武漢段的上游漢陽軍山一帶的江面在先秦時期較窄，是古人活動的天然渡口。除此之外，在長江武漢段的中、下游，先秦時期這一地帶不僅河流甚多，汊流成網，而且在大江兩岸還分布著許多湖泊，屬於一片水鄉澤國。這一地段自古以來，皆是古人從事政治、經濟、軍事活動，以及發展南北交通事業最為活躍的地區②。

長江進入武漢陽邏之後，今雙劉鎮、團風西即張渡湖一線，在先秦時期皆屬長江汊流、洲灘地貌。團風至黃岡，江面更寬，沙洲亦多。在今樊口以北的江右岸尚未形成自然堤時，這一帶屬於古代江湖氾濫的荒洪地貌。鄂州以下，直至武穴一段，江流形勢大抵上與今相當，但江水汊流，沙洲興衰，河床有所擺動，亦是有之。不過江水東流至今蘄州鎮之後，由於大江兩岸丘地的控制，富池鎮以上的江面較

---

① 宜都至公安藕池為上荊江河道，藕池至湖南城陵磯為下荊江河道。
② 袁純富，劉玉堂：〈武漢古地理變遷及其對經濟的影響〉，載《學習與實踐》，1986年第3期。

窄，這一地帶當是古人控制長江南北的咽喉要地。江水出丘地之後，江面迅速展開，並呈扇狀向東面散流，其主泓在今長江湖北武穴至安徽安慶一段以北。直至明中葉建成江北大堤，今長江與這條古長江道的聯繫才最終被割斷 ①。很顯然，先秦時期江漢地區乃至長江中游地區地貌與今天是大不相同的。

漢水，是湖北境內的最大河流之一。它發源於陝西省寧強縣境內的嶓塚山，東流過旬陽後進入湖北省，過襄陽後折向南流，鍾祥以下進入江漢平原，流速大大減緩，在潛江市北境改向東流，河道蜿蜒曲折，輾轉於星羅棋布的湖泊之間，最後在武漢市的龜山腳下注入長江。其幹流全長1577公里，流域面積約17.43萬平方公里，在湖北省境內長約928公里，並先後接納了甲河、天門河、堵河、丹江、南河、唐白河、湨水等主要河流。漢水不僅是長江最大的支流，而且也是我國歷史上久負盛名的巨川。自古以來，人們往往把它與長江、淮河和黃河並列，稱之為江、淮、河、漢。

先秦時期，人們在漢水修築堤壩之前，漢水的流量不僅比今大，且河面亦比今要寬闊。《詩　周南　漢廣》記：「漢有遊女，不可求思。漢之廣矣，不可泳思。」這雖然形容的是當時男女愛戀之情，但其中卻反映出當時漢水江面甚寬難涉，為這一地區的天塹。據《水經注　沔水》記載，漢水在先秦時期已有固定河床，其眾多支流散流於江漢之間，調節了當時的江、漢洪水。在湖北境內的漢水上游，由於受秦嶺和大巴山餘脈的控制，江面一般說來皆不寬廣，且在漢水兩岸分布著許多不均等的山前小平原。《詩　蕩之什　江漢》記：「江漢之滸，王命召虎，式辟四方，徹我疆土，匪疚匪棘；王國來極，于疆于理，至於南海。」朱熹注云：「江漢即平，王又命召公辟四方之侵地，而治其疆界。非以病之，非以急之

---

① 林承坤：〈河床學的對象和研究方法〉，載《地理》，1961年第6期。

也，但使其來取正於王國而已。於是遂疆理之，盡南海而止也。」
這裡的南海，指江漢之南。這段史料說的是周公派召伯虎在漢水襄
陽以北即南陽地區開發治理的經濟活動情況[①]。同時，楚人先祖也
先後自河南中原來到了丹淅流域，利用這裡的漢水沖積平原和肥沃
的土地，發展了自己的農耕經濟和政治勢力，並且在此建立了自己
的國都——丹陽[②]。事實證明，楚人在湖北最早的活動中心，還是
在湖北與河南兩省交界的丹淅匯入漢水處。這裡屬於有山有水而無
大澤的丘陵平原地貌，是習慣於北方氣候的楚人先祖生活和進行北
方農作物種植的極好地方。雖然這裡在先秦時期河的流量、流速都
比今大，但由於地勢較高，沿漢江兩岸基本上無洪水威脅。因此，
這一河段自古以來是可供人們擺渡、架橋，且具有天然孔道的河岸
地段[③]。

　　漢水自襄陽之後，江面迅速向東南展寬，江中分布著許多沙洲，
其中以魚梁洲尤為著名。《水經注　沔水》說：「（沔水）又從縣
東，屈西南，淯水從北來注之。襄陽城東，有東白沙，白沙北有三
洲，東北有宛口，即淯水所入也。沔水中有魚梁洲，龐德公所居。」
《襄陽府志》：「魚梁，亦曰槎頭，在峴津上，水落時洲人攝竹木為
梁，以捕魚。」這說明，今襄陽城以東至峴首山麓一線的漢水河段在
當時河道不僅彎曲，而且江中還有許多洲灘。襄陽有三灘，其中以鳳
凰灘為最險，即反映出了舊時襄陽漢水河段屬於水流湍急、河中怪石
突兀、灘長石多的山溪性質河道。

　　漢水進入江漢平原之後，其江面就比較開闊了。尤其是經過鍾祥
之後，江面更為寬闊。據考察，先秦時期的漢水北岸線大抵是在今江
漢平原境內的漢水偏北一帶。具體說來，古代的漢水的一支流自鍾祥

①　《詩　蕩之什　丞民》。
②　張正明：《楚文化史》，上海人民出版社1987年版，第13頁。
③　袁純富，王耀明：〈「膠船」及周昭王歿地考〉，載《公路交通編史研究》，1990年第1期。

11

東南舊口東出，接今天門河經汈汊湖至武漢地區瀋口附近入長江①。而另一支流大體上沿今漢水河道，經今潛江、仙桃，在武漢龜山腳下注入長江。潛江、仙桃一線的漢水，先後接納古代的夏水、中夏水、夏揚水和揚水②，使江漢平原形成水系交錯而又可供人們生活居住的所謂雲夢地貌③。

漢水進入武漢地區的西部乃至龜山西南腳下，由於受漢陽丘地的控制，先秦至漢魏，其江面比較狹窄。《梁書 武帝紀》記蕭衍領大軍自竟陵（今天門）至漢口，在這裡觀察地形時指出：「漢口不闊一里，箭道交至，房僧寄以重兵固守。」當時的漢口是漢水與湨水合流而後又分汊出的一條支流的水口，這裡河道狹窄大抵是黃陂山地諸水系長期的泥沙沖積和漢陽丘地的頂托所致。到了明代中葉，在龜山北麓入長江的這條漢水河道，因漢水改道而成為漢水的主泓，古牯牛洲亦隨之消失。這條漢水主泓的形成，不僅導致了龜山東北所謂煙波灣的消失，而且加速了今漢口區的成陸。這就是說，在牯牛洲和煙波灣消失之前，今漢水入江口處的武漢市北部，在先秦時期屬於因江、漢二水分流而形成的水鄉澤國地貌④。這種地貌，反映出這一地區的古代先民在從事原始的經濟往來活動中，主要依靠的還是舟楫。

沮水，在先秦時期亦是江漢平原及其周邊地區重要河流之一。考古工作者用大量的考古資料證實，沮水流域是我國探索早期楚文化發展的中心地區⑤。其源，北魏酈道元在《水經注 沮水》中曾作了這樣的描述，他說：

① 蔡述明：〈武漢東湖湖泊地質（第四紀）研究——有關東湖成因和古雲夢澤問題的討論〉，載《海洋與湖澤》，1979年第4期；張修桂：〈漢水河口段歷史演變及其對長江口段的影響〉，1982年全國歷史地理學術討論會論文。
② 《水經注 沔水》。
③ 譚其驤：〈雲夢與雲夢澤〉，載《復旦學報》（社會科學版），1980年增刊。
④ 袁純富，劉玉堂：〈武漢古地理變遷及其對經濟的影響〉，載《學習與實踐》，1986年第3期。
⑤ 高應勤：〈試論沮漳河流域是探索早期楚文化的中心〉，載《文物》，1982年第4期。

沮水出東汶陽郡沮陽縣西北景山，即荊山首也。高峰霞舉，峻崾層雲。《山海經》云：『金玉是出，亦沮水之所導。』故《淮南子》曰：『沮出荊山。』高誘云：『荊山在左馮翊懷德縣，蓋以洛水有漆沮之名故也。』斯謬證耳。杜預云：『水出新城郡之西南發阿山，蓋山異名也。』沮水東南流，逕沮陽縣東南……沮水又東南逕當陽縣故城北。城因崗為阻，北枕沮川。其故城在東百四十里，謂之東城，在綠林長阪南。長阪，即張翼德橫矛處也。沮水又東南逕驢城西、磨城東，又南逕麥城西，昔關雲長詐降處，自此遂叛。《傳》云：『子胥造驢、磨二城以攻麥邑。』即諺所云：東驢西磨，麥城自破者也。沮水又南逕楚昭王墓，東對麥城。故王仲宣之賦《登樓》云『西接昭丘』，是也。沮水又南，與漳水合焉。又東南過枝江縣，東南入於江。

　　《漢書　地理志》臨沮條說：「應劭曰：『沮水出漢中房陵，東入江。』師古云：『沮水即《左傳》所云江、漢、沮、漳，楚之望也。』」很顯然，漢魏人所說的沮水，是今湖北江漢平原西部地區的沮水。據考察，這條水系發源於今湖北保康縣王家大岩，其流向基本上是自西北向東南流，並流至當陽兩河口與漳水相會，始稱沮漳河。

　　沮漳河長約88公里，於沙市注入長江。以沮水為源，全長約314公里。但是，在先秦時期沮水無論是在流速、流量方面，還是在注入長江的位置上，皆與今沮水河道有著很大的差異。從這條河流所途經的地貌看，沮水自發源地向東南流，地勢隨流而逐漸降低。沮水在南漳縣峽口以上為峽谷，峽口以下為丘陵和平原。沮水流至兩河口之後，河床逐漸展寬，河中分布著許多洲灘，歷史上所謂的麥城、驢城、磨城、楚昭王丘，均坐落在沮水沖積平原的臺地上。《讀史方輿紀要》說：「沮本作雎，《左傳》定公四年云吳人敗楚及郢，楚子出涉雎。又哀六年，楚子所謂江、漢、雎、漳者也。」又說：「晉隆安五年，

桓玄移沮漳蠻二千餘戶於江南，立武寧郡。」《水經注　江水》：「（江水）又東過枝江縣南，沮水從北來注之……盛弘之曰：『（枝江）縣舊治沮中，後移出百里洲。』」這說明，古代沮水中下游的河道不僅比今寬，而且其河流亦是可以稱之為江的。西漢時期的枝江縣治在沮中，即可看出當時的枝江當是因沮江枝分而得名，而不是因長江在百里洲一帶枝分而得名。《水經注》中有「（江水）又東過枝江縣南，沮水從北來注之」一語，即是明證。

在先秦時期，沮水入江口不在今沙市附近。據實地勘察，先秦時期的沮水入江口在今枝江市鳳臺一帶。今當陽市的東南，枝江市東、荊州城西南，皆係長江和沮漳水系沖積平原。這裡發現的古文化遺址和古城遺址與早期長江和沮水在此交匯有密切的關係。而磨盤山的古文化遺址則與沮水、漳水在此通匯有關。因此，這一地區也不是後人所說的古雲夢澤範圍①。事實上，今枝江市鳳臺以南，乃至荊州城西、梅槐、太湖一線，在先秦時期皆係長江分汊河流形態，爾後隨著洲灘的發育和並岸，長江逐漸南移，才形成今日之平原地貌②。總之，沮水河流當是楚人先祖自山區走向江漢平原最早的天然通道。

漳水是楚人活動地區的重要河流之一。其發源於今保康縣黑林，河長約199公里。漳河在淯溪鎮以上為峽谷，以下為丘陵和平原。《水經注　漳水》云：「漳水出臨沮縣東荊山，東南過蓼亭，又東過章鄉南。荊山在景山東百餘里新城沶鄉縣界。雖群峰競舉，而荊山獨秀……漳水又南逕當陽縣，又南逕麥城東。王仲宣登其東南隅，臨漳水而賦之曰『夾清漳之通浦，倚曲沮之長洲』，是也。漳水又南，沶水注之。《山海經》曰：『沶水出東北宜諸之山，南流注於漳水。』又南至枝江縣北鳥扶邑，入於沮。」很顯然，漳水自古以來與沮水相

---

① 宋蔡沈注《尚書　禹貢》曰：「跨江南北，華容、枝江、江夏、安陸，皆其地。」
② 袁純富：〈歷史文獻中的荊江堤防若干問題探討〉，載《水利史志專刊》，1990年第6期。

通，並且其上游河段的河床和流向，也沒有發生較為明顯的變化。但是，漳水流至江陵境後，《漢書　地理志》說：「〈禹貢〉南條荊山在東北，漳水所出，東至江陵入沮水，沮水入沔，行六百里。」[①]北魏酈道元對此給出了否定的說法，他說：「今漳水於當陽縣之東南百餘里，而右會沮水也。」[②]從這裡的地貌分析，酈氏說是可取的。漳河的東面，皆係山陵丘地，河東水位落差甚大，漳水很難東流入沔。但是，在漳河的下段即今淯溪至河溶鎮一段，地勢逐漸平緩，尤其至河溶一帶，地勢平坦，土地肥沃，西周時周天子封子姓權國於今湖北荊門五里鎮之西王家場一帶[③]。漳河的這一段成了子姓權國最初聯繫鄂西山夷和江漢之間濮人的重要水陸通道。

溳水，位於江漢平原北部，係漢江支流，源出有二，一出桐柏山施家沖，另一源出大洪山，流經隨州、安陸、雲夢，在武漢市西新溝入漢江，全長約266公里。《水經注　溳水》說：「溳水出縣東南大洪山，山在隨郡之西南，竟陵之東北……溳水出於其陰，初流淺狹，遠乃廣厚，可以浮舟栰，巨川矣。」溳水在先秦時期，接納來水有石水、均水、溠水、㵐水、義井水等。酈道元在描述溠水時說：「溠水又東南逕隨縣故城西，《春秋》魯莊公四年，楚武王伐隨，令尹鬬祁、莫敖屈重除道梁溠，軍臨於隨，謂此水也。」這說明，溳水流域自古以來就是鄂中地區水陸交通較為發達的地區。古隨國在今溳水北岸隨州市附近立都數百年，在此與各諸侯國建立盟友關係，發展自己的政治、經濟、文化、軍事，並擴張為「漢東之國，隨為大」[④]的強國。這可看出當時隨國的水陸交通是頗為發達的。

隨國在今隨州市附近建立國都，這裡不僅有得天獨厚的豐富自然

---

① 《漢書　地理志》。
② 《水經注　漳水》。
③ 袁純富，王耀明：〈試論春秋時期的楚國道路〉，載《公路交通編史研究》，1989年第3期。
④ 《左傳　桓公六年》。

資源，與外界聯繫也十分方便，具有良好的地理條件。其西與楚聯繫，除了可借用天然漢水河道外，還可經隨西翻越大洪山走陸路至楚都；其北經隨棗走廊可至中原申、呂、周畿；其南沿溳，經漢，入長江，可至吳越和湘、贛；其東可與各諸侯國往來。《左傳 僖公二十年》記：「隨以漢東諸侯叛楚。」即說明了分布於漢東和溳水以東的一些小國，皆與隨國是有道路相通的。這就是說，溳水流域是我國南方隨國的政治、經濟、文化中心。當年楚武王來到沮漳，要周天子尊其號，請隨君為之斡旋 ①，即可反映出隨人在漢東地區的政治勢力為最大。因此，溳水流域亦是湖北地區經濟開發和道路建設較早的地區。

　　澴水，在江漢平原東北，係長江支流，源出大悟縣之北光頭山，經今孝感市至黃陂南諶家磯入長江，全長約133公里。其流向基本上是自北向南流至孝感周家臺子後而折向東南流。其上游多山地丘陵，水流湍急，下游流入平原。這條流域在先秦時期，亦是古人活動極為頻繁的地區。從地貌上看，今漢川境內、天門南部、安陸中部和南部、雲夢南部、孝感的中部乃至黃陂的橫店以南，皆屬古代溳水、澴水及天門河（即古漢水正道）沖積平原。

　　春秋時期，澴水流域的地理位置極為重要。顧祖禹在《讀史方輿紀要》卷七十七湖廣三德安府條中說，其「北控三關，南通江漢，居襄樊之左腋，為黃鄂之上游，水陸流通，山川環峙，春秋時楚人用此得志於中原者也」。由於澴水流域的地勢北高南低，中下游多係平川，這一地區在先秦時期的交通工具，主要是車馬和舟楫。西元前506年，「冬，蔡侯、吳子、唐侯伐楚。舍舟於淮汭，自豫章與楚夾漢。左司馬戌謂子常曰：『子沿漢而與之上下，我悉方城外以毀其舟，還塞大隧、直轅、冥阨。子濟漢而伐之，我自後擊之，必大敗之。』既

---

① 《史記 楚世家》。

謀而行」[①]。吳師入郢之戰，即已反映出了鄂東北地區的道路在先秦時期是較為通達的。這就是說，在先秦時期的鄂地山區道路的開發，比水多陸地少的平原地區道路開發要早。鄂地山區應當是湖北地區遠古文化的發祥地，建國以來的古文化遺址多發現於山地和丘陵地帶，即是最好的實物證據。

灄水，在江漢平原的東北部，源出鄂、豫兩省邊境山地，南流經今大悟、紅安、黃陂，南流至黃陂南灄口附近入長江，全長約135公里。其上游為山地，且河岸坡陡，水位漲落甚速，下游地勢平坦，水勢較緩，可供人們舟楫往來。在先秦時期，這條水系中上游河床受山區地理條件限制，基本上沒有很大的變化。灄水流至黃陂後，河床兩岸地勢逐漸開闊，為沖積平原。其水入江口位置，《水經注 江水》說：「（江水）又東，合灄口，水上承涓水於安陸縣，而東逕灄陽縣北，東流注於江。」灄陽縣，潘新藻說：「晉惠帝永興三年（306年），陶侃將朱伺請分安陸東境立灄陽縣。縣治牛湖堡，一曰魚湖城。」[②]魚湖城在今武漢市武湖農場附近。這說明，今灄水入江處至晚在漢魏時期，已發生較為明顯的變化，即今灄水入江處顯然不是古灄水的入江處。古灄水入江處據《水經注》分析，當在今武漢市沙口之北。今灄水入江處的地勢，大抵上是因北上諸水系的長期沖積和這裡的長江逐漸南移所致。《水經注 江水》說，涓水「而東逕灄陽縣北，東流注於江。江水又東，湖水自北南注，謂之嘉吳江，右岸頻得二夏浦，北對東城洲……江之左有武口，水上通安陸之延頭……南至武城，俱入大江，南直武洲」。這說明，在漢魏時期，古灄水入江處江面寬闊，沙洲甚多，仍然保留著江水分汊河道的地貌。鑒於此，活動在灄水中上游一帶的人，很顯然是依靠車，而不是船。其下游一

---

① 《左傳 定公四年》。
② 潘新藻：《湖北省建制沿革》，湖北人民出版社1987年版，第90頁。

帶的江湖地理環境，則是適宜古人使用舟楫從事漁業活動和民間往來的。因此，在先秦時期，灄水流域亦是湖北地區水陸交通最為活躍的地區之一。在灄水下游附近發現一座宮殿建築的盤龍城商代遺址[1]，即已證明了這一問題。

除此之外，在江漢平原以東山區還分布有倒水、舉水、巴水、浠水、蘄水等河流。這些河流多係山區性河流，其流向大多是自北向南和自東北向西南流，並且皆流注長江。這些河流雖然發源地及注入長江的地理位置各不相同，但其河流的中上游多係山區，唯舉水流至麻城宋埠鎮之後，河面逐漸展寬，沿河兩岸呈現一片平川地貌。這五條水系的流域的地形，由北向南依次為大別山區、丘陵區、局部平原區和湖區，山地居多。在這樣的地理環境中，上古居民主要活動在倒水、舉水、巴水、浠水、蘄水這五條水系的沿河臺地上。近年來，考古工作者對這些地區進行了文物普查，從調查的結果看，鄂東北的黃岡地區的古文化遺址達219處。這充分表明，在先秦時期鄂東地區並非是一片荒無人煙的地方。

據文獻記載，在先秦時期，倒、舉、巴、浠、蘄這五條水系屬於古邾國地，後為黃國之境，楚滅黃而併其地，自古以來為「遮蔽江漢咽喉，淮汝為南北之要衝者也」[2]。於是顧祖禹在《讀史方輿紀要》卷七十六湖廣二黃州府條中談到這裡的地理形勢時說：「府境通接淮楚，襟帶江漢，臨深負險，屹為雄鎮。當春秋時，楚得其地，而陳、蔡之勢蹙矣。」由此可見，鄂東地區在古代軍事上占有極為重要的地位。

縱觀江漢地區及其周邊地區先秦時期的地貌狀況，我們似乎可以得出這裡的地貌基本特徵有三：其一，類型多種多樣，高

---

[1] 郭德維，陳賢一：〈黃陂盤龍城商代遺址和墓葬〉，載《考古》，1964年第8期。
[2] 《黃州府志 輿地》。

山、丘陵、盆地、平原、湖泊等地貌皆有分布，其中山地和丘陵約占總面積的80%。這些山地和丘陵主要分布在鄂西北、鄂西南和鄂東北、鄂東南，並且翻過大別山山脈，通過襄陽盆地即可進入廣闊的豫中平原。這樣的地理條件，必然使先進的中原文化率先進入江漢平原及其周邊地區，而逐漸滲透於湘、貴、粵、桂，以至形成南北文化交流、融合的過渡地段。其二，這一地區的古代水系，其流向大多是自西向東和自西北向東南、自北向南流入長江。這樣的河流流向分布，為古代當地的土著人提供了可借用天然河道與中原人進行政治、經濟、文化方面往來的交通條件。其三，這一地區具有向南敞開的大湖盆地地貌特徵。其西、北、東三面被武陵山、巫山、大巴山、桐柏山、大別山、幕阜山等環抱，唯南面向洞庭湖平原敞開，中部為江漢平原。這樣的地理環境，很明顯地為楚人由荊山北進中原和南下湘粵，提供了有利的地理條件。事實證明，先秦時期古人在這一地區發展自己的政治、經濟、文化，以及進行南北文化的交流，是充分利用了其優越的地理條件。

第二節　先秦時期江漢平原及其周邊自然道路

考古資料表明，新石器時代，江漢平原及其周邊地區主要分布有大溪文化、屈家嶺文化和湖北龍山文化，由此看來，在四五千年以前，我們的祖先在這一地區就有了活動，因而原始的道路交通也就開始出現了。

新石器時期江漢地區的土著人是傳說中的炎帝神農氏。《新語·道基》在描述原始人生活情景時說：「民人食肉、飲血、衣皮毛，至於神農以為行蟲走獸難以養民，乃求可食之物，嘗百草之實，察酸苦

之味，教民食五穀。」又《韓非子　五蠹》說：「古者丈夫不耕，草木之實足食也；婦人不織，禽獸之皮足衣也。不事力而養足，人民少而財有餘，故民不爭。是以厚賞不行，重罰不用，而民自治。」《白虎通》卷一記載：「人民眾多，禽獸不足，於是神農因天之時，分地之利，製耒耜，教民農耕，神而化之，使民宜之。」《國語　魯語上》記：「昔烈山氏之有天下也，其子曰柱，能殖百穀百蔬。」烈山，《三皇本紀》說：「神農本起烈山，故左氏稱烈山氏之子曰柱，亦曰厲山氏。」其位置，《水經注　溠水》說：「溠水出江夏平春縣西。溠水北出大義山南，至厲鄉西，賜水入焉。水源東出大紫山，分為二水。一水西逕厲鄉南，水南有重山，即烈山也。山下有一穴，父老相傳云，是神農所生處也。」《隨州志》卷四說：「烈山在東北一百二十里黃連村，炎帝神農氏所生也。」

　　但是，也有人認為，新石器時期江漢地區的土著人主要是傳說中的三苗。並引《戰國策　魏策》中吳起的話說：「三苗之居，左有彭蠡之波，右有洞庭之水，文山在其南，而衡山在其北。」同時，還有人認為江漢地區最早的土著人是揚越人[1]。暫不管這三種說法是否各持有據，這裡可以肯定的是，遠古時期江漢地區及其周邊地區有多個族系的原始先民活動。《史記　五帝本紀》載：「諸侯咸尊軒轅為天子，代神農氏，是為黃帝。天下有不順者，黃帝從而征之，平者去之，披山通道，未嘗寧居。東至於海，登丸山，及岱宗。西至於空桐，登雞頭。南至於江，登熊、湘。」至帝堯時，「三苗在江淮、荊州數為亂」，帝堯征之，「遷三苗於三危，以變西戎」。夏禹之時，禹「命諸侯百姓興人徒以傅土，行山表木，定高山大川」，「陸行乘車，水行乘船，泥行乘橇，山行乘檋。左準繩，右規矩，載四時，以開九州，通九道，陂九澤，度九山」。從此，江漢平原「沱潛既道，

---

① 張正明：《楚文化史》，上海人民出版社1987年版，第24頁。

雲土夢作乂」①，供人們耕種。文獻中提及的「陸行乘車，水行乘船，泥行乘橇，山行乘樏」，甚是符合古代江漢平原及其周邊地區高山、丘陵、平原、沼澤等兼具的地形地貌。

同時，據《史記　五帝本紀》記載，黃帝、堯、舜、禹在位時數次南巡至熊、湘、交趾、蒼梧等地，即可看出當時江漢地區及其周邊地區是有原始道路通往中原和湘、粵、桂地區的。從文獻的記載中可以看出，遠在四五千年以前，江漢地區及其周邊地區的幹線道路已具雛形。從建國以來在這一地區已發現上千處新石器時期古文化遺址和遺存的情況看，此時原始道路的出現已得到印證。

據初步統計，在江漢平原以東的今鄂東地區的黃岡、紅安、麻城、英山、黃梅、蘄春、浠水、新洲、鄂城、孝感、大悟、應山、應城、安陸、雲夢、黃陂、漢川、漢陽、武昌、大冶及鄂南地區的咸寧、通城、陽新等市縣，皆發現有不少新石器時期文化遺址和遺物。這些遺址的分布位置，有一個共同特點，即皆坐落在依山傍水、水陸交通便利的地理環境中。下面，讓我們了解一下上述部分地區所分布的古文化遺址位置和遺物的發現情況。

黃岡螺螄山遺址位於黃州城北約12公里的堵城鎮，現存面積約3000平方公尺，高出周圍農田2至4公尺，文化內容十分豐富。新石器時代遺存有石斧、石刀、石錛、石鏢、石環、陶紡輪和其他陶制生活用具。

在黃州以北的淋山河鎮附近，也發現了兩處新石器時期遺址。一處為黃岡果兒山遺址，另一處為墩子山遺址。這兩處古文化遺址皆位於舉水河支流淋山河旁，相距約500公尺。遺址範圍面積不是很大，但文化層堆積較厚，約3公尺。採集的標本有石斧、石鏟、網墜以及各種陶制生活器具。

---

① 《尚書　禹貢》。

在舉水河支流細河的東岸臺地上，發現了新石器時代遺址。該遺址現存面積約400平方公尺，出土遺物有陶鼎、圈足器、器蓋、缽、石斧、石鑿等。

在麻城市北約3公里的松鶴鄉五里村，發現了麻城栗山崗新石器時期遺址。該遺址位於舉水河畔的臺地上，高出周圍農田2至4公尺，保存完好。遺址南北長約100公尺，東西寬約70公尺，文化層厚1至3公尺。出土文物有鼎足、陶拍、器蓋、陶碗、陶豆、陶鬶、陶罐等，其中以黑陶居多，次為橙黃陶、灰陶和少許彩陶。

在紅安縣城西南約30公里的二程區桐柏鄉，即張家河與另一條無名小溪交匯的三角洲上，發現了一處古遺址。該遺址近長方形，東西長約70公尺，南北寬約40公尺，文化層堆積2至3公尺。該遺址出土有鼎足、陶罐、殘器把、箭簇。箭簇係石質，通體磨光，簇體呈三棱形，無鋌，長6公釐。殘器把陶質，喇叭形管狀，上部有兩道凹弦紋，磨光黑陶，胎壁較薄，屬於新石器時代的龍山文化。

同時，在英山城關橋、郭家灣，蘄春檀林鄉，武穴城關、余川鄉、黃陂甘棠鄉、坦皮塘東南面、泡桐鄉、程家墩灣、河李灣、五嶺鎮、祁家灣，黃梅的龍感湖，漢陽東城垸沙帽山，漢川的汈汊湖畔，武漢市東湖湖畔的放鷹臺，大冶的上羅村、大箕鋪、蟹子地、眠羊地、李河，陽新的和尚堖，通城的堯家林以及孝感市周邊的臺子湖、龍頭崗、碧雲臺、廟寨與大悟的呂王城、土城灣等地，都發現了新石器時期古文化遺址。

江漢平原以東今鄂東地區出土的陶器多以夾沙陶為主，亦有一部分夾炭陶和彩陶及泥質磨光黑陶。器形中以三足、圈足器為多，圈足上流行鏤孔。側扁鑿形是這一地區鼎足的特點，但也有一些寬扁形和其他形狀的鼎足。石器中小巧玲瓏的有段石錛等手工工具常見，多孔石器、石墜、琮等也多有出土。從這些特點看，這裡的原始文化明顯地受到了南方百越文化的影響，同時也受到江漢平原原始文化

的影響。

　　黃梅龍感湖周圍應為薛家崗文化的分布區，出土的代表性器物為三足帶柄鬹和鼎，也有一些早於薛家崗文化因素的遺物，如夾炭陶、彩陶等。稍晚一些的遺址則明顯受到良渚文化影響，如具有良渚文化特徵的玉琮在與之相鄰的蘄春青石毛家咀遺址中就有出土，還有玉墜、石墜等在這一地區也常有發現。

　　從出土文物中，我們可以看出，黃岡螺螄山遺址的文化面貌更為複雜。它既受到中原仰韶文化和江漢平原大溪文化、屈家嶺文化的某些因素影響，同時還受到華東南原始文化特別是薛家崗文化的影響，在某些方面又具有自己的地方特色。麻城栗山崗、紅安張家河寨墩等遺址所出土的籃紋、方格紋罐類器不僅與江漢平原特別是孝感地區龍山文化的同類器相似，而且還有具有江漢平原新石器時代晚期特點的厚胎紅陶喇叭形杯出土。有關專家認為，若以巴河為界，那麼巴河以東的原始文化受華東南原始文化影響要強烈些；而巴河以西的原始文化則更多地受到江漢平原原始文化的影響①。

　　同時，大冶蟹子地、眠羊地、古塘墩、李河以及陽新和尚塪等地出土的原始文化遺存，與江漢地區的同期遺存相比，也是既有共性又有個性。從紋飾上看，雖然這裡的陶器是以繩紋為主，但繩紋細而密，粗繩紋則少見。印紋硬陶占有較大比例，幾乎每個遺址都有。這些特徵與江漢地區同期遺存顯然有別，而和江西的一些遺存更為接近②。

　　因此，黃石、大冶、陽新乃至今鄂東南地區的原始文化面貌，總的說來是明顯受到了華東南地區原始文化的影響。

　　江漢平原以東的今鄂東地區古人類活動遺存給人們透露了這樣的

---

① 黃岡市博物館：〈黃岡地區幾處古文化遺址〉，載《江漢考古》，1989年第1期。
② 黃石市博物館：〈大冶古文化遺址考古調查〉，載《江漢考古》，1984年第4期。

第一章　先秦時期江漢平原及其周邊地理狀況與自然道路

一個資訊，即在四五千年以前，這裡已經有了原始道路可通中原、江漢平原和吳越乃至贛、閩等地區。遠古人類之間的文化交往，大都是利用長江及其支流和河間谷地作為通道的。如在螺螄山遺址中發現具有仰韶文化、屈家嶺文化和薛家崗文化因素的遺存，在陽邏還發現有大量的水生物骸骨和殘剩食物，即可看出這一地區先民使用的交通工具主要是舟楫。當然，這裡與中原仰韶文化和東南薛家崗文化之間要進行聯繫，除了借用天然河道外，還要依靠各式各樣的原始陸路。

在江漢平原的京山、天門、鍾祥、當陽、枝江、江陵、沙市、松滋、公安、監利、洪湖、潛江、仙桃和荊門市區，以及與之接壤的洞庭湖南的澧縣、安鄉、華容、岳陽市區君山，均發現有新石器時代古文化遺址。這些古文化遺址的文化性質，大都屬於大溪文化、屈家嶺文化和湖北龍山文化。

江漢平原的原始文化之間關係，目前有三種說法：一種認為，屈家嶺文化是從大溪文化發展而來的[1]；另一種說法是，屈家嶺文化不是從大溪文化發展而來，它與大溪文化是互相影響的關係[2]；還有一種說法是，屈家嶺文化是從中原仰韶文化發展而來的[3]。雖然目前尚未達成共識，但事實至少已經證明，江漢平原的原始文化絕不是孤立的，它們的文化內涵和特徵，與中原仰韶文化有著很密切的聯繫。尤其是這一地區的屈家嶺文化遺址分布甚廣，即可看出這裡的原始道路早在四五千年前已經出現。

1955年考古工作者發現了屈家嶺新石器時期文化遺址。屈家嶺文化的中心在江漢平原，其文化延伸範圍北面到達河南西南部，南及湖

---

① 石龍過江水庫指揮部文物工作隊：〈湖北京山、天門考古發掘簡報〉，載《考古通訊》，1956年第3期。
② 王勁：〈江漢地區新石器時代文化綜述〉，載《江漢考古》，1980年第1期。
③ 長辦文物考古隊直屬工作隊：〈1958年至1961年湖北鄖縣和均縣發掘簡報〉，載《考古》，1961年第10期。

南北部，東至鄂東孝感、黃岡，西至渝東巫山。屈家嶺遺址中稻殼密結成層，說明這裡在當時以種植水稻（大粒粳稻）為主，同時雙肩石鋤是其主要農具。石器的磨製，早期比較粗糙，後期趨於精細。陶器中灰陶最多，黑陶次之，其餘為黃陶和紅陶。屈家嶺文化後期，製陶技術有了進步，開始採用輪製。彩陶紡輪是屈家嶺文化最具特色的典型器物，且數量極多，形制複雜，彩繪繽紛，反映了該地原始紡織業的發達。當時的房屋基本上呈方形或長方形，最大特點是室內築起土牆，呈雙間式。屈家嶺文化處於父系氏族階段。

爾後江漢平原又相繼出現了湖北龍山文化和天門石家河文化，這兩種文化顯然要比屈家嶺文化進步，它們間的文化交往和工藝製作水準有了新的發展和提高，其文化面貌和遺址所處的地理環境，也頗具特色。

天門柏嶺遺址屬屈家嶺文化晚期遺址，位於石河鎮土城村，南距石河鎮1.5公里。遺址南北長150公尺，東西寬75公尺，高出地面約0.5公尺，殘存文化層約1公尺，採集的陶片多為泥質黑陶和泥質灰陶。出土器物有陶鼎、高圈足杯、碗、杯，以及石斧、石錛等。

天門段家灣遺址發現於1983年，位於石河鎮吳劉鄉姚嶺村，西距石河鎮2.5公里，東距吳劉鄉1.5公里。遺址南北長200公尺，東西寬130公尺，高出周圍地面1.5公尺。文化層厚約2公尺，出土遺物有石斧和陶盤、簋、甕、碗、杯等。

天門譚家嶺新石器時代遺址位於石河鎮西北1.5公里處，總面積約15萬平方公尺，文化層厚2至3公尺。該遺址內涵極為豐富，發現有紅陶系文化、屈家嶺文化、石家河文化三個階段的文化堆積。出土主要器物有陶厚胎筒形瓶、折口盤、斂口碗、圓唇淺盤、圈足豆、斂口盆、弦紋鈕器蓋、侈口方圓唇罐、直頸圓唇鼓腹平底罐等，器物造型別致，具有濃厚的地方特點。

天門龍咀遺址位於天門西北約12公里的石河鎮民主管理區張家巷

村。遺址呈橢圓形，高出地面1.5至2公尺，其南北長300公尺，東西寬約150公尺，總面積約45000平方公尺，出土文物有鼎、罐、甕、碗、盆、簋、杯、器蓋、器座等。

　　荊門荊家城新石器時代遺址位於荊門市東南部，與周圍的龍墻水庫、潘集水庫、蝦子湖、彭家湖、借糧湖和長湖的距離為4至12公里，現屬毛李鎮管轄。該遺址西、南兩面山丘連綿，東、北兩面地勢平坦開闊，面積約20萬平方公尺，高出四周水田1.5公尺左右。出土遺物分上、下兩層：下層遺物有生產工具石斧、石鏟和陶拍，以及各種陶質生活用具；上層遺物中有生產工具陶紡輪、石鑿和中小型石斧，生活用具有陶器，以黑陶為主，兼有紅陶和灰陶，屬於典型的大溪文化和屈家嶺文化系統。該遺址的下層文化面貌與松滋桂花樹、公安王家崗、枝江關廟山以及江陵蔡臺和毛家山等新石器時期遺址有著共同的特點，甚至在器物造型上也趨向一致。其遺址的上層出土器物則與京山屈家嶺、朱家咀等遺址中出土的同類器物有諸多共同特徵。這說明該遺址的先民，其活動範圍已經到了長江以南。

　　荊州朱家臺遺址位於荊州城關紀南鄉紀城村和九店鄉朱集村之間，東南距朱河約100公尺，南面正對楚郢都紀南城北垣水門遺址，相距約120公尺。該遺址分布在一臺地上，臺地下面呈橢圓形，中心最高處約高出周圍地面5公尺，其遺址東西長約200公尺，南北寬約120公尺，面積2萬餘平方公尺。文化層厚1至2.5公尺，大體上可分上、下兩層：上層屬於龍山文化層，下層屬於大溪文化層。出土文物有石斧、餅和陶罐、圈足碗、圈足盤、鉢杯、鬹、甗、釜、鍋、缸、鬲、紡輪等。

　　沙市軍劉臺新石器時代遺址位於沙市區北郊，隸屬聯合鄉建設村。據地貌分析，該遺址原坐落在古代長江汊流的洲灘上。其遺址呈東西走向，面積約12萬平方公尺。文化層厚度在1.5公尺以上。出土文物有石斧、陶器及紅燒土塊等。此遺址的陶器主要為泥質黑陶，灰陶次之，器壁較薄。具有屈家嶺特點的彩陶也在遺址中多有

發現。採集的陶器，與枝江關廟山、屈家嶺出土的曲腹豆相近，同時在軍劉臺採集的細頸壺與公安王家崗所出的細頸壺相似。可見，軍劉臺遺址的主人是與外界有著密切聯繫的。

公安王家崗遺址位於城南40公里處南閘鄉復興村的高臺地上，面積約6萬平方公尺。此遺址與湖北松滋桂花樹、宜都紅花套、枝江關廟山、江陵毛家山、沙市軍劉臺、潛江放鷹臺等新石器時代遺址遙遙相望，南與湖南安鄉劃城崗和湯家崗、澧縣三元宮和丁家崗等新石器時代遺址間隔不遠。1987年在該遺址發現新石器時代墓葬74座、灰坑29個，出土了大批生產工具和生活器具。從出土器物的特徵分析，該遺址的文化面貌既有宜都紅花套遺址的主要文化內涵，也有澧縣三元宮遺址的文化因素。因此，有人提出，類似王家崗那樣既包含三元宮文化特徵，又包含紅花套文化特徵的遺址，大都形成於這兩種文化類型的人們的遷徙過程中[1]。這種說法，是頗有見地的。

月洲湖遺址位於仙桃市北20公里，南距東荊河的白廟大橋5公里。遺址東西長約590公尺，南北寬約120公尺，文化層厚1.1公尺。發現的多處房屋遺址，表面有紅燒土，也有少量灰渣、陶片、石器以及柱洞和水溝，其面積一般在40至50平方公尺，為地上建築。在房屋建築遺址外，考古工作者還發現了陶窯遺址1處。窯室高1.2公尺，寬2.5公尺，內有大量紅燒土塊，東西兩條大道各長約6公尺，周圍碎陶片較多。出土石器有斧、錛、鑿、鏃、網墜、礪石、餅形研磨器等158件，陶器有鼎、缽、盆、甑、盤、豆、圈足、杯、碗、紡輪、器蓋等200多件。該遺址屬於新石器時代的文化遺存，出土的四組線條紋的彩陶紡輪，具有屈家嶺文化的特點。由此我們可以這樣推測，當年屈家嶺文化類型的人們，已經跨越漢水來到了江漢平原腹地和長江的南北兩岸。

---

[1]　袁靖：〈湖北公安王家崗遺址發掘的意義〉，載《江漢考古》，1988年第1期。

監利柳關遺址位於福田鄉大河村，西南距福田鄉約7公里，東南距柳關鎮約1.5公里。在柳關遺址的西南，還有一處福田遺址，兩地相距6公里，二者東面約13公里以外，就是洪湖。兩處遺址皆出土有石鏟、斧、錛、器墊等生產工具，在生活用具方面則主要有陶罐、鼎、碗、盤、盆、缽、豆、杯、器蓋等。兩處遺址的文化特徵基本相同，應屬於同一種文化類型。這兩處文化遺存和枝江關廟山、公安王家崗等大溪文化遺存有許多相似之處。同時柳關遺址的文化遺存與江陵蔡臺、洞庭湖北岸澧縣丁家崗遺址所出土的遺物亦有相似之處。這說明，當年先民們經濟、文化活動的範圍，已經超出了今天江漢平原的南部，進入了洞庭湖平原。兩湖地區同一類型的原始文化面貌的出現，讓我們可以這樣推測，當時的人們已經能夠充分地利用這一地區的高崗、陸地和河網如織的地理條件，開闢兩湖地區原始文化往來的水陸道路。

　　此外，在枝江關廟山和百里洲，當陽季家湖，鍾祥六合，江陵荊南寺，沙市張家臺，潛江黃土崗，洪湖烏林以及荊門的肖場、萬家灣、梅老崗、三百錢港等地，亦都發現有新石器時代古文化遺址。這些古文化遺址，大抵上反映文化的一個遷徙、交往過程。在江漢平原發現的新石器時代遺址還有一個共同的特點，即它們既有自己的地方文化特色，也有外來文化因素。這說明它們之間絕非是孤立的，而是有著很深的文化交流和影響，並且這種影響大都是沿著長江、漢水和江漢平原諸水系去互相促進和發展的。這就是說，遠在四五千年以前，江漢平原不僅有了原始的陸路，而且水路亦是先民從事各種社會活動的重要通道。

　　建國以來，在江漢平原以北的今鄂北地區的隨州、棗陽、穀城、襄陽、宜城、南漳、房縣、鄖縣、丹江口等市縣，均發現有新石器時代古文化遺址。這些遺址大都屬於屈家嶺文化。把這一地區新石器時代遺址的分布情況與豫南地區仰韶文化遺址的分布情況結合起來看，

鄂北地區的古文化很明顯與豫南地區的原始文化有著密切的聯繫。下面，就鄂北地區原始文化遺存的分布與地理環境，以及與外地的文化關係，略作考察。

隨州蓮花寺新石器時代遺址位於桐柏山以北淮河南岸的臺地上，西南距隨州城約90公里、距淮河鄉所在地約15公里，南臨蓮花寺廢墟，該遺址現存面積約為1平方公里，內含物十分豐富，出土遺物有陶罐、碗、豆、盤、鼎等，器物製作皆比較精細。

隨州冷皮垇遺址在隨州城西南約40公里處，位於三里崗鎮革家畈村西南角山垇上。遺址西南距三里崗鎮所在地約2公里，東距一小河約60公尺。遺址南北長約100公尺，東西寬約60公尺，文化層厚約1公尺，內含物豐富。出土石器有石斧，陶器有罐、碗、缽、盆、缸、鼎、杯、豆、壺形器蓋、紡輪等，紅陶和彩陶占有很大的比例。

隨州趙家廟遺址位於隨州城西北20公里。遺址長寬均為100公尺。採集的石器有斧、刀、鐮等，製作較為精細，造型也比較講究。如石刀係長方形，弧背，凹刃，上有穿孔；石鐮也係斜弧背凹弧刃，二者均通體磨光。陶器多以紅陶為主，器物有鼎、豆、盤等。

隨州點將臺遺址位於萬店鄉新啟村白果樹灣西南約150公尺處的山坡臺地上，西南距隨州城約20公里，東距小河溝約200公尺。整個遺址呈南北向，近橢圓形，臺地高出周圍耕地1.5至2公尺。遺址面積南北長約130公尺，東西寬約60公尺，文化層厚約2公尺，內含物十分豐富。出土遺物有石斧和陶罐、鬲、豆、甗，以及人工切割過的骨料等。

以上隨州四處新石器時代遺址屬於屈家嶺文化。這四處古文化遺址與京山、天門、湖南澧縣，以及河南伏牛山以南地區的屈家嶺文化遺址有著密切聯繫 ①。可以推測，當時南北文化的交往，尤其是先民進入中原地區，桐柏山脈的許多自然山口處和南北流向的幾條河流，

① 　王勁：〈江漢地區新石器時代文化綜述〉，載《江漢考古》，1980年第1期。

當是他們相互往來的通道。隨州蓮花寺遺址顯現出來的一些資訊，證明當時通過桐柏山進行南北交往是不困難的[1]。

棗陽毛狗洞遺址位於梁集鄉梁坡村南鄭凹西約100公尺的臺地上。北距棗陽約20公里，西偏北距梁集鄉所在地梁坡約1公里，有一條小溪自東北而西南從遺址西部250公尺處流過。遺址高出地面約0.8公尺，面積南北長120公尺，東西寬約50公尺，文化層厚約1公尺。出土生產工具有石斧、錛、刀、鑿、鐮等，生活用器有陶罐、甕、碗、缽、豆、盤、盆以及紡輪等。該遺址屬於龍山文化時期遺址。

棗陽雕龍碑遺址位於棗陽東北約22.5公里的鹿頭鄉永光村，北距武莊約750公尺，東接邱莊，南臨沙河，西靠小黃河。遺址中心有一方形臺地，高出地面約2.5公尺，南北長約160公尺，東西寬約140公尺，文化層厚1至1.5公尺，出土遺物有石質生產工具斧、鑿、錛、鐮、刀、鏃、餅和各種石頭裝飾品，生活用具有陶鼎、盆、罐、杯、缽、碗、圈足豆、曲腹杯、深腹釜、支座等。

棗陽這兩處新石器時代遺址，從文化性質看，都具有濃厚的屈家嶺文化色彩，也有大溪文化和龍山文化的因素。兩處古文化遺址的延續年代都比較長，尤其是毛狗洞遺址延續至商周時期。同時它們所處的地理位置，皆在中原至江漢平原的隨棗走廊通道上。特別是雕龍碑遺址中出土的曲腹杯與枝江關廟山遺址大溪文化第三期同類器物極為相似[2]；毛狗洞遺址中出土的鼎足、甕、罐形器以及陶器的陶質、陶色與河南淅川下王崗遺址晚二期遺物[3]和淮陽平糧臺遺址二、三、四期遺物[4]也具有較大的一致性，由此不難看出當地的

---

① 襄陽地區博物館：〈隨州幾處古遺址調查〉，載《江漢考古》，1985年第2期。
② 閻金安：〈棗陽雕龍碑遺址調查報告〉，載《江漢考古》，1984年第3期。
③ 河南省博物館長辦考古隊：〈河南淅川下王崗遺址的試掘〉，載《文物》，1972年第10期。
④ 河南省文物研究所，周口地區文化局文物科：〈河南省淮陽平糧臺龍山文化城址試掘簡報〉，載《文物》，1983年第3期。

先民已經通過隨棗走廊與中原和江漢平原的先民有了經濟和文化上的往來與聯繫。

房縣羊鼻嶺遺址位於今湖北西北部武當山脈西南側。縣城及近郊為群山環繞、中間低凹的蕉葉形盆地，漢水支流堵水和南河分別流過縣的西北和東南。該遺址在縣城東北約2.5公里的白窩鄉白窩村，北靠五將山，東瀕白窩河，西臨高枧河，南與北門河、白窩河、高枧河交匯的三道河相接，是一處北高南低、三面環水、一面靠坡的橢圓形臺地。遺址南北長300多公尺，東西寬200餘公尺，總面積5萬多平方公尺，文化層一般厚約2公尺，最厚的堆積達5公尺，內涵甚為豐富。出土生產工具有石斧、錛、鋤、鏟、鑿、刀、鏃、雕刻器，以及陶紡輪、陶銼和各種石質裝飾品；出土的生活器具有彩陶盆、彩陶鉢和陶斂口鉢、紅頂鉢、紅頂碗、尖底瓶、杯、高柄盂形器、折沿罐、器座、器蓋、鬶、鼎、研磨盆、豆、有頸罐，以及裝飾品陶環等。器物種類繁多，造型別致，屬典型的屈家嶺文化遺存。

房縣七里河遺址位於房縣縣城西3.5公里的七里河與橫貫房縣東西的馬攔河交匯的二級臺地上，遺址南面緊靠巫山山脈北麓的鳳凰山二郎崗，其餘三面皆是寬闊平緩的河谷階地。遺址的總面積約6萬平方公尺，出土了大量的陶器、石器和骨器，發現了一批房屋基址、窖穴、陶窯和墓葬。

襄陽三步兩道橋遺址位於距襄陽市區約30公里的三步兩道橋村西。遺址略呈長方形，東西長約250公尺，南北寬約200公尺，文化層厚約1公尺。出土遺物有石斧、鏃和陶盆、罐、鉢、壺、杯、缸、鼎和紡輪等。陶器以灰陶居多，次為黑陶、紅陶和橙黃陶，紅陶衣也占有一定的比例。紋飾主要為素面，其次有弦紋、附加堆紋和刻畫紋，籃紋和繩紋發現較少，不見方格紋。值得注意的是蛋殼彩陶和蛋殼黑陶也有發現。從現有的標本看，該遺址主要有兩個時期的文化遺存：以蛋殼彩陶、蛋殼黑陶、折腹器、高圈足為代表的屈家嶺文化遺存；以

弦紋盆、折沿深腹罐、厚胎紅陶杯、大而寬扁的鼎足為代表的相當於青龍泉三期的文化遺存。

南漳縣羅家營遺址位於安集鎮東3公里處，坐落在柳河、黑河交匯的沖積土岡之上，三面環水，平面呈葫蘆形，高出水面4至5公尺。出土文物有石器和各種陶器，並且發現有新石器時期房屋建築遺址和大量的紅燒土塊，土塊中還含有稻殼之類的雜質。出土陶器風格與北方仰韶文化中常見的器物風格相一致，尤其是遺址中出土的陶缽，與西安半坡紅頂缽相似。同時瓦狀鼎足在江漢地區屈家嶺文化遺址中也較為常見。可見，羅家營遺址新石器文化層包含有仰韶文化和屈家嶺文化的元素。

同時在今鄂西北地方的丹江口市朱家臺、林家店、觀音坪，鄖縣的大寺、青龍泉等地，也均發現有新石器時代文化遺址。這些古文化遺址大都是屬於屈家嶺文化系統，但也有明顯的中原仰韶文化元素。這就是說，鄂西北地方的新石器時代文化遺存大都與中原仰韶文化有著一定的淵源。事實上，無論是以江漢平原為中心的屈家嶺文化的主人，還是以中原為中心的仰韶文化的主人，已經通過南陽盆地進行了交往。在河南許昌附近的谷水河畔，白河流域的南陽黃山[1]，唐河流域的寨茨崗[2]、鎮平趙灣和淅川下王崗等遺址[3]中，都發現有屈家嶺文化遺存，即說明了當時江漢平原及其周邊地區的人們已經翻過桐柏山或經南陽盆地來到了豫南地區。同時在南漳的羅家營，丹江口的朱家臺、林家店、觀音坪下層、亂石灘下層，鄖縣大寺下層[4]，房縣羊

① 中國社科院考古研究所洛陽工作隊：〈1975年豫西考古調查〉，載《考古》，1978年第1期。
② 河南省文化局文物工作隊：〈河南唐河寨茨崗新石器時代遺址〉，載《考古》，1963年第12期。
③ 河南省文化局文物工作隊：〈河南鎮平趙灣新石器時代遺址的發掘〉，載《考古》，1962年第1期；〈河南淅川下王崗遺址的試掘〉，載《文物》，1972年第10期。
④ 長辦文物考古隊直屬工作隊：〈1958年至1961年湖北鄖縣和均縣發掘簡報〉，載《考古》，1961年第10期。

鼻嶺下層 [1]，京山屈家嶺、黃岡螺螄山、公安王家崗、江陵毛家山、宜都紅花套、枝江關廟山等遺址中，均發現有中原仰韶文化的元素 [2]。這說明，中原仰韶文化類型的人們與江漢平原及其周邊地區屈家嶺文化類型的人們，其文化交往是甚為密切的，湖北北部地方正是南北原始文化相互影響的過渡地段。

在鄂西地區的宜昌市區和宜都、秭歸、興山、當陽、長陽、竹山、竹溪等市縣，均發現有新石器時代文化遺址。這些文化遺存主要屬於大溪文化，但其中亦包含有屈家嶺文化和少量仰韶文化的元素。鄂西地區古文化遺址的分布很有自己的地理特點，它們大都在高山大溪河畔的高臺地上。人們的文化交往主要是憑藉這裡的天然河流和河谷盆地。這就是說，遠在四五千年以前，鄂西山區也是有原始道路可通的。對這一地區新石器時代遺址的分布、內涵及其地理環境略作分析，即可發現這一點。

宜昌伍相廟遺址位於夷陵區太平溪伍相鄉伍相廟村的山坡上，是長江西陵峽中段北岸一處保存較好的遺址。其與路家河商周遺址相距500公尺，西距太平溪鎮約5公里。遺址東北側殘存一座伍子胥廟址，路家河從遺址東邊流過，清江溪從遺址西邊流過，南邊為長江的河漫灘，北面靠大山。遺址中出土石器有石斧、網墜、礪石、石片，陶器有鼎、罐、碗、碟、盤、器蓋、支座等。其器物特徵與枝江關廟山、松滋桂花樹、四川巫山大溪等遺址出土的大溪文化遺物的特徵相同，應屬於大溪文化的遺存。

宜昌楊家咀遺址位於蓮沱鄉八屋佃村，與黃陵廟隔江相對，緊靠大江。在江邊採集的遺物有石斧、石鑿、石鏃、陶紡輪和大量陶片、人骨，並發現有建築遺址和古墓葬。通過對這些遺物的分析，發現該

① 李龍章：〈房縣羊鼻嶺遺址調查簡報〉，載《江漢考古》，1982年第1期。
② 王勁：〈江漢地區新石器時代文化綜述〉，載《江漢考古》，1980年第1期。

遺址既有自己的文化風格，也有鄂西地區新石器時代諸文化即大溪文化、屈家嶺文化的因素。出土罐、釜等，與巴文化中同類器物還有相似之處[①]。因此，該遺址是探索三峽地區原始文化演變的一處重要文化遺址。

宜昌楊家灣遺址位於西陵峽之南的三斗坪鄉楊家灣村，東距宜昌市約45公里，西距三斗坪鄉約4公里，北臨長江，南依黃牛岩山峰。遺址坐落在長江南岸臺階上，高出地面約1公尺，周圍是一小片平原。遺址東西長86.8公尺，南北寬77公尺，面積6000多平方公尺。文化層厚3公尺多，出土石器有斧、錛、杵、球、磨石、盤狀器、算珠形器、平板器等，共270件；陶器有鼎、釜、罐、甕、碗、盆、盤、缽、碟、圈足器、瓶形器、小器皿、陶球、陶把水、三足盤、葫蘆形器等，生活器具種類繁多。通過對這些出土器物特徵的分析，我們可以看出，該遺址除了有自身的文化風格外，主要還是屬於大溪文化[②]。

秭歸官莊坪遺址位於秭歸三閭鄉衛星村，南距香溪鎮6.5公里，西南距秭歸6公里。現遺址南北殘長100公尺，東西殘寬50公尺，面積約5000平方公尺。出土遺物有石質生產工具斧、鑿、錛、刀、范和陶質生活用具罐、鼎、甕、缸、盆、豆、器蓋、紡輪、拍、墜等，屬典型的大溪文化遺存。

紅花套遺址位於宜都市長江南岸的一級階地上。上距宜昌市區30公里，下距宜都市15公里，東與古老背鎮隔江相望，西距長陽縣城28公里。恰好處於河谷平原的南部，倚山傍水，土地肥沃，交通方便，是農耕和漁獵生產的優良場所。該遺址南北長460公尺，東西寬100至107公尺，面積數萬平方公尺。發現房屋遺址12座，石器作坊1座，灰坑183個。出土器物中有石器2403件，陶器75件，骨器

---

① 湖北省博物館：〈宜昌縣楊家咀遺址調查〉，載《江漢考古》，1985年第4期。
② 宜昌市博物館：〈宜昌縣楊家灣新石器時代遺址發掘簡報〉，載《江漢考古》，1984年第4期。

4件。其中生產用具有石斧、鏟、錛、鋤、刀、杵、鑿、網墜、彈丸、紡輪、尖錐狀器、砍伐器、碾磨器等,生活用具有陶碗、缽、豆、盆、罐、鼎、杯、甕、缸、壺、鬶、器蓋等。該遺址中的房屋,圓形居多,方形居少,並呈「呂」字形排列佈局。房屋建築材料主要是竹棍、竹片、木板、木柱、樹枝等。其與巫山大溪文化、京山屈家嶺文化和中原仰韶文化都有一定的關係。尤其是該遺址中二期文化的陶碗、盤、篦形器、筒形器、曲腹杯及部分彩陶紋飾,與巫山大溪遺址,松滋桂花樹遺址的同類器物都很相似;三期文化的陶敞口仰腹碗、壺形器、鼎、罐等都很接近京山屈家嶺晚期文化;二期文化的陶大口鷹咀釘飾尖底罐、斂口圓底缽、曲腹盆、尖底瓶口狀蓋鈕、彩陶紋飾中的圓點勾葉紋等,都具有仰韶文化中晚期的元素。這說明,鄂西山區的新石器時代文化,與江漢平原和洞庭湖平原的屈家嶺文化、大溪文化,以及中原的仰韶文化,都是有聯繫的。這種聯繫表明,當時的人們利用了這一地區的長江、漢水及其支流、河谷作為他們互相促進文化發展的水陸通道。如果當時沒有這樣的地理交通條件,鄂西地區的大溪文化要影響到江漢平原乃至鄂東北孝感等地,是不可想像的①。雲夢胡家崗遺址,揭示出這一點。

興山田家坡遺址位於高陽鎮東約0.5公里處,隸屬興山縣高陽鎮小河村,西距耿家河約60公尺,為一斜坡遺址。遺址文化層厚0.5公釐,出土生產工具有石斧、刀、球、尖狀器;生活用具有陶鼎、罐、釜等。陶器以褐色陶為主,其次為紅褐陶和灰褐陶。由於未達到標準火候,陶質特別疏鬆,胎中夾粗砂和炭末,有些陶片呈酥餅狀。紋飾有細繩紋和線紋兩種。紅陶內飾黑色。遺址中的陶釜、罐形狀和石器特

---

① 周厚強:《對孝感地區新石器時代文化的幾點認識》,《湖北省考古學會論文選集》(第1集),武漢大學學報編輯部,1987年版。

點與四川巫山大溪文化相似，陶胎中夾炭末、內黑外紅等特點亦是大溪文化最突出的特點。因此，興山田家坡新石器時代遺址應屬於大溪文化的範疇。當陽馮山遺址位於沮漳河匯合處的臺地上。遺址內含有新石器和東周兩個時期的文化遺存，但以新石器時代文化遺址為主。遺址的面積很大，文化堆積一般厚1至2公尺。在遺址的四、五層中，發現有灰坑和紅燒土建築遺址，並出土有生產工具石斧、鏟、刮削器和陶紡輪與生活器具陶杯、碗、罐、鼎、甑、罐、盆、碗、豆、高圈足杯、盂形器等。在灰坑中還發現有大量的豬牙和魚的脊椎骨。陶器以黑陶和灰白陶為主，夾砂紅陶和黑皮陶次之。其中泥質薄陶約占40%，陶器素面占絕大部分。紋飾主要是凸弦紋、鏤孔、附加堆紋，另有少量紋和菱形方格紋。陶片中還有少量的蛋殼彩陶片，為橙紅或橙黃薄胎，上飾黑、紅、黑褐、褐紅等幾種彩繪。根據這些陶質器形特徵分析，該遺址的文化特徵與枝江關廟山遺址的三期器物基本相似，具有明顯的屈家嶺文化元素。但與典型屈家嶺文化同期器物相比，它又具有大溪文化的某些特徵。由此可見，當陽馮山遺址所在地當是屈家嶺文化向西南發展和大溪文化向東北發展的一個極為重要的過渡地段。

同時，在鄂西地區的長陽資丘至宜都清江口約100公里的清江河沿岸，先後發現有覃家坪、鳴咀河、茶店、劉家河、鄢沱、津洋口、州衙坪、燒雞坳等新石器時代遺址。在宜昌市區西還發現有渡河口、清水灘、楊林溪以及秭歸的朝天咀、鰱魚山等新石器時代遺址。在宜都的城背溪、恩施的羅針、竹山的護福寺、竹溪的水坪鄉船形寨等地，也發現有新石器時代遺址。這些遺址除了有一定的地方文化特色外，在很大程度上受到了外來文化的影響。甚至在鄂西地區某些遺址中，還出現了文化交替的現象。這說明，大山裡只要有河流溪溝，古人就能繁衍生息，並創造出原始文化。

總之，湖北地區古人類遺址的分布給人們揭示了這樣的一個現

象，即在四五千年以前，無論是江漢平原地區的先民，還是其周邊的今鄂東、鄂北、鄂西、鄂南地區的先民，他們除了相互有著密切的聯繫外，還與中原、渝東、湘、贛等地區的先民保持著一定的經濟、文化往來，而這種往來本身就證實了江漢平原及其周邊地區在新石器時代已有天然和人工的道路交通。

第二章　虞夏商周時期楚蠻與中原和南方的交往路線

第一節　虞夏商周時期楚蠻與周邊地區的交往路線

在虞夏時期，楚人祖先來到湖北地區之前，這一地區的土著主要是巴人、濮人、庸人、揚越和三苗。這些土著人大都善於爬山涉水，使用舟楫。他們主要從事山獵、捕魚和農田水稻種植。他們除了滿足自己的經濟生活外，在政治上已經開始向外擴張和移民。同時，各族間也不乏和睦共處的社會文化交往及經濟貿易往來，這種交往促進了故楚地土著人之間道路的開拓和發展。

據文獻記載，巴人主要發源於鄂西地區的清江流域長陽縣武落鍾離山[①]。《華陽國志　巴志》說他們是「黃帝、高陽之支庶，世為侯伯」。至於今渝東、鄂西北、江漢平原和陝西漢中一帶的巴人，學術界或以為係清江巴人發展而來，或以為屬另一支巴人，迄今尚無定論。在沙市周良玉橋商代遺址中，發現了巴文化遺存，這說明巴族已有一支確實來到了荊沙地區[②]。在宜都古老背遺址、蓮花堰遺址、紅花套遺址、白水港遺址，以及當陽季家湖遺址中都能找到早期巴人

---

① 《後漢書　南蠻西南夷列傳》追記巴族說：「巴郡、南郡蠻，本有五姓：巴氏、樊氏、瞫氏、相氏、鄭氏，皆出於武落鍾離山。」
② 沙市博物館文物普查資料。

的遺物[1]，說明巴族在虞夏時期已經通過水路和陸路，來到了江漢平原的西部地區，並且與這裡的濮人和揚越人建立了某些政治、經濟、文化上的聯繫。童恩正先生認為，巴人的遷徙路線，從地理上看，一方面是沿古夷水清江溯長江而上，一方面是走陸路翻越大巴山來到漢中、江漢平原和漢水以西的地區[2]。《華陽國志 巴志》說：「周武王伐紂，實得巴、蜀之師，著乎《尚書》。巴師勇銳，歌舞以凌殷人，前徒倒戈，故世稱之曰『武王伐紂，前歌後舞』也。」很顯然，活動在清江流域的早期巴族至中原參加周武王伐紂，經鄂西、渝、川東山區的陸路，才能到達周師所指定的集結地伐商的。這說明，在殷商時期甚至更早夏商時期鄂西山區是有小道通達中原和各族部落的。文獻記載鄂西北有庸人、麇人[3]，可證這一地區的原始小道早已存在。周武王滅商之後，將自己的親族封到巴地，以加強對巴族的統治。此即《華陽國志 巴志》所說：「武王既克殷，以其宗姬封於巴。」《逸周書 王會解》記周成王大會諸侯於東都（今河南洛陽），巴人曾派使者來貢獻比翼鳥，更可看出當年的巴至今河南洛陽是有道路可通的，否則很難與周王朝保持著貢奉即「受命於周」的依附關係。

在虞夏商周時期，與巴人近鄰的民族還有濮人、庸人。其位置，《尚書》說：「庸、濮在江漢之南。」《左傳 昭公九年》記周使詹桓伯說濮、庸在周的南方而介於楚、鄧之間。童書業先生認為：「巴、楚、鄧彼時皆近漢水，則濮也當在此。」[4] 這說明，古代的濮當在今丹江流域一帶。據《尚書 牧誓》記載，當周武王伐紂時，

① 俞偉超：〈先楚與三苗文化的考古學推測〉，載《文物》，1980年第10期。
② 童恩正：〈巴族遷徙的路線及早期活動的區域〉，《古代的巴蜀》，四川人民出版社1979年版。
③ 《通志略 氏族》。
④ 童書業：《春秋左傳研究》，上海人民出版社1983年版，第366頁。

濮人與庸、蜀、羌、髳、微、盧、彭（一說即是巴）都參加了滅商的牧野之誓。滅商之後，「伊尹受命，於是為四方令曰：『……正南甌鄧、桂國、損子、產里、百濮、九菌，請令以珠璣、瑇瑁、象齒、文犀、翠羽、菌鶴、短狗為獻。』」[①]周成王在成周大會諸侯時，濮人也曾將丹江一帶所出的丹砂貢納於他。這說明，當時分布於江漢間的各部族和方國，除了要協助周天子滅商之外，還要向周王室進貢大量的土特產。其進貢的通道，從地理上看，主要是南陽盆地和丹水谷地間的天然孔道。尤其是分布於鄂西北山區今竹山、房縣一帶的庸人，欲進中原以物資貢納於周，非走山區陸路翻越武當山渡漢水不可。由此可見，在商周之際，今鄂西山區的陸路亦是可以通達於漢中和豫南地區的。

同時，在堯、舜、禹時期，故楚地湖北境內還分布有勢力較強的三苗人。其分布範圍甚廣，多次與黃河流域的部落發生衝突，其中最大的衝突有兩次。《史記　五帝本紀》記：「三苗在江淮、荊州數為亂。於是舜歸而言於帝，請流共工於幽陵，以變北狄；放驩兜於崇山，以變南蠻；遷三苗於三危，以變西戎；殛鯀於羽山，以變東夷。四罪而天下咸服。」這是第一次衝突，但是這次堯放「四凶」之舉，並未真正把三苗打散。《禮記　檀弓》「舜葬於蒼梧之野」句下鄭注云：「舜征有苗而死，因留葬焉。《書》說舜曰：『陟方乃死。』」可見，三苗的力量還是十分強大的。第二次伐三苗是在舜禹之際。《戰國策　魏策》載吳起對魏武侯說：「昔者三苗之居，左彭蠡之波，右洞庭之水，文山在其南，而衡山在其北。恃此險也，為政不善，而禹放逐之。」《國語　周語下》載太子晉諫周靈王說：「王無亦鑒於黎苗之王，下及夏、商之季，上不象天，而下不儀地，中不和民，而方不順時，不共神祇，而蔑棄五則。是以人夷其宗廟而火焚其

<hr />

① 《逸周書　王會解》。

彝器，子孫為隸，下夷於民，而亦未觀夫前哲令德之則。」把黎苗之衰與夏桀、商紂之亡並提，足以證明這次打擊後，三苗勢力已經極為衰微。

三苗被堯、禹征伐之後遷徙至何地，文獻只說是「遷三苗於三危」。三危的位置，唐張守節《正義》引《括地志》言：「三危山有三峰，故曰三危，故亦名卑羽山，在沙州敦煌縣東南三十里。」又引《神異經》云：「西荒中有人焉，面目手足皆有形，而胳下有翼不能飛，為人饕餮，淫逸無理，名曰苗民。」但也有人認為：「當時三苗遷徙之地並沒有這麼遙遠。《尚書今古文注疏》中《堯典》疏釋『三危在岷山西南』，甚為恰當……《禹貢》又記：『道黑水，至於三危，入於南海。』」岷山山脈水系多在橫斷山脈之間，基本南流，當然是『入於南海』了。歷史上橫斷山脈的江河多以黑水（瀘水）命名，至今仍然如此。」①從今岷山、黑水的方位看，三危的位置大致應在今西南一帶。如果此說成立，那麼當時三苗的一些氏族部落就曾陸續經今鄂南、鄂西或湘西向西南地區遷徙了。同時從堯、禹兩次征伐三苗看，黃河流域的部落來到鄂南地區，顯然是有道路相通的。具體說來，由今鄂北地區的桐柏山各處山口經南陽盆地至隨棗走廊以及荊襄丘地，當是堯、禹部族進伐三苗的天然交通孔道。

夏商時期，江漢平原南部和今鄂東、鄂東南等地區分布最多的還是百越族中的揚越人。《呂氏春秋　恃君覽》記：「揚、漢之南，百越之際，敝凱、諸夫、風餘靡之地（一作『敝凱諸、夫鳳、餘靡之地』），縛婁、陽禺、驩兜之國，多無君。」其分布範圍，我們曾在〈論湖北境內古越族的若干問題〉一文中指出：「在湖南北部洞庭湖一帶的岳陽沿江往東經鄂州直至英山一線，都發現有古越族文化遺址。可見岳陽至英山一線即為古越族北界。那麼，此線以北以西，揚

---

① 　唐嘉弘：〈楚與三苗並不同源〉，載《江漢論壇》，1982年第11期。

水、漢水以南的今湖北潛江、監利、石首、洪湖、沔陽等地，即是敝凱、諸夫、風餘靡、縛婁、陽禺、驩兜居住之所。」這說明，高誘在《呂氏春秋　恃君覽》「揚、漢之南」下注云「揚州、漢水之南」是欠妥的。《史記　楚世家》記：「當周夷王之時，王室微，諸侯或不朝，相伐。熊渠甚得江漢間民和，乃興兵伐庸、揚粤，至於鄂。熊渠曰：『我蠻夷也，不與中國之號諡。』乃立其長子康為句亶王，中子紅為鄂王，少子執疵為越章王，皆在江上楚蠻之地。」可看出楚人來到江漢平原以前，今鄂東、漢水之南正是古越族聚居地之一。張正明先生認為，有一支揚越人分布在江漢平原中部的揚水流域，而今湖北鄂州則是揚越的經濟中心[①]。此說是可取的。

　　活動在江漢平原的敝凱、諸夫、風餘靡、縛婁、陽禺、驩兜等民族的歷史可上溯至新石器時代晚期，堯、舜時期，他們一直受中原民族歧視和控制。《荀子　議兵》謂：「堯伐驩兜。」《呂氏春秋　召類》云：「堯戰於丹水之浦，以服南蠻。」《論衡　儒增》亦云：「堯伐丹水。」《大戴禮記　五帝德》記：「堯放驩兜於崇山，以變南蠻。」《史記　五帝本紀》也有類似記載。可見，諸書之載多將驩兜與南蠻聯繫起來，決非偶然。當時的驩兜、敝凱、諸夫、風餘靡、縛婁、陽禺等南方民族在中原民族的眼中，皆以南蠻視之。當年堯戰於丹水之浦，顯然是江漢平原的南蠻人與堯部落在今湖北丹江流域進行了一次較大的戰爭，其結果是南蠻人被堯打敗，驩兜部落被流放於崇山。崇山，《古今地名大辭典》說：「《尚書》疏謂崇山在衡嶺南。唐沈佺期有〈從崇山向越常〉詩。《尚書》之崇山，當在交廣之間。」分布在江漢地區的驩兜、敝凱、諸夫等屬揚越族系統的土著人至鄂西北丹水流域與堯部落作戰，在一定程度上反映出這一地區是有水路和陸路相通的。尤其是驩兜族戰敗之後，被堯流放於湖南衡山之

① 　張正明：《楚文化史》，上海人民出版社1987年版，第24—25頁。

南，即可看出在遠古時期，今湖北南部除了有水路通往湘粵外，湘中河間谷地和山間小道也是湘粵地區通往江漢地區乃至中原的重要通道。對此，《史記　五帝本紀》不乏記載：「天下有不順者，黃帝從而征之，平者去之，披山通道，未嘗寧居。」又云：「南至於江，登熊、湘。」至堯時，開始建立百官制，營造賓門，以迎接遠方賓客諸侯。他年老時，曾多次南巡江南。舜繼位，為了征服南方諸蠻，「崩於蒼梧之野，葬於江南九嶷，是為零陵。」[①] 這些史料，同樣反映出在堯舜時期，湘、鄂間的中部和南部，是有道路可以互相通達的。因此，遠古時期今湖北地區，除了與中原地區有道路往來外，還與今重慶、四川、湖南、江西等地存在著道路交通。

據考古發現，巴人文化遺址除了在今鄂西三峽地區和江漢平原西部地區有分布之外，在今四川新繁水觀音 [②]、廣漢三星堆 [③]、巴縣、涪陵等遺址中，也發現了酷似湖北宜都古老背遺址、蓮花堰遺址、紅花套遺址、白水港遺址、中寶島遺址、毛溪套遺址以及當陽的季家湖遺址的早期巴人文化遺存。這說明，早期巴人的一支順湖北清江而下，溯長江而上經重慶，來到了四川成都平原。近年來，還在湖南湘西沅水中游一帶發現了不少巴人和越人文化的遺存 [④]。很顯然，當時鄂西南地區也是有原始小道通往湘西北山區石門、慈利、麻陽一帶的 [⑤]。

分布在江漢地區的濮人，除了有道路可至陝西漢中乃至中原地區之外，還與江、浙、閩、贛等地區的古越人（即句吳、於越、閩越、干越等古越族支系）有著密切的交往。考古資料表明，在湖

① 《史記　五帝本紀》。
② 四川省博物館：〈四川新繁水觀音遺址試掘簡報〉，載《考古》，1959年第8期。
③ 四川省文物管理委員會：〈廣漢三星堆遺址〉，載《考古學報》，1987年第2期。
④ 楊權喜：〈巴濮文化若干問題探討〉，1988年湖北省考古學會年會論文；徐中舒：〈巴蜀文化初論〉，載《四川大學學報》，1959年第2期。
⑤ 周世榮：〈湖南石門縣皂市發現商殷遺址〉，載《考古》，1962年第3期。

北房縣七里河遺址中發現有拔牙和獵頭等習俗。根據可鑒定的成年男女的拔牙人數統計，男、女的拔牙率相等，約占總人數的百分之六十。從所拔之牙的位置看，除少數拔去一顆上頜右側犬齒或兩顆犬齒外，其餘都是拔去上頜兩顆外側門齒。獵頭風俗主要反映在該遺址的灰坑、窯址、墓葬和半地穴式遺址之中。如坐落在遺址中一處臺階地上的半地穴式房址，其內遺物豐富，既有骨器、石器和陶器，還有一顆完整的人頭骨，只是無人體其他部位的骨骼[①]。這種拔牙、獵頭風俗在江漢平原及其周邊地區新石器時代考古中還是第一次發現。根據目前的考古資料分析，拔牙風俗是新石器時代活動於我國東南地區的氏族部落的一種較為普遍的風俗，山東、江蘇、上海、安徽、廣東、福建、臺灣等省市過去都有這方面的考古發現[②]。獵頭之風，張正明先生認為：「多見於東南亞和大洋洲，並傳播到我國的西南和臺灣，主要是古濮人之俗。」[③]由此可見，古濮人的活動和文化傳播是非常強勁和廣泛的。他們除了與江漢平原及其周邊地區分布的巴人、庸人、盧人、驩兜、夔越、揚越等氏族部落有一定的聯繫外，還與東南地區的各氏族部落有著很密切的文化往來。因此，有人認為深染拔牙之俗和獵頭之風的湖北房縣七里河遺址，「應是受越人影響的濮人先民的文化遺址」[④]。這種解釋是有很見地的。

今鄂東、鄂東南以及江漢平原以南地區的揚越人，從目前的考古資料看，他們的經濟文化交往範圍，同樣也超出了湖北省境。據湖南考古工作者調查，在岳陽、汨羅、長沙、湘潭、湘鄉、衡陽、耒陽、郴州、資興、常德、益陽、澧縣、桃源等地共發現三千餘座古墓，其

① 湖北省博物館：〈房縣七里河遺址發掘的主要收穫〉，載《江漢考古》，1984年第3期。
② 莫俊卿：〈古代越人的拔牙習俗〉，《百越民族史論集》，中國社會科學出版社1982年版。
③ 張正明：《楚文化史》，上海人民出版社1987年版，第24頁注。
④ 張正明：《楚文化史》，上海人民出版社1987年版，第24頁。

中，春秋中晚期墓的數量很少，而越人的墓葬普遍存在①。尤其是近年來在資興縣舊市鄉發掘的近600座古墓中，不少墓出土有越人鑄造的青銅器，即可證實揚越人中確有一部分來到了湖南境內②。

在江西清江、新幹、南昌、新建、靖安、永豐、樂平、奉新、萍鄉、臨川、全南、定南、龍南等地，也發現有早期越人的文化遺存。其族屬，有人認為是文獻中的干越，並且認為，早在西周時期，干越族的首領就和中原華夏族有朝聘關係③，其方國都邑在江西余干地區④。1956年，在江西清江營盤里遺址中，發現了一座陶屋模型。經鑒定，為越人的「干欄」式建築模型⑤。這種「干欄」式建築模型，與湖北蘄春毛家咀西周遺址發現的具有樓梯的房屋形制，頗為相似。據報導，在蘄春毛家咀西周遺址中，有兩處木構遺跡，其中「中型水塘的木構遺址，形制比較清楚，面積亦較大，約1600平方公尺。在試掘的範圍內共發現木樁109根，直徑在0.2公尺左右……排列整齊，縱成行，橫成列。在它們的周圍，有的殘留有排列整齊的木板牆，板寬0.2至0.3公尺，厚0.02至0.03公尺。有的木柱上還鑿有榫眼，以便插置橫柱架扶板牆……在這個地方的南部，曾發現有木制樓梯形的殘跡。從這些跡象觀察，有些建築可能是木結構的樓房」。另一處，「遺址的範圍很大，共發現粗細木柱171根。房屋兩間，木板牆殘跡13處和一處長2.3公尺、寬2.8公尺的平鋪木板遺跡」。這個發掘報告還附了木構建築遺跡的照片和平面圖⑥。從有木制樓梯、木柱上的榫槽插置

① 張仲一，彭青野：〈論楚人入湘的年代〉，載《江漢考古》，1984年第4期。
② 傅舉有：〈關於湖南古代越族歷史的幾個問題〉，《百越民族史論集》，中國社會科學出版社1982年版。
③ 俞靜安：〈干越考〉，載《山西師院學報》，1957年第3期。
④ 莫俊卿，雷廣正：〈「干欄」建築與古越人源流〉，《百越民族史論叢》，廣西人民出版社1985年版。
⑤ 安志敏：〈「干欄」式建築的考古研究〉，載《考古學報》，1963年第2期。
⑥ 中國科學院考古研究所湖北發掘隊：〈湖北蘄春毛家咀西周木構建築〉，載《考古》，1962年第9期。

橫樑以撐持板牆，以及薄而整齊的木板且有規則地鑿成槽形榫口等情況看，判斷其為採用青銅工具加工製成的「干欄」式建築是可信的。可以推測，在商周時期以至更早，分布在今湖南岳陽至湖北英山一線的今鄂南湘北地區的越人之間的聯繫，與江西贛江流域和贛西北山區的越人之間的聯繫，是有水陸交通孔道的。

在與鄂東南英山至黃梅一線以東的安徽西南部即今鄂皖交界的區域內，也發現有大量的越人文化遺存。考古資料表明，在今安徽西南及南部，即舒城至屯溪一線，皆出土有越文化的幾何形印紋硬陶器[①]。湖北黃梅龍感湖遺址東與安徽毗連，南與九江對岸相望。而安徽和江西在新石器時代正是古越族先民活動的重要舞臺之一[②]，因此，三地的文化面貌相同是不難理解的。事實上，分布在鄂東南英山至黃梅一線的越人，與安徽西南及南部地區的越人，以及所謂越人後裔群舒人的往來，除了利用天然的長江等河流作航道外，大別山的南段山脈山口，應當也是重要的交通孔道。從考古發現來看，今鄂東、鄂東南地區發現的古文化遺址，與今皖西南地區的古文化遺存有極為相似的地方[③]，這便是最好的實物依據。

分布在今湖北境內的土著人，其政治、經濟、文化方面的交往是極為密切的。當時的氏族部落出於地理環境的限制和政治、經濟、文化的發展需要，以及外來氏族勢力的逼迫，他們的遷徙活動是十分頻繁的。因此，他們的聚居有一個特點，即不受某種地域限制而雜居，以利於相互間文化交流。這個經濟文化交往的過程，除了在先秦文獻中有所反映外，在考古資料中也是可以得到確證的。

在鄂東南及其周邊地區，考古工作者在北至英山，南至通城，東

---

① 安徽省文物工作隊：〈安徽考古三十年〉，《文物考古工作三十年》，文物出版社1979年版。

② 劉玉堂：〈論湖北境內古越族的若干問題〉，載《民族研究》，1987年第2期。

③ 向緒成：〈黃梅龍感湖三處新石器遺址文化性質初析〉，載《江漢考古》，1987年第1期。

至黃梅和九江，西至武昌的範圍內，發現了數十處上起新石器時代下至春秋早期的遺址。其中主要有英山錐子鋪、蚌殼地、廟林咀、錯罐林和吳家山遺址，浠水雷家坳和貓兒咀遺址[1]，蘄春易家山、達城鄉、碓臼塘和方家塘遺址[2]，黃梅龍感湖遺址和九江磨盤墩遺址[3]，大冶上羅村[4]、南山水庫、楊山水庫等遺址，黃石銅綠山古銅礦遺址[5]，陽新和尚堖遺址[6]，通城堯家林遺址，以及武昌豹澥、湖泗遺址[7] 等。這些文化遺存，與鄂西宜都紅花套遺址晚期，以及向家沱、白廟遺址和四川巫山大昌壩遺址所出土的部分遺物，多有相似之處[8]。依此推測，主要分布在今鄂東、鄂東南地區的越人，與主要分布在今鄂西地區的巴人是有聯繫的。王勁先生在〈對江漢地區商周時期文化的幾點認識〉一文中就曾指出，無論是鄂西、鄂東，還是鄂北的漢水中上游地區，商、西周時期的文化都具有一些共同的特徵[9]。這就充分說明分布於湖北境內的各氏族部落之間，是有經濟、文化方面往來的。

在江漢平原的古揚越地即今江陵荊南寺、陀江寺等遺址中[10]，出土了類似宜都向家池、毛細套、紅花套上層，宜昌路家河、三斗坪，秭歸鰱魚山，四川巫山大昌壩，忠縣㽏井溝等遺址的巴文化遺物[11]，在鄂西北山區發現有濮人受越人拔牙、獵頭習俗影響的墓葬，在漢東

① 王善才：〈湖北英山、浠水東周遺址的調查〉，載《考古》，1963年第12期。
② 夏盾：〈蘄春縣發現幾處古代遺址〉，載《考古通訊》，1956年第4期。
③ 江西省博物館：〈九江磨盤墩遺址發掘簡報〉，載《江西歷史文物》，1978年第2期。
④ 黃石博物館：〈大冶上羅村遺址試掘簡報〉，載《江漢考古》，1983年第4期。
⑤ 盧本珊，王昌國：〈湖北銅綠山春秋時期煉銅遺址發掘簡報〉，載《文物》，1981年第8期。
⑥ 彭明麟：〈陽新縣和尚堖遺址調查簡報〉，載《江漢考古》，1984年第4期。
⑦ 姚晶華，郝鋼以：〈武昌縣豹澥、湖泗文化遺址調查簡報〉，載《江漢考古》，1984年第1期。
⑧ 林青：〈宜昌地區長江沿岸夏商時期的一支新文化類型〉，載《江漢考古》，1984年第2期。
⑨ 王勁：〈對江漢地區商時期文化的幾點認識〉，載《江漢考古》，1983年第4期。
⑩ 荊州市博物館文物普查資料。
⑪ 俞偉超：〈關於楚文化發展的新探索〉，載《江漢考古》，1980年第1期。

地區發現有三苗文化的遺存 ①，這說明生活在湖北境內的巴、揚越、三苗、濮、庸、盧、彭等氏族部落之間都有文化的往來。這種文化的往來，反映出夏商時期乃至西周，湖北古代土著人之間的道路是通達的。

總之，根據上述考古資料所提供的資訊，大致上可以勾勒出這樣的交通輪廓，即鄂東北地區的土著人進入中原，除了經隨棗走廊外，桐柏山和大別山各山口，也是他們與外界經濟文化聯繫的重要交通孔道；生息在鄂東地區的土著人，主要是利用滍、灄、舉、倒、巴等河潤谷地，作為聯繫鄂東南越文化地區的主要通道。上述地區的土著人向西南聯繫江漢平原的土著人，除了可借用長江、漢水作為天然航道外，黃陂、孝感、應城、天門以北的岡地也是理想的通道。因此，在古代漢水中、下游以北地區，山口、河流、谷地當是今鄂東、鄂東北地區土著人通往江漢平原最早的路線。

分布在江漢平原的揚越人，向南遷徙進入湖南，主要是利用這一地區與湖南相連的水路。但是，他們與鄂西北山區的濮人、盧人、麇人發生聯繫，除了可溯漢水、沮漳水、蠻河等水系外，還可經鄂西荊山以東的餘脈丘陵，進入襄（陽）、郢（陽）地區。文獻記湖北竹山縣東南有庸人，郢西縣南有蜀人，河南淅川豐鄉有羌人，湖北竹山縣西有微人，湖北南漳縣東北有盧人，武當山南、荊山之北有彭人 ②，即可看出荊襄通道正是商周時期江漢平原的揚越與鄂西北地方的庸、蜀、盧、彭、微等族人相互聯繫的主要路線。同時隨縣一帶的土著人欲圖進入揚越地域，亦可翻越大洪山山口，經京山、天門，渡漢水，與江漢平原南部的江上蠻或揚越人進行經濟、文化方面的往來。《水經注　沔水》說，沔水「又東南過江夏云杜縣東，夏水從西來注之，

①　涂高潮：〈漢東地區東周文化初析〉，1987年湖北省考古學會年會論文。
②　顧鐵符：《楚國民族述略》，湖北人民出版社1984年版，第38頁。

即堵口也，為中夏水。縣故邔亭，《左傳》若敖娶於邔是也。《禹貢》所謂雲土夢作义，故縣取名焉。縣有雲夢城，城在東北。沔水又東迤左桑，昔周昭王南征，船人膠舟以進之，昭王渡沔，中流而沒，死於是水」。可看出在商周時期，鄂北地區至江漢平原中部、南部、西南部，除有漢水及其支流為水路，還應有一條自北往南的陸路交通幹線。

分布在鄂西北地方的庸人、微人、盧人、濮人，除了可經漢水、丹水、淅水、唐河、白河等水系進入漢中和中原地區參與周武王滅商活動外，他們與鄂西南地區的巴人和這一地區雜居的其他族人間也是有路可通的。具體說來，在竹溪、竹山、房縣、興山、秭歸皆發現有文化內涵相似的古文化遺址，即可看出這一地區一定是有山區小路可走的。《左傳　昭公十二年》記：「昔我先王熊繹，辟在荊山，篳路藍縷，以處草莽；跋涉山川，以事天子，唯是桃弧棘矢，以供御王事。」即已說明當時鄂西山區是有崎嶇小路作為這一地區的族人進行南北經濟、文化往來活動的通道的。尤其是在西周時期，楚初立國都於丹陽（在今河南丹淅與漢水交匯處），周昭王數次伐楚，楚人不得不離開故都，而其中有一支楚人即是途經鄂西山區的保康、興山一線的山路和香溪水路，來到了湖北秭歸，故此地有地名丹陽[1]。這說明，分布在商周時期鄂西山區的庸人、微人、盧人、濮人與鄂西南和渝及川東一帶的巴人進行經濟、文化方面的往來，走的應該是自南往北的秭歸、興山、保康、房縣、竹山、竹溪和秭歸、興山、保康、南漳、宜城一線的山區道路。同時分布在鄂西南地區的巴人與江漢平原的揚越人進行聯繫，除了可沿長江而下外，荊江上段的北岸也是有路可通的。據考古資料所提供的資訊，在湖北枝江、當陽、江陵北皆發現有巴人文化的遺存，即可看出今湖北宜都古老背、枝江安福寺、石嶺、問安以及江陵馬山一線，當時是有道路可通的。湖北地區大量的

――――――――――

① 袁純富，王耀明：〈試論春秋時期的楚國道路〉，載《公路交通編史研究》，1989年第3期。

考古材料證實，在夏商乃至西周時期，隨著分布在故楚腹地湖北境內的土著人之間政治、經濟、文化交往的不斷加深，他們之間的道路不僅有了拓展，而且他們與周邊地區以及中原之間聯繫的道路，也都出現了一種原始的路網局面，而這正是我國早期南北文化相互交流和影響的重要前提。

第二節　殷商時期商人進入楚蠻居地的路線

殷商時期，隨著車輛的發明創造，以及商勢力的逐漸強大，很大一部分殷人勢力進入了今湖北地區。他們帶來了北方先進的農耕文化和青銅文化，使當時湖北地區的農耕技藝和青銅文明有了較大提高和發展。

據文獻記載和考古發現，殷人曾建都於河南安陽小屯村。殷人是從何處來到河南的？司馬遷說是陝西，王靜安先生說是山東，傅斯年先生說是東北三省，衛聚賢先生說是江浙[①]。按郭沫若先生考證，殷人最初主要活動在今山東滕縣，爾後才遷居於今河南商丘一帶[②]。這就是說，大多數學者認為，商人發展的方向是自東向西的。因此，湖北地區也受商人自東向西發展的影響。商人進入湖北的空間順序，大體上也是先鄂東後鄂西，先鄂北後鄂南，繼而逐漸向湘鄂間兩湖盆地拓展。史料證明，今湖北地區在當時已成為商文化向湘、贛、粵、桂等地區發展的重要過渡地段。

考古資料顯示，在今鄂東地區發現相當於商代前期的遺址，除黃陂盤龍城外，在黃陂袁李灣、蘄春易家山、黃岡螺螄山、新洲陽邏、

---

①　張立志主編：《吳越文化論叢》，上海文藝出版社1990年版，第46頁。

②　郭沫若主編：《中國史稿》（第一冊），人民出版社1976年版，第156頁。

大冶銅綠山以及黃石、陽新等地,也均有商代文化遺存發現。而相當於商代中、後期的遺址和遺物的發現,在鄂東地區就更為普遍。調查資料反映,在黃陂長嶺泊沫港、枹桐關家寨、羅漢鍾家崗,應山縣長嶺紅旗村、巡檢群力村劉家河、楊河楊巷村徐家園、紅旗季燈村香灣,安陸巡店肖堰村曬書臺、周胡神墩、㳇水趙河村廟墩,雲夢倒店村小羅墩子,以及鄂城陳林寨、漢陽東城垸、崇陽大市、陽新白沙等地,都有商代中晚期遺址和遺物發現[①]。

在今鄂北地區,位於隨州市東北約20公里的廟臺子遺址,也曾出土商代前期大口尊、鬲等遺物。這裡的地理形勢是東北面為桐柏山,西南面為大洪山,中間是一條狹長的平原,稱為隨棗走廊。該遺址正好坐落於古代南北往來的通道間。但是,在漢水中游的隨棗走廊西段,以及北臨南陽盆地、南通江漢平原的中段和北段,卻很少發現商代早期和中期遺址。這說明,商代早期的殷人進入今湖北地區的路線,不是走南陽盆地經後世所謂「荊襄道」而進入湖北的。當時殷人勢力主要活動在鄂東和中原地區的鄭州、安陽,以及河北南部、河南東南部、江西北部一線[②]。河南西南部和湖北的西北部至今沒有發現商代早期遺址,說明今鄂東和鄂東北地區,當是殷人南下進入湖北的最早地區。前文所揭商代早、中期遺址大都分布在鄂東地區灄水、舉水流域的中下游,即可為證。

商人自今河南翻越大別山,經灄、澴水流域來到長江邊上後,首先在今武漢北郊黃陂灄口的湖丘上,建立了一座既具別都性質,也有軍事特徵的城邑——盤龍城。此城四周有土築城垣,西、南兩面尚保留有城垣的殘跡,平面近方形,南北約290公尺,東西約260公尺,周

---

① 湖北省孝感地區博物館編:《孝感地區文物概況》,1979年版;陳賢一:〈江漢地區的商文化〉,載《中國考古學會第二次年會論文集》,文物出版社1980年版。
② 中國社會科學院考古研究所編:〈殷商時期的方國遺存〉,《新中國的考古發現和研究》,文物出版社1984年版,第239—244頁。

長約1100公尺，城內面積約75400平方公尺。從北牆的探掘資料得知，牆基厚約21公尺，牆腳外陡內坡，內角作直角狀，外角略呈弧形，城牆用黃土和紅土混合築夯而成。可見當時城垣之高大、堅實、壯觀。在盤龍城四面城垣的中部，皆發現有城門遺跡。今西城牆南壁殘高1.8公尺，北牆殘高2公尺，牆基厚約20公尺，現存城門門道有3處，地面皆鋪有一層石頭，應屬當時的道路。路基寬約3公尺，殘長約7公尺，其地勢從東（內）向西（外）傾斜，從城內直通城外。城門的佈局基本對稱，西城門與東城門遙相對應，南城門與北城門基本上在一條中軸線上，並且在城內東部高地的邊緣，有幹道相通，而東城門通往城內也有道路相接[1]。這說明，當時殷人已十分重視道路的通達和水陸交通設施的建設。

安陽殷墟的位置，《戰國策 魏策》記載吳起的話說：「殷紂之國，左孟門而右漳釜，前帶河，後披山，有此險也。」鄭州的商城，是中原的交通樞紐，地理位置十分重要。盤龍城扼據南北交通要衝，其水路尤為便捷，北上可通過府河及其幹流灄水、澴水越過大別山、桐柏山的隘口，直達商王都鄭州、安陽。今河南信陽、羅山一線皆發現有商文化的遺存[2]，就已揭示出了這個問題。同時盤龍城的商人向南，不僅可越長江直達今江西、湖南等地去征伐和鎮壓異族方國，而且可掠奪南方礦產和各種土特資源。大冶、陽新境內的許多地方，礦山林立，發現許多商代遺址，銅綠山古銅礦遺址的上限也可早到商代，說明商人足跡已及今鄂東一帶。盤龍城遺址與大冶一帶僅有一江之隔，作為重要軍事據點的盤龍城，在掠奪南方礦產，保證礦產安全轉運方面，起了極為重要的作用。

---

① 　根據湖北省博物館陳賢一研究員提供的盤龍城遺址調查資料。
② 　蘇秉琦：〈七十年代信陽地區考古勘察回憶錄〉，載《中原文物》，1981年第4期；信陽地區文管會，羅山縣文化館：〈羅山縣蟒張後李商周墓地發掘簡報〉，載《中原文物》，1981年第4期。

第二章　虞夏商周時期楚蠻與中原和南方的交往路線

至商代中期，商人勢力以盤龍城為據點，逐漸向長江以南以西即今江西、湖南、鄂西等地區滲透。1973年至1986年，考古工作者先後在與盤龍城遺址隔江相望的九江、德安、清江一線，發現商代早、中期文化遺存。尤其是清江吳王城商代中期遺址，其規模較大，內涵亦極為豐富。從城內的調查情況看，吳城遠不是一處普通的人類居住村落遺址，而應當是一處頗具規模的商人聚落，或是具有軍事性質的城邑。同時，從盤龍城附近遺址所出土的器物與吳城發現的聯珠罐、原始瓷器、器物上的蝶形紐等具有共同的特點看，先是盤龍城影響了吳城，然後才有吳城和中原的交往①。這說明，當年的商人來到盤龍城後，除了可利用長江、贛水作為天然的航道進入江西外，今黃石、大冶、九江、德安一線，亦當有一條商人南入江西腹地的道路。近年來在湖北黃石、大冶，江西九江神墩、德安石灰山、新余席家山和碾糖山等地，均發現有商代早、中期文化遺址，由此不難看出當時鄂東南地區是有陸路可通江西西北山區的。

　　商人在進入今鄂東的同時，也曾溯江而上或取陸道進入湖南長沙、湘鄉、瀏陽、寧鄉、石門、麻陽、辰溪和湘南地區。商人自鄂東地區進入湖南東北部和中部，有兩條路線可走：一條是行水路溯長江經洞庭湖而至湖南北部和中部；另一條是由江西清江吳城走陸路越過羅霄山隘口，進入湖南的東部。今湘北、湘中的岳陽、華容、長沙、寧鄉、湘鄉，以及湘東的瀏陽、醴陵、安仁等市縣，皆發現有商代中、晚期文化遺存②，說明商人是以湖北盤龍城為據點，以長江支流和山間谷地為通道，去征伐和掠奪南方的礦產資源的。在湖南的東北部即長江以北的江漢平原腹地，至今尚未發現商代早、中期文化遺存，就已經證實了商人進入湖南的最初起點是今湖北東部的盤龍城。

---

① 商大倫：〈論盤龍城遺址的性質與作用〉，載《江漢考古》，1985年第1期。
② 湖南省博物館：《三十年來湖南文物考古工作》，《文物考古工作三十年》，文物出版社1979年版。

近年來，在鄂西地區先後發現了不少商代文化遺址。這些遺址可分為早、中、晚三個時期。其位置主要分布在宜都紅花套、向家沱、吳家崗、毛家套、清江口，夷陵區的路家河、白廟、李家河、殺人溝、小溪口、三斗坪，秭歸縣的鱣魚山、柳林溪、何家灣、老鼠岩，江陵縣的荊南寺、張家山、梅槐橋，沙市區的周良玉橋和松滋縣的桂花樹等地。並且以江陵荊南寺遺址、西陵峽地區的路家河遺址、白廟遺址、三斗坪遺址、下岸遺址時間為最早。它們皆相當於中原二里崗類型或早於二里崗類型的商文化。這些遺址中出土的器物除了有類似中原二里頭文化的特徵外，還出土了與中原地區二里崗文化類型相似的泥質灰陶高頸罐、甀、連珠紋和粗砂紅陶敞口缸等遺物。大口缸在商代早期是常見器物之一，雲雷紋、S紋、繩紋、方格紋、葉脈紋等，又係商文化的主要特徵[1]，由此推斷，商人的勢力在來到湖北東部地區之後，分水路、陸路進入了今鄂西地區。有人根據鄂西地區已發現的商文化遺址，認為中原系統的商文化南漸後又溯江而上，傳到鄂西地區[2]。從水路交通的角度來看，這種說法也是頗有見地的。

事實上，商人自鄂東向鄂西地區推進，除了可溯長江而上外，鄂東地區的盤龍城至鄂西，也是有陸路可通的。自盤龍城遺址發現後，在其西即今天門鄧家灣、荊門東南官墙、後港、江陵荊南寺等地，均發現有商代前期和中期文化遺存，即可證實當時在江漢平原的北部岡地和平原地帶，是有道路可通達於鄂西地區的。有人指出，在湖北商代早期遺址中出土的大口缸（晚期稱為「將軍盔」）器物，其發源地就在漢水流域，並由此而傳播至西陵峽區[3]，這就進一步說明了鄂東

①　王勁：〈對江漢地區商周時期文化的幾點認識〉，載《江漢考古》，1983年第4期；王宏：〈荊南寺商代陶器試析〉，《湖北省考古學會論文選集》（第1集），武漢大學學報編輯部1987年版。
②　楊權喜：〈探索鄂西地區商周文化的線索〉，載《江漢考古》，1986年第4期。
③　王宏：〈荊南寺商代陶器試析〉，《湖北省考古學會論文選集》（第1集），武漢大學學報編輯部1987年版。

地區通往鄂西地區的水陸交通，在當時的鄂東、西部文化交流中起到了不可低估的作用。

　　商人自盤龍城來到鄂西地區之後，為了進一步加強對西南地區異族方國的控制，其勢力已經擴張到湖南的西部、西北部以及重慶和四川的東部。近年來，在湘西北地方發現商代中、晚期遺址多處，其中以石門、大庸、麻陽、辰溪等市縣遺存尤為豐富。這裡出土了大量與軍事、生活有關的青銅兵器和生活器具，其器物特徵很明顯地受中原地區商文化的影響，甚至與鄂西地區的某些商文化有著直接的聯繫[1]。這就給人們提供了一個資訊，即商人來到鄂西地區之後，其中有一股很強的勢力經湖北清江流域或荊南水系，進入到今湖南的西部地區。宜都清江流域和荊南松滋近年來發現商代中、晚期遺址多處，即可證明這個判斷。因此，在殷商時期，今鄂西南的東南地區除了有水路可通湘西外，湘、鄂交界處的巫山、武陵山餘脈隘口也應當是鄂西南通往湘西地區的主要交通孔道。楚人在西周晚期已進入湘西的澧縣、石門、麻陽一線，在春秋中晚期進入湘中[2]，這進一步說明今鄂西南的東南地區，在商周時期是有水路和陸路通往湘西山區的，否則楚人入湘不會那麼順利。這就是說，在商代的早中期，商人自中原越過大別山來到盤龍城後，自東向西推進到鄂西南，然後自西北向東南擴張到湘西山區。這說明，無論是商人來今湖北之前，還是他們在這裡的統治時期，鄂東地區和鄂西地區的道路交通，已經有了一定的基礎並得到初步發展。文獻記：「成湯二十一年，商師征有洛，克之，遂征荊，荊降。」[3]《詩　商頌　殷武》云：「維女荊楚，居國南鄉，昔有成湯，自彼氐羌，莫敢不來享，莫敢不來王。」這些可證實當時

① 何介鈞：〈湖南商周時期古文化的分區探索〉，《湖南考古輯刊》（第2輯），嶽麓書社1984年版。

② 高至喜，熊傳新：〈楚人在河南的活動遺址概述〉，載《江漢考古》，1987年第1期。

③ 《竹書紀年　殷紀》。

故楚腹地，即今湖北地區與中原和南方的水陸交通是十分通達的。

但是，南陽盆地以南的湖北「荊襄道」並非由商人打通，鄂西北通往陝西漢中的大巴山隘口，也未發現商人的足跡。這主要是因為在商代早期，商人的勢力尚未進入今豫西南和陝東南地區。在滅夏的過程中，商人主要是由山東向西進入中原，其中有一支由東向西南進入鄂東，以弧形的包抄態勢而滅夏。因此，在鄂西北、陝東南、豫西南地區未發現商人早期的文化遺址，是不足為奇的。事實上，在鄂西北、陝東南和豫西南地區，在當時有一股很強的地方土著人勢力和夏勢力[1]。陝西河東、河西以及漢中地區不見商的早期遺存，而有商的晚期文化遺存[2]，也可印證這一史實。這就是說，當年南陽盆地的孔道、荊溪河谷地以及湖北的「荊襄道」、鄂西北通往陝西漢中的大巴山隘口，當是這一地區巴、濮、盧、庸、彭等土著人所控制的主要交通線。

商代晚期，商人勢力已達到今我國南方的川、雲、貴、桂、粵、閩等廣大地區[3]。考古發現表明，今陝西的南部、北部和河南、湖北的全境，都分布有商代晚期和西周早、中期的文化遺存。而在商代晚期，今湖北境內除了鄂東地區的道路與中原和南方湘、贛等地區繼續保持一定的通暢外，鄂北、鄂西北和鄂西南地區的關隘和道路基本上已被商人利用，並且已成為這一地區通往中原的主要道路。《國語晉語》記史蘇說：「昔夏桀伐有施，有施人以妹嬉女焉。妹嬉有寵，於是乎與伊尹比而亡夏。」《帝王世紀》云：「桀日夜與妹嬉及宮女飲酒，常置妹嬉於膝上，妹嬉好聞裂繒之聲而笑。桀為發繒裂之，以

---

① 《尚書　牧誓》。

② 中國社會科學院考古研究所：〈殷商時期的方國遺存〉，《新中國的考古發現和研究》，文物出版社1984年版，第241頁。

③ 文物編輯委員會編：《文物考古工作三十年》，文物出版社1979年版，第252、325、339、349、360、372頁。

第二章　虞夏商周時期楚蠻與中原和南方的交往路線

順適其意。」施國，潘新藻先生認為在今湖北恩施州 ①。又《華陽國志‧巴志》云：「武王既克殷，以其宗姬封於巴，爵之以子。」通過這些史料，可看出至遲在夏代晚期，鄂西南地區是有道路通往中原地區的。從地望上看，當年此地的異族方國與夏商王室的道路往來，除了可順今清江入長江，再沿長江至沙市附近入夏水經揚水，繼而溯漢水經唐白河轉陸路至中原商都外，還至少有兩條道路可直接通往中原：一條道路是自今湖北恩施地區出發，經秭歸、興山、保康、老河口一線的山路，再通過南陽盆地而進入商都；另一條道路也是自恩施地區出發，順清江而下，過長江經枝江安福寺、當陽、荊門、宜城、襄陽、鄧縣即漢西一帶，通過南陽盆地而進入商畿。不僅文獻記載反映出這兩條路線上有許多土著人的都邑，而且這裡也出土了不少相當於商代不同時期土著人文化的遺存。因此，在殷商時期，鄂西山區和漢西一線，是有幾條南北走向道路的。尤其是在商末以至西周，漢西即今湖北的襄陽至江陵，江陵至松滋，松滋至湖南澧水的中上游，都有道路可通達。在松滋、江陵、沙市、荊門、襄陽一線，皆發現有商末至西周時期古文化遺址 ②，即可看出漢西一線的道路可通往中原。因此，在江陵萬城發現有西周早期青銅器 ③，以及沙市周梁玉橋出土有西周時期中原文化遺物 ④，無疑是周人或當地土著人借用此道傳入湖北的。這就是說，漢西一線的所謂「荊襄道」，無論是在商人統治時期還是在其非統治時期，這條通往中原的南北大道，客觀上是存在的。這條道路為後來的周人進一步控制南方，在湖北封邦建國，奠定了良好的交通基礎。

---

① 潘新藻：《湖北省建制沿革》，湖北人民出版社1987年版，第116頁。

② 根據湖北荊州市博物館、原沙市博物館、襄陽市博物館提供的近年來文物普查資料。

③ 李建：〈湖北江陵萬城出土西周青銅器〉，載《考古》，1993年第4期。

④ 沙市博物館：〈湖北沙市周梁玉橋遺址試掘簡報〉，載《文物資料叢刊》（第10期），文物出版社1987年版。

第三節　周代楚蠻及其周邊地區的封國

西周初年，周王朝為了鞏固其統治，更好地控制南方勢力及周圍的方國，將其同姓和親族分封各地，此即周朝歷史上的封建大分封。《孟鼎》銘曰「受民受疆土」，表明了周王朝分封的方式，即受封貴族在得到土地的同時，也得到了這片土地上的人民，從而促進了封地土著文化與西周文化的大融合。今鄂東地區的南北道路和漢西的南北道路，為這種周初文化的大融合提供了極好的交通條件。《古本竹書紀年》曰：「昭王十六年，伐楚荊。」《小王生尊》曰：「佳王南征，才口。」《令簋》曰：「九月既死霸丁丑，乍冊矢令從王伐楚白，才炎。」關於周昭王伐楚，過去在安陸發現的「安州六器」[1]中有詳細的記載。六器中的《中甗》曰：「王令中先省南國，串（貫）行，㲄应在曾。史幾至，以王令曰：余令汝使小大邦。」《中方鼎》曰：「唯王令南宮伐反（叛）虎方之年，王令中先，省南國，串行，㲄王应，在虁陴真山。」《中觶》曰：「王大省公族於庚，辰（振）旅，王錫中馬自虁侯四騅南宮贶，王曰：用先。」《金文分域篇》之《玉刀銘》曰：「六月丙寅，王在豐，令大保省國，師漢，征宮南。」《中甗》、《中方鼎》記載周王出征，經過了方鄧、鄂師、漢中洲等地，經歷唐、曾及長江中游的大小邦國，後沿江而上，直達秭歸的虁[2]。這說明，當時的南陽盆地、隨棗走廊以及大別山隘口，為周勢力征伐南方荊楚的主要交通孔道。近年來，在湖北襄陽、棗陽、隨州、安陸、漢陽一線，河南的確山、信陽和湖北的廣水、大悟、孝昌、孝感一線，湖北的黃陂、紅安、麻城和河南商城一線，湖北的襄

---

① 陳楚家：〈西周銅器斷代（二）〉，載《考古學報》，1955年第2期。

② 江鴻：〈盤龍城與商朝的南土〉，載《文物》，1976年第2期。又參見裘錫圭〈史牆盤銘文解釋〉，載《文物》，1978年第3期，及郭沫若《兩周金文辭大系圖錄考釋》，科學出版社1957年版。

陽、宜城、荊門、江陵、沙市、松滋一線，湖北的秭歸、宜昌沿江一線，湖北荊門、鍾祥、京山、天門、漢陽一線，皆發現有西周時期文化遺存，即是最好的實物證據。因此，《竹書紀年　周紀》云：「周穆王七年，大起師，東至於九江，架黿鼉以為梁。」《開元占經》卷四云：「穆王東征天下二億二千五百里，西征億有九萬里，南征億有七百三里，北征二億七里。」《水經注　沔水》記：「（沔水）又東南過江夏云杜縣東，夏水從西來注之……沔水又東逕左桑，昔周昭王南征，船人膠舟以進之。昭王渡沔，中流而沒，死於是水。齊楚之會，齊侯曰：『昭王南征而不復，寡人是問。』屈完曰：『君其問諸水濱。』庚仲雍言村老云：『百姓佐昭王喪事於此，成禮而行，故曰佐喪。』」《山海經》說，周王出征，「駕八駿之乘，右服盜驪，左驂騄耳，造父為御，犇戎為右，萬里長騖，以周歷四荒」。這些說法，看來是較為可信的。周人在滅商獲得政權後，在今湖北境內的諸侯國和依附國已達到40多個，它們相互間都有一定的政治、經濟、文化方面的往來。下面，就這些諸侯國的地望和歷史概況，分別作一考述。

厲國。《路史　國名紀》說：「帝之潛邦……今隨縣之北，厲鄉即賴鄉也。有厲山，在隨縣北百里，神農是生。春秋之厲國，通為賴。」《水經注　溠水》記：「厲鄉南有重山，即烈山，山下有穴。父老相傳，是神農所生處。故《禮》謂之烈山氏。亦云賴鄉，故賴國也。」《左傳　桓公十三年》記：「屈瑕伐羅，楚子使賴人追之。」杜預注云：「賴國在義陽隨縣。」《大清一統志》云：「厲鄉在（隨）州北，今名厲山店。」據以上史料可推測厲國在今隨縣厲山一帶。

陰國。《路史　國名紀》云：「唐虞時國，商世陰君長生之祖。故長生詩云：『惟予之先，佐命唐虞。』」雍正《湖廣通志》謂：「陰國封於穀，皆嬴姓。」《左傳　昭公十九年》記：「楚工

尹赤遷陰於下陰。」《通志》：「管仲七世孫修，自齊適楚，為陰大夫。」《湖北通志》：「陰之舊壤，宜亦去此（下陰）不遠，猶權之遷於那處也。古陰國之後，春秋時絕，為楚屬邑。故可使管修為之尹。」其地望，《春秋傳說匯纂》說：「今襄陽府光化縣西，漢水西岸，有故陰縣城。即楚之下陰。」據楊伯峻先生考證，下陰在今湖北光化縣（即今老河口市）西，漢水北岸[1]。

房國。《竹書紀年 夏紀》云：「帝子丹朱避舜於房陵，舜讓，弗克，朱遂封於房，為虞賓。」《新唐書 宰相世系表》：「舜封丹朱於房。」《輿地紀勝》、《房州志 沿革》所引皆同。《路史》、《廣輿記》亦皆云丹朱封房。《房縣志》記載有丹朱墓、堯子坮，在城東八十里。《湖北通志》說：「房陵，即春秋時之防渚。《左傳文公十一年》，楚成大心敗麇師於此。杜預以為麇地。《漢書》地理、郡國二志，注家亦無以房陵為國者。然《竹書》云云，未可斥為虛妄。」其地望，《中國歷史地圖集》第一冊春秋楚越版圖示為今湖北房縣地。

楚國。周成王時，舉文武勤勞之後嗣，封熊繹於楚蠻以子男之田，姓羋氏，居丹陽。丹陽的地望，歷史上曾有四說。一說即今安徽當塗丹陽。《漢書 地理志》載：「丹陽屬丹陽郡。」注：「楚之先熊繹所封，十八世文王徙郢。」所指為今安徽省當塗縣東，與江寧縣交界處。此說早已為人所否定，《水經注》卷三十四論者曰：「尋吳楚悠隔，藍縷荊山，句容遠在吳境，是為非也。」二說在今湖北秭歸。《水經注》在否定了丹陽當塗說以後，在《江水》中引《宜都記》說：「秭歸，蓋楚子熊繹之始國。」秭歸，今屬湖北秭歸縣。《輿地志》、《括地志》等書亦從其說。但是，近年來隨著楚國歷史文化研究的深入，多數學者認為將最初楚都丹陽定在湖北秭歸，與楚

---

① 楊伯峻：《春秋左傳注》，中華書局1981年版，第1401頁。

61

人自中原來到湖北的早期活動的史實極不相合。三說在今湖北枝江。其根據主要來源於《史記　楚世家》，周成王「封熊繹於楚蠻，封以子男之田，姓芈氏，居丹陽」。《集解》曰：「在南郡枝江縣。」枝江在上古時代地理條件是比較優越的，也是適合人們生存發展的地方。但是如果聯繫楚之歷史，證之以文獻，枝江為熊繹受封的楚丹陽，仍然是不能成立的。如果說熊繹之後世子孫曾一度在枝江設置丹陽，作為向江漢平原過渡之郢，即唐杜佑所說的先秭歸，後枝江[1]，則有可能。《史記》的《集解》與《索隱》在解釋「丹陽」時，曾指出兩個丹陽，可能就有這個因素。四說在今湖北丹江口與河南省淅川交界處。清代學者宋翔鳳在《過庭錄》卷九《楚鬻熊居丹陽　武王徙郢考》一文中首倡此說，根據楚人早期的活動情況來看，此說比較符合歷史事實[2]。因此，鬻熊或熊繹時的楚國都丹陽，當在今丹、淅二水入漢的交匯處。

　　隨國。《文獻通考》說，隨國，「姬姓，侯爵。地在義陽隨縣。」《世本》云：「隨國，姬姓，不知始封者為誰。」《左傳　桓公六年》記鬪伯比言於楚子曰：「漢東之國，隨為大。」隨是周王朝封在漢東的最大的諸侯國，可謂「漢陽諸姬」的首領。隨不僅與漢東小國有密切的關係，而且與楚的往來也較為頻繁。隨著楚勢力的強大，春秋時已淪為楚之附庸。其國都位置，石泉先生認為在今湖北隨州西偏北安居鎮[3]。

　　鄧國。《通志　氏族略》說，鄧國，「曼姓，商之侯國。其地，今襄陽鄧城是也。」《漢書　地理志》南陽部：「鄧，故國，都尉

① 《通典　州郡　荊州》。
② 袁純富，王耀明：〈試論我國古代的「秦楚大道」──兼與王開同志商榷〉，載《公路交通編史研究》，1990年第6期。
③ 石泉：〈古代曾國──隨國地望初探〉，載《武漢大學學報》（哲學社會科學版），1978年第1期。

治。應劭曰：鄧侯國。」晉《太康地理志》：「周宣王舅所封，故鄧城，春秋之鄧國。」《水經注　淯水》：「鄧縣，故鄧侯吾離之國也。楚文王滅之。秦以為縣。」又云：「淯水，右會濁水，流經鄧縣故城南。習鑿齒《襄陽記》曰：『楚王至鄧之濁水，去襄陽二十里。』即此水也。」又：「濁水東逕鄧塞北，即鄧城東南小山也。」可見，鄧國在今湖北襄陽無疑。《春秋大事表》說鄧國在今河南南陽府鄧州，實不可取。據石泉先生考證，鄧之國都即今湖北襄陽市西北鄧城遺址①。

鄾國。《路史　國名記》說：「鄾為鄧所分，亦曼姓。」《水經注　淯水》：「淯水又東，逕鄾城東。古鄾子國，鄧之南鄙也。」《左傳　桓公九年》：「楚子使道朔將巴客以聘於鄧，鄧南鄙鄾人攻而奪之幣。」杜預注云：「鄾，在今鄧縣南，沔水之北。」《春秋大事表》說：「鄾，子爵。今湖廣襄陽府東北十二里，有鄾城。」《襄陽縣志　沿革》說：「鄾城在鄧城東南十餘里。」據考古工作者實地調查，鄾城遺址在今湖北襄陽市西北鄧城遺址東南十餘里處。

穀國。《通志　氏族略》說，穀國，「嬴姓，伯爵。春秋穀伯綏之裔也。」《左傳　桓公七年》：「夏，穀伯綏來朝。」杜預注：「穀國在南鄉築陽縣北。」《湖北通志　襄陽府》云：「築陽即今穀城縣治也。」楊伯峻先生認為穀國在殷商時即已有之②。其地望，《水經注　沔水》說：「沔水東逕穀城南，而又逕其東矣。城在穀城山上，春秋穀伯綏之邑也，墉堙頹毀，基塹亦存。」《元和郡縣志》卷二十一云：「穀城縣，本春秋時穀國，《左傳》穀伯來朝，今縣北十五里故穀城是也。」《襄陽府志　穀城縣　沿革》說：「穀伯城在縣北五里。」諸說皆認為穀國位於今湖北穀城縣。

---

① 石泉：〈古鄧國、鄧縣考〉，載《江漢論壇》，1980年第3期。

② 楊伯峻：《春秋左傳注》，中華書局1981年版，第118頁。

庸國。《通志·氏族略》說：「商時侯國，周武王時，來助伐紂。今房州西二百五十里，故上庸城是也。文十六年，楚滅之。」《湖北通志》：「上庸，鄖陽府之竹山縣也。今縣東四十里就有上庸故城。」高士奇《地名考略》說：「今竹山縣東四十五里有方城，山上平坦，四方險固，山南有城周十餘里，即春秋時庸方城也。」《中國古今地名大辭典》認為：「秦置上庸縣，在今湖北竹山縣東南。」諸家所言不虛。

麇國。《文獻通考》說，麇國，「嬴姓，子爵國。在今均州鄖鄉。」《水經注·沔水》云：「漢水又東逕鄖鄉縣故城南，謂之鄖鄉灘。縣故麇也。即長利之鄖鄉矣……李奇以為鄖子國。」《元和郡縣志》卷二十一云：「錫穴在縣西一百二十里，東臨漢水，北瞻天河。在長利廢丘東。至今周山皆穴，淘金者多窺伺焉。」楊伯峻先生認為：「麇，國名，據《地理考證》，今湖北省鄖縣即古麇國。《御覽》卷一六七引潁容《春秋釋例》謂『麇在當陽』，《方輿紀要》因謂麇城在當陽縣東西六十里，恐不可信。」[1]據史籍分析，麇國春秋時被楚滅，其地當在今湖北鄖縣。

羅國。《通志·氏族略》說，羅國，「子爵，熊姓，一曰祝融之後妘姓，初封宜城，徙枝江，為楚所滅。周末居長沙。」《水經注·沔水》：「（夷水）東南流，歷宜城西山，謂之夷溪。又東南逕羅川城，故羅國也。」又《江水》：「江水又東過枝江縣南，沮水從北來注之。江水又東逕上明城北……江沱枝分，東入大江，（枝江）縣治洲上，故以枝江為稱……其地故羅國，蓋羅徙也。羅故居宜城西山，楚文王又徙之於長沙，今汨羅縣是矣。」這說明，今湖北宜城縣西二十里之羅川城乃羅國初封之地，其後楚徙羅於湖北枝江百里洲上。至楚文王時，又徙羅於今湖南汨羅縣，其地有羅城遺址，即可為證。

---

① 楊伯峻：《春秋左傳注》，中華書局1981年版，第578頁。

權國。《通志　氏族略》說，權國，「羋姓，顓帝之後，《唐表》云，子姓，商武丁之裔。杜預云：南郡當陽東南有權城。按當陽隸荊門軍，今其地名權口。」《水經注　沔水》：「沔水又東，右會權口。水出章山，東南流，逕權城北，古之權國也。《春秋》魯莊公十八年，楚武王克權，權叛，圍而殺之，遷權於那處是也。東南有那口城。」這說明，當時權國都邑位置有二，一處為楚武王克權的國都；另一處為楚武王克權之後，以權國原來的臣民遷於那處的都邑。前者按《中國歷史地圖集》第一冊春秋楚吳越版圖標示，在今湖北荊門南。而實際上，楚武王克權的位置，當在今荊門南五里鎮之西王家場附近[1]。後者即楚克權後的權邑，當在今荊門東南沈集一帶。杜預《左傳　莊公十八年》注云：「權，國名。南郡當陽縣東南有權城。那處，楚地。南郡編縣東南有那口城。」這實際上說的都是楚武王克權之後的權邑位置。因此，《中國歷史地圖集》第一冊春秋楚吳越版圖，將古權國分別以①權②權標示，是不無道理的。

　　歸國。《漢書　地理志》說：「秭歸，歸鄉故歸國。」《水經注　江水》：「（江水）又東過秭歸縣之南。縣，故歸鄉。《地理志》曰：歸子國也。《樂緯》曰：昔歸典叶聲律。宋忠曰，歸即夔，歸鄉蓋夔鄉矣。古楚之嫡嗣，有熊摯者，以廢疾不立，而居於夔，為楚附庸。後王命為夔子。」其地望，《江水》說：「江水又東南逕夔城南，跨據川阜，周迴一里百一十八步，西北背枕深谷，東帶鄉口溪，南側大江。城內西北角有金城，東北角有圓土城，西南角有石井，口徑五尺。熊摯始治巫城，後疾移此。蓋夔徙也。《春秋左傳》僖公二十六年，楚令尹子玉城夔者也。服虔曰：『在巫之陽，秭歸歸鄉矣。』」很顯然，歸國在今湖北秭歸縣。

　　鄖國。按易本烺《春秋楚地答問》說，鄖為姬姓，屬「漢陽諸

①　袁純富，王耀明：〈試論春秋時期的楚國道路〉，載《公路交通編史研究》，1989年第3期。

姬」一類國家。《左傳　桓公十一年》杜預注:「鄖國在江夏云杜縣東南。」按此說法,鄖在今湖北仙桃市境。而《括地志》則認為,在今湖北安陸一帶。但是,《水經注　沔水》說:「巾水又西逕竟陵縣北,西注揚水,謂之巾口。水西有古竟陵大城,古鄖國也。鄖公辛所治,所謂鄖鄉矣。昔白起拔郢,東至竟陵,即此也。」據王先明、王仁湘二位先生考證,鄖國在竟陵地大抵是不錯的。其範圍在潛江附近的東荊河兩岸。鄖國都則在潛江縣西北①。由此可見,鄖國究竟是在今潛江,還是安陸,尚有待進一步考證。

唐國。《漢書　地理志》南陽郡:「春陵上唐鄉,故唐國。」《括地志》卷七云:「上唐鄉故城在隨州棗陽縣東南百五十里,古之唐國也。」《讀史方輿紀要》卷七十七載唐城云:「(隨)州西北八十五里,春秋時唐侯國。」《湖北通志》云:「上唐鄉,即宋之唐城縣地。今隨州西北九十里,有古唐城。」《春秋楚地答問》說:「唐,在今棗陽縣東南境。」綜考諸家之言,唐國應位於今湖北隨州唐鎮一帶。

貳國。《路史　國名紀》說,貳國,「少昊後,偃姓國。」《世本　氏姓篇》說:「偃姓,皋陶之後。」《左傳　桓公十一年》:「楚屈瑕將盟貳、軫。」杜預注:「貳、軫,二國名。」《春秋楚地答問》說:「漢東之國,曰貳,其外有三關。在今應山。」《方輿紀要》、《春秋傳說匯纂》亦皆說貳國在今湖北廣水境內。

軫國。《路史　國名記》說,軫國,「少昊後,偃姓國,在楚東南。」《春秋楚地問答》:「漢東之國,曰軫,當即今京山東北境。」《春秋傳說匯纂》:「軫,在今應城縣西。」《中國古今地名大辭典》說:「軫,周國名。在今湖北應城縣西。」李玉潔在

---

①　王先明,王仁湘:〈竟陵地理沿革考略〉,載《武漢師範學院學報》(哲學社會科學版),1982年第4期。

《楚史稿》中，亦持今湖北應城市西之說[1]。

　　絞國。《路史　國名紀》云，絞國，「少昊後，偃姓國。」《左傳　桓公十一年》：「鄖人軍於蒲騷，將與隨、絞、州、蓼伐楚師。」楊伯峻先生注云：「絞，國名，在今湖北省鄖陽地區鄖縣西北，古器有交君子鼎、交君子壺、交君子簠。」[2] 此說與《中國歷史地圖集》第一冊春秋楚吳越版圖標示的絞國位置相同。因此，絞國當在今湖北鄖縣西北。

　　州國。《路史　國名紀》說，州國「少昊後，偃姓國」。《戰國策　楚策》莊辛曰：「君王左州侯、右夏侯。」《史記　楚世家》：「考烈王元年，納州於秦以平。」徐廣曰：「州，即州陵。」其地望，《水經注　江水》說：「（江水）又東北逕石子岡，岡上有故城，即州陵縣之故城也。莊辛所言左州侯國矣。」《中國古今地名大辭典》說：「《左傳　桓公十一年》，鄖人軍於蒲騷，將與隨、絞、州、蓼伐楚師。杜注：『州國在南郡華容縣東南。』即今湖北監利縣東之州陵城。」據考古工作者實地調查，州國在今湖北洪湖市東北的黃蓬山一帶，這裡曾出土有東周時期遺址和遺物[3]。

　　弦國。《春秋大事表》說：「弦，子爵，隗姓。今湖北黃州府蘄水縣西北四十里有軑縣古城，為弦國地。」又云：「河南光州西南有弦城。蓋因光山縣有僑置軑縣故城而誤。」《漢書　地理志》江夏郡記：「軑，故弦子國。」按《水經注　江水》：「（江水）又東逕軑縣故城南，故弦國也。」《讀史方輿紀要》卷七十六湖廣二黃州府蘄水縣蘄水城下注：「軑縣城在縣西北四十里，故弦子國，為楚所滅。」可見，古弦子國在今湖北浠水縣境當可無疑。

　　盧國。商代侯國。《水經注　沔水》說：「（沔水）又東過中

① 李玉潔：《楚史稿》，河南大學出版社1988年版，第30頁。
② 楊伯峻：《春秋左傳注》，中華書局1981年版，第130頁。
③ 根據荊州市博物館提供的文物普查資料。

盧縣東，維水自房陵縣維山東流注之。（中盧）縣，即春秋盧戎之國也。」其地望，《左傳　文公十六年》：「使盧戢黎侵庸，及庸方城。」杜預注：「盧，今襄陽中盧縣。」《漢書　地理志》：「南郡中盧。」顏師古曰：「在襄陽縣南，今猶有次盧村。」《大清一統志》：「中盧邦城，在襄陽西南。古盧戎也。」《方輿紀要》：「中盧城，在（南漳）縣東北五十里。春秋時盧戎國，楚之盧邑也。」《湖北通志　襄陽　古跡》云：「以地望求之，南漳東北，即襄陽西南。以里數許之，言五十里，則在南漳境內必矣。」此說與《中國歷史地圖集》第一冊西周時期中心區域圖所示盧國位置相同。

　　鄂國。《史記　楚世家》記：「當周夷王之時，王室微，諸侯或不朝，相伐。熊渠甚得江漢間民和，乃興兵伐庸、揚粵，至於鄂。」《正義》引劉伯莊語：「鄂，地名，在楚之西，後徙楚，今東鄂州是也。」又引《括地志》云：「鄧州向城縣南二十里西鄂故城是楚西鄂。」勾稽史籍，《正義》引劉氏語謂熊渠所伐之鄂為東鄂，這是較為妥當的。但是，劉氏說此東鄂原為西鄂徙楚後才稱東鄂，則是缺乏依據的。西鄂是黃帝後裔，屬華夏集團。東鄂則是以鼉魚為圖騰的古越族的一支，隸百越系統。二者無論是族源，還是文化面貌，都迥然不同。因此，在商周時期，除了今河南泌陽縣一帶有西鄂國外，今湖北大冶縣境內亦當有個隸屬百越系統的鄂國 [1]。至於今隨州發現鄂國銅器與鄂國地望之間的關係，則有待進一步探討。

　　從以上所舉的諸侯國分布情況推測，商周時期今故楚腹地湖北地區的道路已經具有較好的基礎，並形成了一定程度的道路網路格局。這種路網格局的形成是當時經濟文化交流的結果，在楚國道路交通史上留下了濃重的一筆。

---

① 　袁純富，劉玉堂：〈屈原放逐路線中若干地理問題探討〉，載《雲夢學刊》，1989年第1期。

第三章　楚人南遷路線與郢都的地望

　　自西元前11世紀初葉周成王封熊繹於楚蠻，居丹陽，楚人就開始
注重江漢地區的經濟開發和道路交通建設。在周夷王時，熊渠甚得江
漢間民和，把勢力擴大到今江陵、秭歸、鄂州一帶，並一度封三個兒
子為王。東周以降，王室衰微，楚相繼吞併了數十個國家，迅速成為
當時列國中疆域最大的強國。在楚成王時，「楚地千里」[①]，到戰國中
晚期，進一步發展到「地方五千里，帶甲百萬，車千乘，騎萬匹，粟
支十年」[②]。楚國的強大，必然促使其政治、經濟、文化的快速發展。
隨著軍事上的擴張，楚國陸路交通也有了較大的發展。陸路交通的發
展，對於楚國政令的通達、貢賦的輸送、社會民俗文化的交流和各諸
侯國之間商業貿易的往來，無疑發揮了巨大的作用。

　　通常所說的楚人，由兩部分人即來自中原地區的楚公族和江漢平
原和其周邊地區的土著楚蠻構成。上面已對虞夏商周時期楚蠻與周邊
地區的道路進行了探索，下面探討的則是楚公族南遷的路線。

---

① 《史記　楚世家》。
② 《戰國策　楚策》。

第一節　楚人南遷路線

　　楚人公族屬中原地區古老祝融部落陸終的後裔，後因受商人勢力的壓迫，徙至今湖北與河南交界處的丹淅一帶，同當地的土著楚蠻一起，建立了楚國。《史記　楚世家》記：「楚之先祖出自帝顓頊高陽。高陽者，黃帝之孫，昌意之子也。高陽生稱，稱生卷章，卷章生重黎。重黎為帝嚳高辛居火正，甚有功，能光融天下，帝嚳命曰祝融。共工氏作亂，帝嚳使重黎誅之而不盡。帝乃以庚寅日誅重黎，而以其弟吳回為重黎後，複居火正，為祝融。」又，「吳回生陸終。陸終生子六人，坼剖而產焉。其長一曰昆吾；二曰參胡；三曰彭祖；四曰會人；五曰曹姓；六曰季連，羋姓，楚其後也。」這些史料顯然對楚公族的族源作了比較明確的交代。

　　祝融部落是一個善於掌握天文曆法和農業知識，並擁有一定的經濟和文化實力的族群。經不斷地繁衍和增殖，又產生了新的部落。祝融八姓的傳說，就反映了這種分化。其八姓，韋昭注曰：「己、董、彭、禿、妘、曹、斟、羋也。」[1]《國語　周語》云：「昔夏之興也，融降於崇山。」韋昭注曰：「融，祝融也；崇，崇高山也。」崇山，即今嵩山。《左傳　昭公十七年》載：「鄭，祝融之墟也。」鄭，即今河南省新鄭。可見，祝融八姓的己、董、彭、禿、妘、曹、斟、羋，皆是從中原新鄭地區遷徙出的。

　　隨著部落間的融合與發展，夏朝末年，東方的商族興起了。祝融八姓中一部分部落集團先後被商所滅；一部分倖存的部落集團，迫於商人的威懾，開始向夏的南方遷徙。祝融部落的一支羋姓季連部落，也就是在這樣的歷史條件下，自中原腹地來到了今豫西南與鄂西北交界之地。此即《詩　商頌　殷武》所言：「維女（汝）荊楚，居國南

---

① 《國語　鄭語》韋昭注。

鄉。」所謂南鄉，當指今大別山、桐柏山迤北和伏牛山迤東的中原南部[1]。到了商末周初，荊人的殘部主要是羋姓季連的後人鬻熊，已西遷到丹水與淅水一帶，立國都於丹陽[2]。這就是說，楚人的公族原本是不在江漢之間的，而是由中原地區南遷後，與江漢地區土著楚蠻相融合，逐步發展壯大為光輝燦爛的楚文化的創造者。那麼，楚公族幾度南遷的政治背景與具體路線是怎樣的呢？

夏商之際，商人由東向西推進，祝融八姓中的己姓昆吾，由今河南濮陽市南遷至今河南許昌市東。夏桀二十一年，「商師征有洛，克之」。二十三年，「遂征荊，荊降」。二十六年，「商滅溫」。二十八年，「昆吾氏伐商」。同年，商「遂征韋，商師取韋，遂征顧」。二十九年，「商師取顧」。三十年，「商師征昆吾」。三十一年，「克昆吾」[3]。《國語　鄭語》說，在祝融八姓中，「己姓昆吾、蘇、顧、溫、董，董姓鬷夷、豢龍，則夏滅之矣。彭姓彭祖、豕韋、諸稽商而滅之矣……」由於商人勢力強大，分布在中原地域的祝融八姓部落集團，不得不在商滅夏這場異常激烈的政治與軍事衝突的漩渦中解體。其中羋姓季連部落集團由中原新鄭一帶，順許昌、襄城、葉縣、方城、南陽這條古道逐步南遷到淮水以南、漢水流域和荊山地區，與當地土著民族相結合，從而形成一個新的民族，即商周文獻所稱荊楚、荊蠻、楚蠻、蠻荊。

至商周之際，祝融的十三世孫羋姓鬻熊來到今河南西南部與湖北西北部交界處的丹、淅流域[4]，楚人在鬻熊的領導下，採取了與周族聯合的政策。《史記　周本紀》云：「伯夷、叔齊在孤竹，聞西伯善養老，盍往歸之。太顛、閎夭、散宜生、鬻子、辛甲大夫之徒皆往歸

①　張正明：《楚文化史》，上海人民出版社1987年版，第12頁。
②　《世本　居篇》。
③　以上皆引自《古本竹書紀年　殷紀》。
④　《左傳　僖公二十六年》。

第三章　楚人南遷路線與郢都的地望

之。」裴駰《集解》引劉向《別錄》曰：「鬻子，名熊，封於楚。」可知鬻子即鬻熊。又1977年陝西岐山縣周原遺址出土的甲骨卜辭有「曰今秋，楚子來告，父後□」的記載。其中的楚子亦即鬻熊。這些記載說明，鬻熊在商末就已投靠了西周。於是，在周文王時，鬻熊被封為子爵①。

到了周成王時，又封其曾孫熊繹「以子男之田，姓羋氏，居丹陽」②。楚對西周王室負有朝貢義務，苞茅是其主要的貢品之一，還有「桃弧棘矢，以供御王事」③。除此之外，楚還要向西周貢奉「羽毛齒革，惟金三品，杶榦栝柏，礪砥砮丹，惟菌簵楛……包匭青茅……玄纁璣組」等，都是《尚書 禹貢》所記的江漢地區的土特產品。但是，由於楚子鬻熊畢竟不是周姬姓宗室的嫡子，也非周宗室的姻親，其地位低下，不能與侯、伯之國享受同等待遇。至周昭王時，「王道微缺」④，楚人不滿足周天子所封之田，於是不貢賦周王，以致周數次伐楚。

據《古本竹書紀年 周紀》記載，周昭王「十六年，伐楚，涉漢，遇大兇」。十九年春，「祭公、辛伯從王伐楚，天大曀，雉兔皆震，喪六師於漢」。在這兩次周人伐楚的過程中，雙方皆有傷亡。鬻熊丹淅之間的丹陽，大抵在周昭王以前，已遷徙至漢水以南的湖北荊山一帶。文獻中的「伐楚，涉漢」，「昭王德衰，南征，濟於漢」⑤，以及《呂氏春秋 季夏紀》：「周昭王親將征荊……還反涉漢。」即提供了這一資訊。這就是說，楚人大抵在周成王或周康王時，活動範圍主要在今湖北保康、南漳縣一帶。《左傳 昭公十二年》說：「昔

---

① 《史記 楚世家》。
② 《史記 楚世家》。
③ 《左傳 昭公十二年》。
④ 《史記 周本紀》。
⑤ 《史記正義 周本紀》。

我先王熊繹，辟在荊山，篳路藍縷以處草莽。跋涉山林，以事天子。唯是桃弧棘矢，以供御王事。」即是明證。總的來說，楚人自中原地區來到丹淅地區之後，也曾再次向漢南的荊山地區遷徙。

　　至周夷王時，周王朝危機四起，「諸侯或不朝，相伐」。楚國君熊渠趁此機會積極發展力量。熊渠首先團結了江漢流域的群蠻、百濮和大大小小的方國，得到他們的支持與擁護，「熊渠甚得江漢間民和」，「蠻夷皆率服」，「乃興兵伐庸、揚粵，至於鄂」①，更可看出此時的楚勢力，已經來到了江漢流域。熊渠在今湖北荊山以南的沮漳河流域，建立了新的勢力範圍，這或許就是文獻中出現枝江丹陽的緣故②。熊渠死後，諸子之間發生了爭奪王位的鬥爭。長子熊摯因有「惡疾」而不能立，於是率領一支族人從荊山以南的沮漳河流域來到湖北秭歸，另立夔子國。酈道元在《水經注　江水》中引宋均之言：「熊渠嫡嗣曰熊摯，有惡疾，不得為後，別居於夔，為楚附庸，後王命曰夔子也。」熊摯可能還帶去了楚都「丹陽」的名稱，這或許是「秭歸丹陽」說的由來。《左傳　僖公二十六年》在記楚成王滅夔子時，亦曾有過這樣的一段話，說：「夔子不祀祝融與鬻熊，楚人讓之。對曰：『我先王熊摯有疾，鬼神弗赦，而自竄於夔，吾是以失楚，又何祀焉？』秋，楚成得臣、鬥宜申帥師滅夔，以夔子歸。」據此看來，今湖北西部漢南山區在商周時期不僅有道路可以相互通達，而且也是楚人先祖在此活動較為頻繁的地區。

　　縱觀早期楚人在不同的歷史時期內南遷的史實，似乎可以發現楚人三次遷徙的路線：第一次，楚的先民由中原新鄭、許昌一帶，經河南平頂山，穿過南陽盆地，在丹、淅二水流域落居；第二次，楚人經今丹江口、保康、南漳一線，沿著沮、漳河流域，來到了沮中平原；

---

① 《史記　楚世家》。
② 《史記　楚世家》裴駰《集解》引徐廣曰，丹陽，「在南郡枝江」。又，漢南郡枝江位置不在今枝江境內，當在故沮水流域。

第三次，即熊摯的一支族人，從沮中所謂枝江丹陽出發[1]，西經當陽王店、夷陵鴉鵲嶺和土門一線，再溯江或沿三峽兩岸谷地至秭歸。這三條早期楚人南遷的路線證實，在這一範圍內是有道路通達的。《國語 晉語》記：「申人、繒人召西戎以伐周，周於是乎亡。」《國語 鄭語》云：「申、繒、西戎方彊，王室方騷，將以縱欲，不亦難乎？王欲殺太子以成伯服，必求之申，申人弗畀，必伐之。若伐申，而繒與西戎會以伐周，周不可守矣。」申在今河南南陽，繒亦應為其近鄰，其地皆在今南陽盆地。這說明，當時河南新鄭、許昌至方城、南陽一線，自古以來就是南北的陸路通道。楚人自丹淅來到荊山腳下的沮漳河流域的道路，史籍同樣也作了較為明確的記載。據《左傳 文公十六年》記，楚莊王時，「楚大饑，戎伐其西南，至於阜山，師於大林」。戎，春秋時在今河南南召縣以西，內鄉縣之北[2]。阜山，按《讀史方輿紀要》卷九十七湖廣五房縣房山條云：「阜山在縣南百五十里。」大林，按童書業先生在〈春秋「楚郢都」〉一文中考證：「大林在湖北當陽縣。」這說明，當時戎伐楚西南，走的是今河南內鄉至湖北鄖縣（春秋時麋國地）、房縣（春秋時庸國地）、保康、遠安、當陽這條早期楚人第二次南遷的故道。楚人第三次南遷路線即熊摯自枝江丹陽跑到秭歸另立國都的路線。雖然這條路線先秦文獻未作詳細的交代，但當陽至枝江，枝江至宜昌，宜昌至秭歸，沿線皆發現有東周時期古文化遺存和具有都城規模的古城遺址[3]，可看出最遲在東周時期湖北沮漳河流域的早期楚人，是有水陸兩路通往秭歸的，而事實上這條路的開闢會更早。《水經注 江水》說：「江水又東逕石門灘（在今湖北巴東東北17.5公里），灘北岸有山，山上合下

---

[1] 所謂枝江丹陽的具體位置，有人認為在今當陽縣的磨盤山。見高應勤〈試論沮漳河流域是探索早期楊文化的中心〉，載《文物》，1982年第4期。

[2] 參見1977年華中師範學院中文系資料室編印《中國古代文化常識 地理部分》。

[3] 根據宜昌市博物館提供的文物普查資料。

開，洞達東西，緣江步路所由也。」這就證實了在鄂西地區的三峽沿江兩岸，自古以來是有陸路可通的。但是，在西周時期，楚人尚未對道路進行有計劃的開發和建設。當時，他們在南遷的過程中，陸路交通條件是十分艱難的。《左傳　昭公十二年》記：「昔我先王熊繹，辟在荊山，篳路藍縷，以處草莽。跋涉山林，以事天子。唯是桃弧棘矢，以供御王事。」這就是對早期楚人生活環境荒鄙閉塞的真實寫照。因此，楚人是在極其艱苦的環境中，由北向東南遷徙，繼而從豫西南與鄂西北相交的丹淅流域來到了江漢平原，並在這裡建立了楚國的郢都，發展了具有南方特色的楚文化。

第二節　楚郢都的地望

由於江漢平原土地肥沃，自然資源豐富，楚國勢力逐漸強大起來並先後成為春秋五霸和戰國七雄之一。春秋時，楚人為了適應當時國家政治、軍事發展的需要，曾在湖北境內築國都郢三處。這三處郢都的地望，歷來眾說紛紜，莫衷一是。但是它們卻關係到楚國對於各個歷史時期的道路往來及其發展。因此，有必要對楚人在春秋時所立國都郢的地望作一番辨析。

《史記　楚世家》記：「武王卒師中而兵罷。子文王熊貲立，始都郢。」同書《十二諸侯年表》周莊王八年「楚」欄云：「楚文王熊貲元年，始都郢。」《漢書　地理志》南郡江陵縣注：「故楚郢都，楚文王自丹陽徙此。」這是目前常見的被引用的楚都始遷郢的年代。但是，另一說法是楚武王時即已遷郢。成書戰國時的《世本》云：「楚鬻熊居丹陽，武王徙郢。」杜預《春秋釋例　氏族譜》云：「楚國……成王封熊繹於楚……居丹陽……武王居郢，今江陵是也。」近年出版的清華簡《楚居》也記有武王徙郢。此二說究竟哪個正確？近

年來有人對此作了較詳細的論證，認為楚武王晚年自丹陽遷郢之說及
其所依據的《世本》、《左傳》和杜預《春秋釋例》中的有關記載，
較楚文王始都郢之說及其所依據的《史記》、《漢書》中的有關記
載，更符合歷史實際，從而更可信 ①。我們也傾向於武王遷郢一說。

　　楚王始都郢的位置，《史記　貨殖列傳》說：「江陵故郢都。」
後世文獻皆力主此說。《史記　楚世家》張守節《正義》引《括地
志》：「紀南故城在荊州江陵縣北五十里。杜預云國都於郢，今南郡
江陵縣北紀南城是也。」《水經注　沔水》：「江陵西北，有紀南
城。楚文王自丹陽徙此，平王城之。班固言楚之郢都也。」隨著考古
工作的深入，我們認為，最初的楚郢都在今湖北江陵北紀南城的說
法，事實上是不可取的。

　　考古資料表明，今江陵城北紀南城遺址規模較大，總面積約16
平方公里，比荊州古城要大三倍，並且城垣保存基本完好。城垣周長
15506公尺，其中北垣長3547公尺，西垣長3751公尺，東垣長3706公
尺，南垣長4502公尺，全用泥土夯築。經過對西垣北邊城門、南垣西
邊城門（水門）的發掘和北垣東部一缺口斷面的試掘得知：整個城垣
可分牆身、內護坡、外護坡三個部分，牆身寬為10公尺、12公尺、14
公尺不等，內護坡寬10至15公尺，外護坡寬4公尺。同時在四周城垣
上還發現有缺口28處。經鑽探、發掘，可知當年城門有7處，其中兩
處為古河道入城處的水上城門，其餘為陸道城門。西垣北邊的陸道
城門是由兩個夯土城門垛子與兩端的夯土城垣組成的三個門道，中間
門道寬7.8公尺，比兩邊的門道（即南門道與北門道）約寬1倍，兩邊
門道的寬度大致相當，為3.8至4公尺。兩個城門垛各寬3.6公尺，長
與兩端城垣的寬度基本相當，為10公尺左右。三個門道的方向與城垣
基本垂直。中間門道內有路土遺跡。南邊門道路土中間有兩條平行

---

① 　石泉：〈楚都何時遷郢〉，載《長江論壇》，1984年第4期。

的車轍，兩轍相距約1.8公尺，與紀南城東雨臺山發現的戰國楚車兩輪之間的距離恰好相合。由此可見，以江陵紀南城遺址的規模及格調，是符合楚國國都的規格的。但問題是此城的年代能否達到春秋早期，即楚文王或楚武王始都郢的那個時期。考古發掘顯示，紀南城遺址無論是城內的文化堆積，還是城外近垣的文化遺存，都表明有城垣是春秋晚期至戰國早期所形成的。新橋區陳家臺出土的炭化稻米，經C_{14}放射性同位素科學測定，其年代亦在春秋晚期或戰國早期[①]，這就更進一步證實了現紀南城遺址的建築年代，早不到春秋中期。因此，楚王始都郢在今江陵紀南城的說法，就值得斟酌了。

近年來，考古工作者在湖北當陽境內發現了一座古城遺址。於是，又有人提出它就是楚王始都郢的地方[②]。該城址在沮漳河以西約1公里，南靠長江，東距江陵紀南城約25公里。經調查，這座古城遺址形狀呈長方形，南北長約1500公尺，東西寬約1100公尺，面積可達1.65至2.2平方公里。目前城內雖以農田村落為主貌，但其東、西、北三面的護城壕遺址，以及南城垣的殘存，仍依稀可辨。南城垣殘存地面高度達2公尺左右，寬達10公尺左右，係土築，夯打結實。根據城址內的文化堆積分析，其時代已達到春秋中、早期，顯然比江陵紀南城和宜城楚皇城的楚城興建年代要早。在城外發掘的297座楚墓中，有些墓葬的年代上限可達西周晚期，大多數屬春秋早、中期的楚人貴族墓葬。在這批墓葬中，還出土了比較豐富的銅禮器和抹光暗紋黑陶器。銅器中還鑄有「楚子超乍食繁鼎」、「王孫颿乍蔡姬食簠」和「秦王卑命鐘」等銘文。另外還出土有「番仲戈」和「許戈」等兵器。同時，在

① 參見1980年湖北省博物館編印的《楚都紀南城考古資料彙編》第5、12頁。
② 楊權喜：〈試談鄂西地區古文化的發展與楚文化的形成問題〉，載《中國考古學會第二次年會論文集》，文物出版社1980年版；文必貴：〈楚郢都芻議〉，載《江漢考古》，1982年第2期；高應勤：〈試論沮漳河流域是探索早期楚文化的中心〉，載《文物》，1982年第4期；黃盛璋，紐仲勳：〈楚的起源和疆域發展〉，載《地理知識》，1979年第1期；袁純富：〈楚王始都郢在當陽季家湖古城〉，載《荊州師專學報》，1990年第2期。

季家湖古城以北，還發現了趙家湖楚墓群。據實地考察得知，這些楚墓是用白黏土夯築而成的，墓坑直徑一般為50至60公尺，最大的可達120公尺，如此規模的墓群，非王陵區不足以當之。這就是說，春秋時楚文王或楚武王始都郢的地方，在今湖北當陽東南沮漳河西岸的季家湖古城，是有可能的。楚人自荊山來到江漢平原之後，其水陸交通最初應是由這裡興起而形成網路的。

紀南城遺址雖然不是楚人最初的郢都，但它在後來楚人政治、經濟、文化、軍事發展的過程中，卻占有十分重要的地位。事實上，江陵紀南城遺址為春秋晚期至戰國早、中期楚人的國都郢。文獻記載，楚平王時，「吳使公子光伐楚，遂敗陳、蔡，取太子建母而去。楚恐，城郢」[1]。這種說法，與紀南城遺址的興建年代基本相合。因此，紀南城楚郢都的築城者，應為楚平王。在此之前即楚康王元年，楚人就想將楚郢都改建在江陵城北紀南城[2]，只是由於當時的軍事活動頻繁而無暇他顧，至楚平王時才開始創築。《漢書　地理志》南郡江陵說：「楚郢都……後九世，平王城之。」酈道元《水經注　沔水》說：「紀南城……平王城之。」我們可以推論，春秋晚期至戰國早、中期楚國道路網路應當是以江陵紀南城為起點，向外進行延伸和發展的。

值得注意的是，同樣是主張楚平王城郢，但在具體地點上卻看法不一，除了上述主張在江陵北紀南城外，也有人主張楚平王城郢的地方，即今荊州東北2.5公里的郢城遺址。如：《史記　楚世家》張守節《正義》引《括地志》說：「又至平王，更城郢，在江陵縣東北六里，故郢城是也。」盛弘之《荊州記》說：「楚昭王十年，吳通漳水灌紀南城，入赤湖，進灌郢城，遂破楚。」《漢書　地理志》南郡

---

① 《讀史方輿紀要》。
② 《左傳　襄公十四年》。

郢縣說：「楚別邑，故郢。」《後漢書　地理志》劉昭注江陵條云：「東南有郢城，子囊所城。」酈道元在《水經注　江水》中，亦贊同此說。這就是說，無論是楚康王或楚平王時城郢，上引文獻都是主張城郢即在今荊州城東北郢城遺址。事實上，這些說法是不能成立的。20世紀50年代以來，考古工作者對今荊州城東北郢城遺址已作了初步的調查。通過調查的情況表明，該城遺址呈正方形，東西長約1公里，南北寬約1公里，面積約1平方公里。四周城垣保存完好，護城壕遺跡可尋，城內文化堆積較厚。但是，城內的文化遺存以及目前尚存城垣興建年代，卻到不了戰國時期，它的主要文化堆積，還屬於漢代。城內曾出土有大量屬王莽時期的貨幣大泉五十、大布黃千以及銅鏡等。這些文化遺存證實今荊州城東北的遺址，並非楚平王所城之郢的地方。這個遺址可能是秦漢時期的一個縣城[1]。

　　在研究楚郢都的地望過程中，亦曾有人主張楚文王或楚武王始都郢，即今湖北宜城楚皇城遺址[2]。也有人認為，戰國時期的楚郢都，在今湖北宜城西南的鄢郢[3]。根據目前已獲得的考古資料和有關的文獻記載判斷，這兩種說法也是值得商榷的。

　　楚皇城遺址位於湖北宜城東南7.5公里，其東去漢水6公里，北接襄陽，南望荊州。城址坐落在高崗東部的階地邊沿。白起引水灌鄢的百里長渠，一直通達城西。城西約2公里，是襄（陽）荊（州）高速公路。城內目前全部辟為農田，為原野村落景貌。經勘查發掘，城周有比較完整的城垣，城垣全為土築夯實。現存城牆底寬24至30公尺，高2至4公尺不等。城垣周長6440公尺，東南西北分別長2000公尺、1500公尺、1840公尺、1080公尺。城垣每邊舊有缺口兩處，當地民眾稱之為大、小城門，其中一門經鑽探，發現了路土，為當時城門無

① 劉彬徽：〈試論楚丹陽和郢都的地望與年代〉，載《江漢考古》，1980年第1期。
② 石泉：〈湖北宜城楚皇城遺址初考〉，載《江漢學報》，1963年第2期。
③ 楊寬：《戰國史》，上海人民出版社1955年版，第126、142頁。

疑。在楚皇城內，遺物極為豐富，殘磚破瓦與散碎陶器，俯拾即是。從某些斷面和鑽探結果得知，城址文化堆積一般都厚達3公尺以上。根據城內已出土的文物看，除了有新石器時代至春秋戰國時代的遺物外，其中絕大部分屬秦漢時期。大城城垣的興建年代，屬於戰國。整個城址的年代，上溯至春秋戰國，下續到秦漢以至更晚[①]。宜城楚皇城是春秋時鄀的都邑所在地，後來並於楚，楚昭王避吳曾一度遷都於此，故稱鄀郢[②]。鄀地，秦漢時屬南郡，漢惠帝三年更名為宜城[③]，這與該城內所出土的遺物年代，基本上符合。

《左傳 桓公六年》記，武王侵隨，「鬬伯比言於楚子曰：『吾不得志於漢東也。』」《左傳 莊公四年》記，楚武王伐隨，卒於樠木之下，莫敖「濟漢而後發喪」。《左傳 文公十年》：「商公子西，沿漢溯江，將入郢。王在渚宮，下見之。」《左傳 昭公十三年》：「（靈）王沿夏，將欲入鄀。」渚宮，一般認為在今湖北荊州附近；夏，即夏水，在今荊州城沙市東；鄀，即今湖北宜城楚皇城遺址。這說明，當時的楚鄀都並不在漢水中游一帶，而在漢水以南的長江邊上。不然，莫敖為楚武王發喪就不會濟漢入國土而後發喪，子西也不會順著漢水又溯江而入楚鄀都，文獻也不會將楚靈王沿長江之夏水入今宜城稱為入鄀。再者，《史記 楚世家》載，楚昭王「十二年，吳複伐楚，取番。楚恐，去郢，北徙都鄀」。從這條史料中也可看出春秋時楚鄀都應在漢水以南的長江邊上，而不在漢水中游宜城。吳師入郢後的第二年，又複伐楚，楚因畏吳，卻郢，徙都。若楚鄀都在宜城，僅在宜城境內將楚的郢都稍作遷徙，不僅與文獻記載「楚恐」的歷史情境不合，而且楚國這種勞民傷財的做法對於楚禦吳的進攻，也是沒有實際意義的。只有楚王將長江附近的郢都「北徙都鄀」，才有

① 楚皇城考古發掘隊：〈湖北宜城楚皇城勘查簡報〉，載《文物》，1980年第2期。
② 《史記 楚世家》。
③ 《漢書 地理志》。

可能避免吳師再次攻陷楚國都城。《左傳 定公四年》記：「楚子涉雎，濟江，入於雲中。」《國語 楚語》：「吳人入郢，昭王出奔，濟於成臼。」①以郢為基點，結合吳攻楚的歷史情境，我們可推測，此時的郢都不在今宜城，而在長江岸邊。

至於說戰國時期的楚國都是鄢郢，亦是不能成立的。說戰國時期鄢郢是楚國都，其依據主要是來自於《史記》、《左傳》中的楚昭王畏吳師「遷都於郢」的記載②。事實上，楚昭王在郢立都時間甚短，可能因紀南城楚郢都城邑建設已經完畢，在楚昭王末年，楚又將其國都遷到長江邊上的江陵紀南城。《左傳 哀公四年》記「吳將溯江入郢」，即可看出此時楚王已回到了長江邊上的江陵楚郢都。童書業先生曾肯定戰國時期楚郢都在江陵，並認為楚王自鄢遷郢至江陵的時間，當在楚惠王末年。並且他引阮元之言：「徙自西陽者當即自都還郢之時。」③1978年發掘的隨縣曾侯乙墓所出鎛鐘銘文與此鐘之銘文相同④。李學勤先生則認為：「『返自西陽』應解釋為『報（古稱報喪為報）自西陽』」，即楚惠王從西陽得到了曾侯乙去世的訃告，惠王製作了曾侯乙宗廟所用的禮器，在西陽對他進行祭奠。」⑤石泉先生亦認為，西陽似即當時曾侯乙所都⑥。事實上，文獻多有記戰國時期的楚郢都在長江邊上江陵。如：《史記 蘇秦列傳》記：「蜀地之甲，乘船浮於汶，乘夏水而下江，五日而至郢。」《戰國策 楚策》

---

① 袁純富：〈楚王始都郢在當陽季家湖古城〉，載《荊州師專學報》（哲學社會科學版），1990年第2期。又，根據《左傳 定公四年》、《國語 楚語》記載，楚昭王時的楚郢都位置，亦當在季家湖古城。此時紀南城楚郢都，自楚平王更城郢至楚昭王早期，尚處於未完善階段。

② 楊寬先生在《戰國史》一書中認為：「按春秋時楚昭王曾徙郢於鄀，以鄀與鄢近，稱為鄢郢，戰國時楚都仍在郢，所以也稱為鄢郢。」很顯然，楊氏以為郢即是鄀。

③ 童書業：《中國古代地理考證論文集》，中華書局1962年版，第100頁。

④ 湖北省博物館：〈隨縣曾侯乙墓發掘簡報〉，載《文物》，1979年第7期。

⑤ 李學勤：〈曾國之謎〉，載《光明日報》，1978年10月4日。

⑥ 石泉：〈古代曾國——隨地地望初探〉，載《武漢大學學報》，1979年第1期；張正明：《楚文化史》，上海人民出版社1987年版，第137頁。

第三章 楚人南遷路線與郢都的地望

記張儀說：「秦西有巴、蜀，方船積粟，起於汶山，循江而下，至郢三千餘里……里數雖多，不費馬汗之勞，不至十日而距扞關。扞關驚。則從竟陵已東盡城守矣。」《史記　白起王翦列傳》：「（秦昭王二十八年）白起攻楚，拔鄢、鄧五城。其明年，攻楚，拔郢，燒夷陵，遂東至竟陵。楚王亡去郢，東去徙陳。秦以郢為南郡。」《睡虎地秦墓竹簡　編年紀》：「（秦昭王）二十七年，攻鄧；二十八年，攻□（注云：疑為「鄢」）；二十九年，攻安陸。」這些史料，表明戰國時期楚郢都在湖北江陵紀南城。有人說宜城楚皇城是戰國時期的楚郢都，白起拔郢是在宜城，這也是缺乏充分依據的。

　　宜城楚皇城雖然不是戰國時期的楚國都，但它在地理位置以及戰國時期的政治、經濟、軍事文化的交往上，占有極為重要的地位。《史記　楚世家》記：「十四年，楚頃襄王與秦昭王好會於宛，結合為親……十六年，與秦昭王好會於鄢。」《戰國策　楚策》記蘇秦為趙合縱說楚威王曰：「大王不從親，秦必起兩軍，一軍出武關，一軍下黔中，若此，則鄢、郢動矣。」高誘注曰：「秦兵出武關，則臨鄢；下黔中，則臨郢也。」又《戰國策　楚策》：「鄢郢者，楚之柱國也。」柱國，《史記　楚世家》裴駰《集解》引服虔曰：「楚別都也。」同書又云：「懷王六年，楚使柱國昭陽將兵攻魏。」同時楚國也有法典，凡「破軍殺將者，其官為上柱國，封上爵執珪」①。大概柱國在楚官吏中的地位僅次於令尹，故以柱國喻別都。這說明，楚鄢邑雖然在當時不是楚的國都，但由於它在頻繁的軍事、外交活動中，曾起到過別都不能起到的作用，因而楚提升它到柱國即別都的地位，並以此顯示自己國家實力的強盛。文獻中多次將鄢、郢二邑並提，恐怕也是這個緣故。由此可見，楚國都與楚別都，是有明顯區別的，不可混為一談。

---

① 《戰國策　楚策》。

總之，通過對先秦時期楚人在湖北境內三次遷徙路線的考證，和對三處楚國都鄧地望的辨析，可以得出這樣的結論：一是楚人初自中原來到丹淅，爾後又由丹淅來到荊山腳下，順著沮漳河谷地來到湖北沮中平原，而其中一支楚族人又沿著長江北岸至秭歸夔地，他們所走的道路，很顯然是當地土著人所開闢的道路。這就是說，西周晚期至春秋早期，江漢平原西部地區的道路開拓與建設，其功績應歸結於最早活動於湖北地區的土著人，而不是南下楚人。二是湖北當陽季家湖古城遺址的發現告訴人們，在楚武王至楚昭王這一長達240餘年的時間內，其水陸交通的建設與發展，都是以此為中心向外進行拓展進而逐漸形成網路。這個時期的湖北道路建設和網路的形成應當是屬於楚人與當地土著人共同勞動創造所致。楚人將北方的先進文化、生產技術尤其是道路建設的技術同土著人的開闢道路的經驗相結合，從而使楚國的道路交通發生了新的變化。文獻中記楚人善於造車，越人善於造舟，即是很明顯的例證。三是從楚人將楚郢都遷至湖北江陵紀南城，至秦將白起拔郢、楚襄王「東北保於陳城」的這一時期內，楚國的道路應是以江陵紀南城為中心而利用其舊道去發展水陸交通的。此時的鄧邑陪都，屬於楚國對內和對外政治、經濟、文化方面往來的重要水陸交通口岸。總之，楚國道路是在兩個不同的歷史時期和以兩個不同的國都為中心逐漸形成的。尤其是春秋戰國時期，楚國都與各諸侯國間的政治、經濟、文化方面的往來與交流，以及當時楚國向外征戰、輸送後方物資、派遣重要人員，無不是從當陽季家湖城和江陵紀南城這兩邑出發的。

第四章 春秋戰國時期楚國國都通往周邊各諸侯國以及周邊各諸侯國之間的道路

第一節 春秋戰國時期楚國國都通往周邊各諸侯國的道路

　　春秋戰國時期，各諸侯國間的兼併戰爭十分頻繁，這些戰爭均以車戰為主。楚國當時不僅擁有數量較多的車輛，而且製造及使用車輛的技術水準也有了較大的提高。楚成王六年（前666年），成王令子元伐鄭，一次動用了戰車600輛。楚共王七年（前584年），楚大夫申公巫臣曾「教吳用兵乘車」。湖北江陵九店和宜城璞河出土的楚國車輛，輪距約達1.6至2公尺，可見其戰車規制。在大規模戰爭中，一個國家要完成軍隊的集結、運送和給養的補充、運輸，必須有道路作為保證。春秋之世楚國先後吞併周圍40多個小國，道路也隨著戰爭的發展和疆域的擴大而延伸。由此可見，兼併戰爭是楚國道路快速拓展的直接動因。

　　楚人在沮漳流域立國後，為了加強對這一地區的政治勢力和經濟資源的控制，首先對周邊地區的諸侯國展開了外交和戰爭活動。正是由於這些戰爭與外交活動，促進了春秋時期楚國都城至周邊地區各諸侯國之間的陸路交通網絡的形成，以及道路的形制與規格的提高。

一、楚國通麇國的道路

麇國，嬴姓子爵國，在今湖北鄖縣西。其國被楚滅時間，據何浩先生推論，最遲也不會超過邲之戰時的楚莊王十七年，即西元前597年[1]。據《左傳 文公十年》載：「陳侯、鄭伯會楚子於息，冬，遂及蔡侯次於厥貉，將以伐宋……厥貉之會，麇子逃歸。」可見，此時的麇國已成為楚國附庸。麇子從楚穆王參加厥貉之會，因不滿楚人欺凌他國，不待會終而歸麇，由此次年即遭楚人的討伐。《左傳 文公十一年》記：「春，楚子伐麇，成大心敗麇師於防渚。潘崇複伐麇，至於錫穴。」防渚，《中國歷史地圖集》第一冊春秋楚吳越版圖標示，在今湖北房縣。錫穴，一作陽穴，《春秋地名考略》、《春秋大事表》皆認為其為麇之國都，具體位置，《大清一統志》認為其地在陝西白河縣東，《讀史方輿紀要》則認為在鄖縣西北。雖說法不一，但大體方位一致。據此，當年楚子伐麇，當由厥貉（今河南項城南）一帶出發，經南陽盆地分二路軍討伐麇國。其中一路楚軍即由成大心率領，經今湖北襄陽、南漳、保康一線，進入防渚；另一路楚軍由潘崇率領，從河南南陽或內鄉縣一帶出發，經湖北鄖縣攻打麇都錫穴。後一條路線，在春秋直至戰國時期，都是楚人入秦、秦人伐楚和早期麇、庸、絞人與「漢陽諸姬」往來的重要通道。

楚子滅麇之後，楚昭王十一年即西元前505年，楚「王使由於城麇，覆命，子西問高厚焉，弗知」。這段史料雖然說的是楚由於築麇城「覆命」事，但可推測當時楚郢都應當有道路直接通往麇國。從楚至麇的道路，除了自郢都出發，經今荊門、宜城繼而西經南漳、保康、房縣一線至麇地外，在楚郢都的西北方向還有一條，基本上是順著沮水河谷地經今湖北當陽、遠安、保康、房縣一線，進入麇國。西

---

[1] 何浩：《楚滅國研究》，武漢出版社1989年版，第232頁。

元前611年（楚莊王三年），楚大饑，戎人、麋人、庸人伐楚西南，兵至阜山（今房縣南75公里），師於大林（今當陽境內），結合近年來在沮漳河流域發現不少楚人活動的遺跡，即可看出楚郢都西北山區，在當時是有多條道路的。

二、楚國通庸國的道路

庸國，位於今湖北竹山縣東南，其勢力在西周晚期時甚大。楚莊王三年，「楚大饑，戎伐其西南，至於阜山，師於大林……庸人帥群蠻以叛楚，麋人率百濮聚於選，將伐楚……（楚師）自廬以往，振廩同食，次於句澨（今湖北丹江口故城西）……七遇皆北，唯裨、儵、魚人實逐之。庸人曰：『楚不足與戰矣。』遂不設備。楚子乘馹，會師於臨品（今丹江口市界），分為二隊，子越自石溪（今十堰大川附近），子貝自仞（今竹山東北界）以伐庸。秦人、巴人從楚師。群蠻從楚子盟。遂滅庸」[1]。這是文獻記載西元前611年楚滅庸的一條行軍路線。從這條路線看，楚莊王當時滅庸的主要軍事力量在宜城、襄陽一帶，而郢都內兵力薄弱，否則，庸人不能自竹山東南經當陽直伐楚的郢都，麋人也不可能在郢的西部聚百濮於選。春秋時，楚國除有荊州至宜城、襄陽、鄧縣、南陽直通中原諸侯國的大道外，襄陽至十堰、鄖西，直至陝西周原，也有可行車輛的道路。考古工作者在陝西岐山縣曾發現有「楚子來告」甲骨卜辭，即說明楚的西北部有一條周楚往來的通道。

此外，宜城楚皇城，在春秋時期也是楚國很重要的一座城邑。自宜城向西至南漳、竹山，也有一條可行兵車的道路。文獻記載，楚莊王伐庸，乘馹車會師於臨品，即可看出當時楚人滅庸，是有車輛參戰的。梁啟超對這場楚滅庸的戰爭作了這樣的評價：「楚莊王即位，聯

---

① 《左傳　文公十六年》。

第四章　春秋戰國時期楚國國都通往周邊各諸侯國以及周邊各諸侯國之間的道路

87

秦、巴之師滅庸，此乃春秋一大事也。」[1]可見，楚莊王滅庸之戰，動用了大量的人力和物力，並且動員了盟國參與。在這場戰爭中，如果在楚的西北部的山區沒有道路通往庸國，要打如此的大戰，是根本不可能的。因此，在春秋時期，今宜城至房縣、丹江口至竹山，皆有可供車輛行走的道路。而且在這些道路沿線上分布有其他諸侯小國，如鄾（在今襄陽市西北鄧城遺址的東南）、穀（在今穀城縣北）、盧戎（在今南漳縣東）、麇（在今鄖縣西）、絞（在今鄖縣西北）等。這些小國在春秋時皆被楚所滅，說明在楚的西北部山區，是有道路通往鄰國的。

三、楚國通歸國的道路

歸，亦為夔，子爵國，在今湖北秭歸。楚成王三十九年（前633年），因夔不祀楚之先祖祝融和鬻熊，成王滅之。《水經注　江水》記載：「江水又東逕一城北，其城憑嶺作固，二百一十步，夾溪臨谷，據山枕江，北對丹陽城。」酈氏以為此城即是「楚子熊繹始封丹陽之所都」。考古工作者曾在此處調查，也確定這裡有早期楚城無疑[2]。《史記　貨殖列傳》云：「江陵故郢都，西通巫、巴。」這說明今湖北秭歸在楚時，除了長江邊上的楚郢都有長江水道可通秭歸外，還有一條陸路亦可通往魚復（今奉節）、夔。東漢建武十一年（35年），公孫述遣其大司徒任滿、翼江王田戎，將兵數萬，據險為浮橋，橫江以絕水路。營壘跨山，以塞陸道[3]。《三國志　蜀書　先主傳》記：「二年春正月，先主軍還秭歸，將軍吳班、陳式水軍屯夷陵，夾江東西岸。二月，先主自秭歸率諸將進軍，緣山截嶺，於夷道猇亭駐營，自佷山通武陵……後十餘日，陸議大破先主軍於猇亭，將軍馮習、張南等皆歿。先主自猇亭還秭歸，收合離散兵，遂棄船舫，

---

① 潘新藻：《湖北省建制沿革》，湖北人民出版社1987年版。
② 文必貴：〈秭歸鰱魚山遺址與楚都丹陽〉，載《江漢論壇》，1980年第2期。
③ 《後漢書　岑彭傳》。

由步道還魚復。」不難看出，當時夷陵（今湖北宜昌）至秭歸、魚復（今奉節），當有一條可行兵車的道路。楚成王滅夔，很可能也是自楚郢都向西經枝江、宜昌，即戰國時秦將白起拔郢火燒夷陵的路線去滅夔的。清《秭歸縣志》、《宜昌府志》，對此皆有比較明確的記載。《考工記》云：「萬夫有川，川上有路，以達於畿。」大山大川之上，在古代也是有陸路可通的。春秋時楚王多次伐山間夷，酈道元說三峽沿江兩岸有路「七百里」[1]，即是明證。

四、楚國通鄧國的道路

鄧國，是春秋時期楚國北進中原以聯絡周、秦、鄭的咽喉之地，其地即今湖北襄陽市西北鄧城遺址。《左傳　桓公九年》記：「巴子使韓服告於楚，請與鄧為好。楚子使道朔將巴客以聘於鄧。鄧南鄙鄾人攻而奪之幣。殺道朔及巴行人。」《史記　楚世家》云：「文王二年，伐申過鄧……十二年，伐鄧，滅之。」這說明在春秋早期，長江邊上的楚郢都至襄陽有一條車馬可行的道路。楚武王自「始開濮地而有之」後，在西元前699年，「楚屈瑕伐羅」[2]即可為證。因為羅「在宜城縣西山中，後徙南郡枝江縣」[3]。當時楚郢在今江陵西北、當陽東南的季家湖，楚屈瑕伐羅，楚文王伐鄧，都必須要行江陵至宜城、襄陽道。同時，楚武王克權（今湖北荊門南），亦可證實楚郢都城北有一條通往鄧國和中原的道路。《左傳　莊公十八年》對此說得十分明確，其載云：「及文王即位，與巴人伐申而驚其師。巴人叛楚而伐那處，取之，遂門於楚。」那處，其位置按《中國歷史地圖集》第一冊春秋楚吳越版圖標示，在今湖北荊門東南。「遂門於楚」，按晉杜預的解釋，就是「攻打楚城門」[4]。

---

① 《水經注　江水》。
② 《左傳　桓公十三年》。
③ 《水經注　江水》。
④ 《左傳　莊公十八年》杜預注。

由此可見，春秋早期的楚郢都，當有一條大體與今襄荊高速基本相同的通往鄧國和南陽申國的道路。據史料分析，當時的楚、鄧道路，當在今襄荊高速偏西，即出季家湖古城，經荊州川店，荊門王家場和鹽池，宜城李壋以及南漳縣的武鎮、九集一線，再北經襄陽抵達鄧城遺址而進入南陽申、呂之國。

五、楚國通巴國的道路

春秋時的巴國，初在今湖北長陽境，後徙都於江州（今重慶市）或平都（今四川豐都），其主要活動在今川東、鄂西北和陝西漢中一帶。據《左傳　桓公九年》記：「巴子使韓服告於楚，請與鄧為好。楚子使道朔將巴客以聘於鄧。」《左傳　莊公十八年》：「冬，巴人因之以伐楚。十九年春，楚子禦之，大敗於津。」《左傳　文公十六年》：「楚大饑……庸人帥群蠻以叛楚。麇人率百濮聚於選，將伐楚……秦人、巴人從楚師。群蠻從楚子盟。遂滅庸。」《左傳　哀公十八年》：「巴人伐楚，圍鄾……楚公孫甯、吳由於、薳固敗巴師於鄾。」《史記　楚世家》：「肅王四年，蜀伐楚，取茲方。於是楚為扞關以拒之。」《太平寰宇記》卷一百四十六松滋縣巴復村條說：「《左傳》巴人伐荊楚。《荊南記》云：巴人後遁而歸，因有巴復村在山北。」又同書卷一百四十七長陽縣廢巴山縣條云：「廢巴山縣在縣南七十里，本很山縣地，即古扞關，楚肅王拒蜀之處。」當年楚國通往巴國不僅有江、漢水路可走，而且至少有三條陸路亦可相互抵達。一條即巴人自大巴山一帶，沿著漢水谷地進入楚境而圍鄾（在今襄陽市西北鄧城遺址東南）；另一條即巴人自夷水而下，在今湖北宜都附近渡江，經今枝江董市、問安一線，去攻打楚郢都；再一條路線即巴人自長陽以南走陸路，經今宜都毛湖埫、松木坪和松滋王家橋一線，去攻伐楚郢都。《左傳》記楚文王時巴伐楚津，楚子禦之。楚莊王時，楚大饑，麇人帥百濮聚於選，巴人從楚師去襲擊麇、庸之師。《史記　楚世家》張守節《正義》引《古今地名》云：「荊州松滋縣

古鳩茲地，這些即楚茲方是也。」這些即可說明春秋時長江邊上的楚郢都，其長江南北兩岸，皆有通往巴國的道路。近年來，在宜都、枝江、松滋、江陵，皆發現有春秋戰國時期巴人的兵器，即是重要的實物依據[①]。

六、楚國通權國的道路

權國之祖，係商武丁之裔，後為西周所封，其國在今湖北荊門五里鎮之西王家場附近。1985年，考古工作者曾在這裡發現新石器至商周時期古文化遺址。楚武王時，楚人滅權，「使鬥緡尹之」[②]。後來，權之守臣鬥緡叛楚，楚王「圍而殺之」，並遷權於那處。那處，在今荊門東南沈集一帶，這裡近年來亦發現有東周時期古文化遺址和遺物，與有關文獻記載那處位置相合。楚人滅權、徙權於那處的路線，即是由今湖北荊門五里鎮之西的王家場附近，向東經五里鎮柴集，然後往北經帥家店一線，至沈集那處。到了楚文王時期，楚人與巴人聯合攻打申國，未料巴人在攻打申途中，因「驚其師」而叛楚倒戈攻打楚的那處。那處守臣閻敖向今荊州城以東的湧水附近逃竄。巴人佔領那處後，「遂門於楚」。可見，春秋時今荊州城以北和以東，有一條可通往權國和那處的道路。通過這條道路，楚郢都還可北至宜城故鄀國和宜城西的羅國。

七、楚國通州國的道路

州國，西周時期周武王所封，其位置在今湖北洪湖東北黃蓬山附近。在先秦時期，江漢平原已經成為可供人們耕種的地方，並非是一片汪洋湖沼。在雲夢澤中，可能有一條通州國的道路。《左傳　桓公十一年》記：「楚屈瑕將盟貳、軫。鄖人軍於蒲騷，將與隨、絞、州、蓼伐楚師。」這說明州與隨、楚皆有道路可通。據有關史料分

---

① 根據荊州市博物館和宜昌市博物館提供的文物普查資料。
② 《左傳　莊公十八年》。

析，楚滅州國，除了有水路外，其陸路當是從當陽季家湖楚郢都出發，經今荊州馬山、紀南、觀音壋，潛江的浩口、熊口，監利新溝，洪湖曹市一線至州國的。因為這一線地勢至今頗高，尚存有不少與古代軍事有關的烽火臺遺址和楚人活動過的民間傳說[1]。同時，《戰國策 楚策》中有這樣的一段記載：「楚王遊於雲夢，結駟千乘，旌旗蔽日，野火之起也若雲蜺，兕虎嗥之聲若雷霆。有狂兕牂車依輪而至，王親引弓而射，壹發而殪。王抽旃斿而抑兕首，仰天而笑曰：『樂矣，今日之遊也！』」又《楚辭 招魂》云，屈原「與王趨夢兮課後先，君王親發兮殫青兕」。這說明在江陵以東的故雲夢一帶，有一條較寬的車馬道路。近年來在潛江龍灣發現有楚章華臺遺址，而且在章華臺西北和東南方向皆有跑馬道的傳說[2]，印證了這條路線是可以通往州國的。

八、楚國通鄖國的道路

鄖國，在今潛江西北漢水南岸的紅旗碼頭附近，這裡曾發現有東周時期的古文化遺址。鄖國在春秋時被楚所滅。《左傳 定公四年》記，吳師入郢，「楚子涉睢，濟江，入於雲中。王寢，盜攻之，以戈擊王，王孫由於以背受之，中肩。王奔鄖」。雲中，其位置在今湖北江陵以東，《史記》中有「江陵東有雲夢之饒」的記載。此處文獻中的「濟江」，楊伯峻先生以為是楚昭王在今枝江渡長江[3]，而石泉先生則考證此處的「濟江」，是指楚昭王先涉沮水，後渡漢水，再至雲中[4]。事實上，在先秦時期漢水也是可以稱之為江的。但是，根據有關文獻分析，楚昭王在戰亂中「濟江」，

---

① 根據潛江市博物館提供的文物普查資料。
② 潛江文物普查組編：〈章華古臺何處尋，茫茫水鄉有遺蹤〉，《古華容軼事》，第190頁。
③ 楊伯峻：《春秋左傳注》，中華書局1981年版。
④ 石泉：〈古文獻中的「江」不是長江的專稱〉，載《文史》（第六輯），中華書局1979年版。

濟的當是與江、漢相通的揚水^①，而至雲中。這就是說，當年楚昭王離郢至雲中，中途遇盜轉奔鄖國，是由季家湖楚郢都出發東渡沮水，過揚水，然後至江陵東部故雲夢地的。其具體路線大致為：楚昭王大抵上經今江陵川店，在荊門後港一帶渡揚水，至雲中，然後再由江陵以東的潛江西南的故雲夢地，北至鄖國。這一路線在先秦時期，皆屬古雲夢區的西部邊緣，其地勢頗高，具備修築道路的地理條件。近年來，這一地帶發現有不少楚人的墓葬、遺址^②，即說明了今江陵以東的道路至少在春秋時期已經形成。《左傳　桓公十一年》記：「鄖人軍其（楚）郊。」《史記　白起王翦列傳》云，白起「攻楚，拔郢，燒夷陵，遂東至竟陵」。均是當時楚郢都東部地區有一定規模道路的佐證。

九、楚國通唐國的道路

唐國，姬姓，一說在今湖北棗陽東南，一說在今隨州唐鎮，二者相距甚近，或許兼跨兩地而有之。唐國春秋晚期被楚所滅。西元前507年，唐成公入楚，奉獻寶馬^③；西元前506年，唐侯與蔡侯、吳子聯合伐楚^④；西元前505年，楚昭王滅唐，同年九月，楚師「歸入郢」^⑤。這說明，春秋時楚郢都與唐國之間，有一條可供車馬通行的道路。這條道路的走向，基本上是經十里鋪、荊門、宜城、襄陽，再向東經隨棗走廊，然後至唐國的。除這條道路之外，還有一條自楚郢都出發，經今江陵十里鋪，繼而由荊門東至鍾祥，然後再翻越大洪山，可入唐國。西元前506年，吳師攻郢，左司馬戌對楚子常說：「子濟漢而伐

---

① 古揚水亦可稱之為江。參見袁純富〈江陵附近長江注入漢水河道復原〉，載《中國地理》，1985年第8期。
② 根據江陵縣文物局提供的文物普查資料。
③ 《左傳　定公三年》。
④ 《左傳　定公四年》。
⑤ 《史記　楚世家》。

之，我自後擊之，必大敗之。」① 即可看出漢水之東，是有道路通往今安陸和隨、唐、厲等諸侯國的。春秋時楚武王數次伐隨；楚文王伐黃（今河南潢川）；楚靈王滅賴，並遷賴於鄢②；《睡虎地秦墓竹簡　編年紀》載秦昭王「二十七年，攻鄧；二十八年，攻鄢；二十九年，攻安陸」。都證實了上述道路的存在。

唐國雖然在春秋時為小國，但它和近鄰的厲、隨諸侯國一樣，皆與周王朝有臣服關係。《中甗》銘曰：「王大省公方（族）於庚（唐），振旅，王易（錫）中馬，自厲侯四騄。」庚，即唐國；厲即厲國，亦曰賴國。此銘文意為，周王在唐檢閱軍隊，在厲國那裡以好馬賜予諸侯。這說明，唐國不僅有道路西南通楚，而且其東南、南、西北，即經隨棗走廊亦可通達厲、隨、貳、軫和周畿以及中原諸國。

十、楚國通盧戎國的道路

盧戎，媯姓，是我國古老的民族之一。周武王伐紂時，即有盧戎人參加。今湖北南漳縣東北25公里中盧城，何浩先生考證其為春秋時盧戎古國。盧戎與楚國關係密切。《國語　周語》載：「盧由荊媯。」韋昭注：「盧，媯姓之國；荊媯，盧女為荊夫人也。」反映了楚與盧戎之間的姻親關係。同時，楚、盧戎間也常有軍事衝突。西元前699年，楚伐羅，「羅與盧戎兩軍之」。在這次戰鬥中，楚師慘敗，統帥莫敖返郢途中自殺於荒谷（今湖北江陵西），其他將領也因此被囚，問罪於冶父（今江陵東北）③。至於楚滅盧戎的時間，據《左傳　文公十六年》載，楚「使盧戢黎侵庸」，杜注：「戢黎，盧大夫。」按，楚邑長官稱大夫。可見，盧戎在此之前已被楚滅。這說明，在春秋時期楚至盧戎國是有道路通達的。其

---

① 《左傳　定公四年》。
② 《左傳　昭公四年》。
③ 《左傳　桓公十三年》。

路線，大抵上是自楚郢都出發，經今漳河谷地北上至南漳，再經南漳東南安集、東部武鎮一線，至盧戎國。這就是說，當年楚武王伐羅（在今宜城西安省一帶）、濟鄀（即今蠻河），攻打盧戎國和羅國的路線，就是楚與盧戎國使臣平時相互往來的路線。近年來，在南漳縣東南30多公里的安集附近的安家河的西岸 [1]，以及南漳縣東的武鎮皆發現有春秋中、早期古文化遺址，可證實這一地帶的盧戎、鄀、羅等國，是有道路南通於楚的。文獻記楚武王時，楚徙羅於南郡枝江（漢枝江在沮水流域）[2]，再次給人們提供了這一資訊。

十一、楚國通鄀國道路

鄀，妘姓。其位置在今宜城市西南，《水經注　沔水》說：「（沔水）又南過宜城縣東，夷水出自房陵，東流注之……其水東南流，歷宜城西山，謂之夷溪。又東南巡羅川城，故羅國也。又謂之鄀水……夷水亂流東出，謂之淇水，巡蠻城南。城在宜城南三十里……（宜）城，故鄀郢之舊都，秦以為縣。」故鄀國在今湖北宜城市西南九里的鄀城遺址，春秋早期被楚國所滅。《左傳昭公十三年》載：「王沿夏，將欲入鄀。」杜預注云：「順漢水入鄀也。」《戰國策　楚策》記蘇秦說楚威王曰：「大王不從親，秦必起兩軍，一軍出武關，一軍下黔中。若此，則鄀、郢動矣。」又《史記　白起王翦列傳》說：「白起攻楚，拔鄀、鄧五城。其明年，攻楚，拔郢，燒夷陵，遂東至竟陵。」這說明，在春秋戰國時期鄀邑與楚郢都之間，水陸交通皆十分便利。其水路可由楚郢都東門出發，順著今長湖水系（即古揚水故道）在潛江西北入漢，然後再溯漢水北至鄀邑。就陸路而言，楚的軍隊及楚王使臣皆由楚郢都

---

① 安家河西岸遺址，有人認定為古羅國舊址。資料由南漳縣文物部門提供。
② 《水經注疏　江水》。

北門出發，大體上可沿著今襄荊高速而北至鄢邑。近年來，在今襄荊高速沿線皆發現有春秋至戰國時期楚人墓葬，發現了不少的兵器和車馬坑[1]，即可證實春秋中、晚期至戰國，荊州紀南城楚郢都至宜城附近的鄢，是有道路通達的。通過這條楚郢都通往鄢的路線，可繼續北上至楚的北津戍（今襄陽），西去可至盧、羅、穀、絞，東可去隨、唐、厲、軫。由此可見，在春秋中、晚期至戰國，鄢邑已成為楚國北部地方水陸交通的一大都會。戰國時秦、楚君王多次盟會於鄢，鄢邑曾一度為楚國都，決非偶然說明鄢邑早在春秋戰國時期已有著十分重要的政治、經濟地位。

十二、楚國通隨國的道路

隨國，位置在今湖北隨縣西偏北的安居鎮附近，是江漢流域眾多諸侯國中的強國。楚武王時，由於政治上的緣故，楚隨之間的戰爭時有發生。據史籍記載，楚武王曾三次率兵伐隨。第一次是在西元前706年，楚因「不得志於漢東」[2]而伐隨。第二次是在西元前704年，楚因「合諸侯於沈鹿，黃、隨不會」[3]而伐隨。第三次是在西元前690年，楚以「隨背己，伐隨」[4]。據《左傳 莊公四年》記載：「王遂行，卒於樠木之下。令尹鬬祁、莫敖屈重除道梁溠，營軍臨隨。隨人懼，行成。莫敖以王命入盟隨侯，且請為會於漢汭而還。濟漢而後發喪。」說的是楚武王第三次伐隨時不幸「卒於樠木之下」，楚人秘不發喪，待楚隨盟於漢汭，「濟漢而後發喪」。樠木，山名，《中國古今地名大辭典》云：「樠木山在湖北鍾祥縣東一里，一名武陵山。《寰宇記》：『武陵山，《郡國志》云，《左傳》楚武王卒於樠木之下，即此也。』」梁溠，按晉杜預注：

---

① 根據荊州博物館和襄陽文管會提供的文物普查資料。
② 《左傳 桓公六年》。
③ 《左傳 桓公八年》。
④ 《史記 楚世家》。

「溠水在義陽厥縣西，東南入溳水。梁，橋也。」《水經注　溳水》對此也有解釋：「溠水又東南逕隨縣故城西，《春秋》魯莊公四年，楚武王伐隨，令尹鬬祁、莫敖屈重除道梁溠，軍臨於隨，謂此水。」據實地考察，溠水在今隨縣安居鎮東南注入溳水。這就是說，溠水在故隨都之西南。漢汭，據杜預注云：「汭，內也。水曲為汭。」結合地形圖分析，漢水轉彎的地方，大致在今鍾祥南，即舊口至沙洋一段的轉彎處。當時楚武王伐隨，當是自季家湖楚郢都出發，經今荊州，過荊門十里鋪、曾集、煙墩，在鍾祥舊口一帶渡漢水，然後再經羅集、東橋、客店，在柳樹店一帶翻越大洪山而至隨都西的。《左傳　定公四年》記，吳伐楚，楚昭王始奔鄖，鄖公弟巢要報父仇，欲攻楚昭王，楚昭王轉道奔隨，「涉於成臼」。成臼的地望，楊伯峻先生考證，在今鍾祥南之舊口[①]。 這就是說，楚昭王出郢至鄖，然後奔隨，也是在今鍾祥南境的舊口附近渡漢水，即走楚武王伐隨的路線至隨國的。

十三、楚國通貳國的道路

貳國，其位置在今湖北廣水市南駱店一帶，是西周時期溳、澴流域的小國，春秋早期被楚國所滅。楚武王時，楚貳之間已有盟會往來。據《左傳　桓公十一年》記：「楚屈瑕將盟貳、軫。鄖人軍於蒲騷，將與隨、絞、州、蓼伐楚師。莫敖患之。鬬廉曰：『鄖人軍其郊，必不誡，且日虞四邑之至也。君次於郊郢以禦四邑。我以銳師宵加於鄖，鄖有虞心而恃其城，莫有鬥志。若敗鄖師，四邑必離。』……遂敗鄖師於蒲騷，卒盟而還。」這雖然說的是楚在聯盟貳、軫兩國的過程中引起了一場鄖、隨、絞、州、蓼五國與楚國的爭戰，卻可看出早在西元前701年，楚郢至今湖北廣水的貳國，是有道路可通的。從地望上看，楚人自楚郢都出發至貳、軫（軫國，在

---

① 　楊伯峻：《春秋左傳注》，中華書局1981年版。

今湖北應城西），除了有陸路可走外，還有水路可通。其陸路的走向，基本上是經今湖北荊州川店，過荊門十里鋪、曾集、煙墩，在鍾祥舊口附近渡漢水，再經京山、安陸一線，至貳國。除此之外，楚人自郢都出發，在舊口渡漢水後，還可經今京山以南、天門之北的雁門口、皂市鎮一線，抵達軫國。並通過軫國經今應城楊河、安陸蓮花、廣水陳巷一線，進入貳國國都。上述文獻記「君次於郊郢以禦四邑」，即可看出今鍾祥、舊口、沙洋一線，當是春秋早期楚人進入漢東和漢東之隨、貳、軫諸國進入楚國都的重要門戶。楚武王伐隨卒於鍾祥樠木山，楚昭王奔隨涉於舊口，就已證實今鍾祥一帶在春秋早期的楚國，有著十分重要的交通地位。在水路方面，楚人通常是沿揚水入漢水（今天門河）進入軫國，然後再溯溳水進入貳國。這說明，春秋時期楚人進入漢東諸國，不僅有陸路通達，其水路交通也是十分便利的。

十四、楚國通弦國的道路

弦國，位置在今湖北浠水縣西北。春秋時楚滅弦國為弦邑。《左傳 僖公五年》載：「楚子滅弦，弦子奔黃。」此事在楚成王十七年。楚成王即位，「布德施惠，結舊好於諸侯。使人獻天子，天子賜胙，曰：『鎮爾南方夷越之亂，無侵中國。』於是楚地千里。」其勢力已擴展到今湖北的東、東北和東南地區。這就是說，楚國都有陸路和水路通往弦國。其陸路大抵上可穿過古雲夢區，即今江陵以東的潛江、仙桃、蔡甸、黃陂、新洲一線，進入弦國。其水路當是沿沮水，順長江而下，進入弦國。這兩條交通路線，實質上是當時楚國都聯繫今鄂東和鄂東南地區封國和方國以及越人的重要紐帶。同時，「楚子滅弦。弦子奔黃」（在今河南潢川縣），可看出弦國至黃國是有道路通達的。弦子奔黃的路線，據有關史料分析，當由今浠水經新洲、麻城，過今河南新縣至潢川。除此之處，春秋時今鄂東地區基本上是以隨、黃、鄂、弦為中心，而形成了路網的局

面。文獻記楚成王二十三年,「黃人不歸楚貢。冬,楚人伐黃」[1];楚成王二十六年,楚滅英（英,在今安徽六安西）[2];楚成王三十二年,「隨以漢東諸侯叛楚」[3],楚人伐隨;楚昭王五年,吳人侵楚,伐夷,侵潛（今安徽潛山縣西北）、六（今安徽六安）,楚沈尹戌帥師救潛,吳師還,楚師遷潛於南岡（今安徽霍山縣北）而還。這些史料說明,楚國東面今鄂東地區的水陸交通不僅有了很大的發展,而且大別山中許多隘口,應是楚人聯繫江淮群舒的天然孔道。《呂氏春秋　贊能》記:「沈尹莖辭曰:『期思之鄙人有孫叔敖者,聖人也。王必用之,臣不若也。』荊王於是使人以王輿迎叔敖以為令尹。」這使我們進一步看出,鄂東北大別山區的道路,在春秋早中期已經有了相當的規模。否則,當年吳楚在這一地區的兵戰人員車馬的往來是難以成行的。

十五、楚國通黃國的道路

黃國,嬴姓,顓頊之裔。其位置在今河南潢川縣西北6公里的隆古集附近[4]。其疆域的南部,進入今鄂東地區的紅安、麻城北部一線[5],分布著淮南地區勢力較強的諸侯國。黃國「恃諸侯之睦於齊,不共楚職」[6],與隨、齊等國長期保持著良好的盟友關係。由於黃國「不歸楚貢」,以致楚國在西元前648年滅黃。在此之前,楚黃之間曾發生多次爭戰。據《左傳　莊公十八年》載:「及文王即位,與巴人伐申,而驚其師。巴人叛楚而伐那處,取之,遂門於楚。閻敖遊湧而逸。楚子殺之,其族為亂。冬,巴人因之以伐楚。十九年春,楚子禦之,大敗於津。還,鬻拳弗納,遂伐黃。敗黃師

---

① 《左傳　僖公十一年》。
② 《史記　楚世家》。
③ 《左傳　僖公二十年》。
④ 楚文化研究會編:《楚文化考古大事記》,文物出版社1984年版,第162頁。
⑤ 顧炎武認為黃與隨為鄰。參見《天下郡國利病書》卷七十三湖廣二。
⑥ 《左傳　僖公十二年》。

於踏陵。還，及湫，有疾。夏六月庚申，卒。鬻拳葬諸夕室，亦自殺也。而葬於絰皇。」這雖然說的是楚伐申之役楚軍敗退，楚把守城門的官吏盡守職責的事，但可看出在春秋早期，楚國都是有道路通往黃國的。踏陵，在今湖北大悟至河南新縣一帶。湫，《大清一統志》說在今湖北鍾祥北，《春秋大事表》謂在今湖北宜城東南，二說實指一地。這就提供了一個資訊，即楚文王伐黃的路線，大體上是楚人經今荊州北轉荊門東南後港、沙洋，歷天門、應城、雲夢、大悟、新縣一線，至黃國。其回歸楚郢都的路線，大抵上也是途經大悟宣化和城關、廣水，過隨縣而翻越大洪山，再經鍾祥北，在豐樂一帶渡漢水，由鍾祥胡集、荊門五里一線，返回楚郢都。近年來在這兩條路線的主要經過點上，皆發現有春秋戰國時期楚人活動的遺存，這說明在今湖北江漢平原的北部，是有幾條東西向道路通往今鄂東、鄂東北和江漢西部、西北部地區的。這些道路的形成，除了有人為的作用外，其自然地理條件即江、漢諸水系呈三角網狀的分布，也是一個很重要的因素。根據大量的先秦文獻和考古資料分析，江漢平原北部地方的道路發展，以及道路的規模，都要超過分布於江漢平原內的道路。所以，楚人與漢東之國發生軍事衝突時，多走今荊門、鍾祥、應城、安陸或今沙洋、天門、應城、安陸這兩條道路。

第二節　春秋戰國時期楚國周邊各諸侯國之間的道路

一、隨國通申國及中原的道路

隨國是周人所封的姬姓之國，與周人有著良好的親緣關係，楚人最初與周聯繫，尚需隨人從中作媒介。申國位於今河南南陽，因此，隨人要朝貢於周，必然要途經申國。申國，酈道元《水經注　淯

水》說：「（淯水）又南巡宛城東，其城故申伯之都，楚文王滅申以為縣也。秦昭襄王使白起為將，伐楚取郢，即以此地為南陽郡。改縣為宛，王莽更名……縣曰南陽。」這說明，申國當在今河南南陽。近年來，在湖北棗陽、襄陽，以及河南新野、桐柏皆發現有隨人活動的遺存[1]，由此可看出東周時期隨人經過申國而抵達中原的道路當有兩條：一條即自隨都出發，經隨棗走廊進入申國；另一條也是從隨都出發，經今隨縣厲山鎮，再翻越桐柏山經河南唐河進入南陽申國。《史記 楚世家》記：「楚武王三十五年，楚伐隨，隨曰：『我無罪。』楚曰：『我蠻夷也，今諸侯皆為叛相侵，或相殺。我有敝甲，欲以觀中國之政，請王室尊吾號。』隨人為之周，請尊楚，王室不聽，還報楚。」隨至周「請尊楚」，即可印證隨至周是有道路可通的。從地形圖上看，隨至周的路線是隨棗走廊，過南陽，出方城，經魯山，而至周。同時，隨國也可通過隨棗走廊經襄陽鄧邑、河南西峽一線，入陝西武關而至秦。西元前505年，秦子蒲帥兵車五百以救楚滅唐[2]，走的也是這條秦出武關經隨棗走廊的路線。除此之外，隨人進入中原，還可通過桐柏山和大別山的許多豁口，經今河南信陽、確山、漯河一線，與鄭、許、胡、蔡、房、道、江、息等國取得聯繫。文獻記楚人盟會於沈鹿（今湖北鍾祥東），隨人不至[3]，可看出隨國在當時有勢力較強的中原諸侯國為後盾。隨國勢力的強大，應當說是與其交通便利和資源豐富有著密切的關係。

二、隨國通州國的道路

春秋時期，隨人除了與中原諸侯國有往來外，與漢水以東和漢水以南諸侯國之間的關係亦十分密切。西元前701年，隨、州、絞、蓼、

---

① 李學勤：〈續論曾國之謎〉，《楚學論叢》，湖北人民出版社1990年版。
② 《左傳 定公五年》。
③ 《左傳 桓公八年》。

鄖，就曾聯合起來攻打楚國[1]。這說明隨、州、絞、鄖和在河南泌陽附近的蓼國，在春秋時皆有相互往來的道路。據《水經注》有關記載分析，當年隨國與州國之間，除了有陸路可通外，水路亦是重要的交通要道。《水經注　溳水》說：「溳水出（蔡陽）縣東南大洪山。山在隨郡之西南，竟陵之東北……溳水出於陰，初流淺狹，遠乃廣厚，可以浮舟栰，巨川矣。」其水流經今隨州、安陸、雲夢、孝感，並通過故夏、灄諸水進入長江。這就是說，春秋時隨國通往州國的水路，必須經溳水和長江，或溳水下游即江漢平原東部地區的諸水系汊道，進入州國。根據這一地區的地形地貌和出土文物分析，當是由今隨縣安居鎮附近的隨都出發，途經安陸、雲夢、應城，並穿過漢川西部和仙桃東部一線，或者又在雲夢分道經孝感、漢川城關鎮、漢陽西南一線，進入州國。近年來在漢東地區即今廣水、大悟至應城、漢川一線，皆發現有不少東周時期的古文化遺址。如大悟有呂王城，雲夢有楚王城，孝感有百靈王城，安陸有李家店遺址，應城有獅子山遺址、廟灣遺址，漢川有火口山遺址等[2]，即可證明在春秋時期，隨人欲圖進入長江邊上的州國，只要東出至廣水以西，就可踏上南通往州國的道路。事實上，溳水和灄水流域的谷地，在春秋時已成為當時人們往來於鄂東地區的南北天然孔道。《左傳　哀公十七年》記，「觀丁父，鄀俘也，武王以為軍率，是以克州、蓼，服隨、唐，大啟群蠻」。即可看出漢東地區的南北諸侯國間，是有一條車馬大道的。否則楚武王在漢東南克州國，北攻蓼國，進而制服隨、唐國，是不會這麼順利的。

三、隨國通鄂邑的道路

鄂邑，在今湖北大冶西南。至西周中晚期，楚子熊渠甚得江漢間

---

[1] 《左傳　桓公十一年》。
[2] 湖北孝感博物館：《孝感地區文物概況》，1979年版，第6頁。

民和，乃興兵伐庸、揚粤，至於鄂。並立其中子紅為鄂王。由於楚受封時間不長，且出於漢東姬姓諸侯的壓力，版圖依舊不太大，今湖北大冶一帶當時尚不屬於楚的地盤。楚人雖一度控制過鄂地，但並非等於鄂地已屬於楚人所轄的範圍。至於鄂邑是何人所建，有人考證是古越族的一支揚越，春秋早期以前，楚人並未真正占有鄂地，直至楚成王時，今大冶、黃石一帶才納入楚的版圖[1]。這一地區在兩周時，一直是南方古銅礦最富足的地方。江漢間、漢淮間的許多封國的銅礦或銅器，多出自大冶鄂地即今銅綠山礦區。1984年，在武穴市城東的長江航道上進行挖沙疏航作業時，從江底下約6公尺處挖出許多青銅器。經初步研究，這些青銅器的鑄造年代在西周晚期至春秋中期之間，其中，甬鐘與湖北大冶以及江蘇鎮江市、廣東清遠市、廣西恭城市等地出土的類似。這就反映了當年大冶銅礦區生產出的各種青銅器物是需要向外運到各國去的[2]。東周戰國時期的隨國，其境內是無銅礦資源的，他們的銅礦主要是依靠鄂地大冶銅礦區的供給。如經對曾侯乙編鐘的金相分析，其青銅原料的成分與大冶銅綠山青銅原料十分相近。這就是說，而無論是鄂地的銅礦運往隨國，還是隨國派出使臣聯繫銅礦，大都要走隨鄂間的水道和陸路。在水路方面，據《水經注》分析，隨至鄂邑主要是沿著溳水經灄水口進入長江，然後再順長江而下，經今鄂州樊口入梁子湖而至鄂邑。《鄂君啟舟節》中有「自鄂往，逾沽（湖），让（上）灘（漢）」語[3]，即可看出江、漢、溳、灄等流域的船進入鄂邑，都必須經今梁子湖水系。然而在陸路方面，

① 張正明，劉玉堂：〈大冶銅綠山古銅礦的國屬——兼論上古產銅中心的變遷〉，載《楚史論叢》（初集），湖北人民出版社1984年版。
② 張潮：〈古越族文化初探〉；黃石市博物館：〈大冶市文化遺址考古調查〉；咸寧地區博物館、陽新縣博物館：〈陽新和尚塅遺址調查報告〉；湖北省博物館、廣濟縣文化館：〈廣濟發現一批周代甬鐘〉。上列四篇均載《江漢考古》，1984年第4期。王善才：〈湖北浠水、英山東周遺址調查報告〉，載《考古》，1963年第12期。
③ 郭沫若：〈關於鄂君啟金的研究〉，載《文物參考資料》，1958年第4期。

鄂地所開採的銅礦大都是經今鄂城、黃岡、新洲、黃陂、孝感、雲夢、安陸一線，運往隨國的。因此，在春秋時期，漢東地區的道路在一定的歷史時期內，基本上是以勢力較強的姬姓隨國為中心而形成路網。

四、庸國通麇國的道路

麇國，係春秋時鄂西北地方的群蠻系統，並與庸人之間有著和睦的關係。庸麇之間儘管是崇山峻嶺、溪流縱橫，但卻有一條可供人行和車輛往來的道路。結合有關資料分析，這條道路當是由今湖北竹山縣東南一帶出發，經竹山縣寶豐、擂鼓、得勝，並翻過聖母山，歷陝西白河縣界嶺、卡子、木魚壪，繼而進入麇國都的。除此之外，庸至麇國也還有水路可通。其路線大抵上是沿今堵河而下，再溯漢水而入麇都。通過這條水路，庸國還可與絞、穀、鄀、鄧等國進行廣泛的政治聯盟和經濟聯繫。從文獻所記「麇人率百濮聚於選（今湖北松滋縣境），將伐楚」①。由此可看出麇國通過庸地後，還有一條可經今房縣、保康、遠安、當陽、枝江一線的水路，到達松滋選地。同時，庸至秦國亦免不了要先過麇國，沿今陝西漫川關、山陽、商縣、藍田一線，至秦都。楚莊王時，秦人協助楚人滅庸國，很顯然走的是這條路線。因此，庸國通往麇國的路線，實質上就是庸人與秦人、周人聯繫或分布於這一地區的群蠻與中原諸侯國之間從事經濟貿易和文化交往的路線。這就是說，春秋時期分布於今鄂西北地方的眾多群蠻、封國和方國，他們之間的道路交通並不因窮山惡水的地理環境而閉塞。事實上，在楚莊王三年今鄂西北地方發生大規模的庸楚之戰，就已顯示出這一地區在春秋時的道路不僅有了一定的規模，而且逐步向西北方向延伸與發展。

---

① 《左傳　文公十六年》。

五、庸國通魚國的道路

魚國，亦為魚復，《逸周書　王會》孔注云：「南蠻國，至春秋時屬庸。」其位置，《路史　國名紀》與《太平寰宇記》以為在今湖北長陽文魚城，但杜預與杜佑則認為魚國在今重慶奉節縣東。後一說法較為可靠。在商周時期，今重慶奉節縣以東，秭歸以西、以北及巴東縣江南境，皆屬古魚國地。西元前611年，庸人率群蠻以伐楚，「裨、儵、魚人實逐之」，杜預注云：「裨、儵、魚，庸三邑。魚，魚復縣，今巴東永安縣。」[1]可見，魚國當時不僅已為庸的附庸，而且兩國之間還多有政治和軍事上的往來。從庸人調集魚人去伐楚，即可看出春秋時庸魚之間是有一條可供士兵和車輛行走的道路的。據有關資料分析，當年庸魚之間的交通往來，主要依靠的是山區陸路和這一地區的山間河流。在陸路方面，庸基本上是自今竹山一帶出發，經今竹山縣峪口、官渡、蒲溪、柳林，歷房縣西南九道、神農架林區西大坪，在大九湖附近翻過大巴山，然後再由重慶巫山八樹坪、大昌鎮一線，進入魚國的。因此，蒙文通先生在《巴蜀古史論述》一書中指出：「春秋時期庸國的東境在湖北鄖陽，西境在奉節，它們之間的聯繫，是要越過巴嶺的。」[2]此說頗為精當。同時，庸至魚邑的水路交通，在當時也是較為方便的。具體說來，其水路大抵上是由今竹山縣境內的官渡河至洪坪或九道鎮一帶後，繼而經距離較短的陸路翻越大巴山，然後在重慶巫山縣北沿平底河出巫山，再溯長江進入魚復。這條水路經實地調查，在古代行舟筏，是沒有問題的。當年庸的疆域之所以能夠發展到渝東一帶，除了庸人具有頑強的開拓精神外，鄂西地區的水陸交通便利也應當是其開疆擴土的重要因素之一。因此，庸國在當時鄂西一帶一度成為群蠻中的強國，恰好反映出鄂西地區的道路

---

① 《左傳　文公十六年》。
② 蒙文通：《巴蜀古史論述》，四川人民出版社1981年版，第51頁。

在春秋時期已經有了一定的規模。楚人滅庸之後，又在今鄂西地區設置巫郡，這就進一步說明了這一地區的水陸交通，在當時已經有了較大的發展。

總之，春秋時期楚國及其周邊地區的道路，通過這一地區的楚人和各諸侯國的長期共同努力，已經初步形成路網的局面。這種路網的格局頗有特色，它既不同於中原平原地區的道路格局，也不同於江南地區水鄉澤國的道路分布，而是由湖北東、西兩個地區率先發展起來，然後以此為中心向南北兩方進行輻射。這就是說，楚國道路的發展，最先是從山區逐漸向平原地區延伸的。東部隨國，西部庸國，中部楚國，這三大板塊奠定了春秋戰國時期楚國及其周邊地區道路形成與發展的基礎。

第五章　春秋戰國時期楚國對外征戰和經商的主要路線

第一節　春秋戰國時期楚國對外征戰的主要路線

　　楚國的擴張，是春秋戰國歷史上的重要事件。清代高士奇在《左傳紀事本末》中說：「春秋滅國之最多者，莫若楚矣……夫先世帶礪之國，棋布星羅，南拒荊蠻，而北為中原遮罩者，最大陳、蔡，其次申、息，其次江、黃，其次唐、鄧，而唐、鄧尤逼處方城之外，為楚門戶。自鄧亡，而楚之兵申、息受之；申、息亡，而楚之兵江、黃受之；江、黃亡，而楚之兵陳、蔡受之；陳、蔡不支，而楚兵且交於上國矣。」至戰國時期，楚國疆域已是「南卷沅湘，北繞潁泗，西包巴蜀，東裹郯邳」，擁有大半個中國[①]。據統計，春秋戰國時期楚滅國六十一，參戰人員近百萬，車輛上千乘，可見楚國向外征戰的規模之大，耗費人力和物力之甚。若當時沒有道路條件，楚國欲圖北上中原，南卷沅湘，以致形成「幅員廣則甲兵日盛」[②]的局面，是不可能的。因此，考察楚國兼併各國的過程，弄

---

① 《淮南子　兵略訓》。又，何光岳：〈楚國疆域的開拓和演變〉，《楚文化覓蹤》，中州古籍出版社1986年版。
② 《左傳事緯　楚滅諸小國》。

清楚楚國向外征戰的路線，對於人們進一步瞭解楚史，加深對楚國道路的認識，是很有必要的。

一、楚國伐申、呂的路線

據文獻記載，春秋時申、呂之國在今河南南陽地區。呂國鄰近申國，他們之間有良好的親緣關係。呂國與楚國的關係也甚為密切。1979年，河南淅川下寺10號楚墓中出土春秋中期編鐘銘文有「余呂王之孫，楚成王之盟，僕男子之執，余不貳在天之下，余臣兒難得」[①]語，即說明了楚、呂兩國間曾訂立有後者臣服於前者之盟約。但是，由於申、呂之國所據地理位置十分重要，楚國還是屢次興兵攻伐申、呂，以便打通楚人北上中原的通道。楚文王二年（前688年），「伐申，過鄧」[②]，使申、呂之國成為楚之附庸國，根據文獻「此申、呂所以為邑也，是以為賦，以禦北方」[③]的記載分析，申、呂還是楚國重要的賦稅來源和軍事據點。由此可見，春秋時楚至申、呂已有一條可供車馬行走的道路。這條道路至申、呂之後，還可與「夏路」北段相接。《史記　越王勾踐世家》說：「商、于、析、酈、宋、胡之地，夏路以左，不足以備秦。」司馬貞《索隱》云：「楚適諸夏，路出方城，人向北行，以西為左，故云夏路以左。」這說明，春秋戰國時期「夏路」是楚國進入中原各國的陸路交通幹道。事實上，根據「夏路」的得名分析，應指楚國通中原諸夏的道路。因此，前文所述楚國通往鄧國、申國的道路，即經今荊州川店，荊門王家場，宜城李壋以及南漳武鎮、九集一線，再北至襄陽經鄧城遺址進入南陽申國的路線，亦當是文獻中所說的「夏路」範疇。這就是說，後人所謂「秦楚大道」，應是由先

---

① 趙世綱：〈楚人在河南的活動遺跡〉，《楚文化研究論文集》，中州書畫社1983年版，第64頁。
② 《史記　楚世家》。
③ 《左傳　成公七年》。

秦時期的「夏路」衍生出來的[①]。楚人在春秋時滅申、呂的路線，很顯然走的是今湖北襄荊高速偏西一線，並在襄、穀間渡漢水，至申、呂之國。《左傳 僖公二十五年》記：「秋，秦、晉伐鄀（杜注：鄀本在商密，秦、楚界上小國，其後遷於南郡鄀縣），楚鬬克、屈御寇以申、息之師戍商密（商密在今河南淅川縣南）。」又《左傳 成公七年》記：「楚圍宋之役，師還，子重請取於申、呂，以為賞田，王許之。申公巫臣曰：『不可。此申、呂所以邑也，是以為賦，以禦北方。若取之，是無申、呂也，晉、鄭必至於漢。』王乃止。」再加上文獻記載楚伐權、伐羅、伐鄀、伐穀、伐鄧等事件，我們可以推斷春秋時今荊州至秦、鄭、申、呂不僅道路通達，而且今河南南陽地區的道路，基本上是以申國為中心呈十字形而形成東連蔡、息，南達楚、濮，西接秦、呂，北至周、鄭的路網局面。

二、楚國伐江、息的路線

江國，嬴姓，其位置，《讀史方輿紀要》卷五十河南汝寧府真陽縣江城條謂：「在縣東南，春秋時江國也。」息國，姬姓，同書光州息縣城條謂：「縣北三十里，古息國也。」可見，江、息二國正是春秋時楚國東北大門。西元前611年，庸人、麇人率群蠻、百濮將伐楚，「於是申、息之北門不啟」[②]，已說明了這個問題。楚人為控制這一戰略要地，於西元前680年（楚文王十年）滅掉了息國。至西元前623年（楚穆王三年），楚又滅了江國。楚滅江、息的路線，文獻有所記載。《穀梁傳 僖公十二年》云：「管仲死，楚人伐江、滅黃，桓公不能救。」《左傳 文公三年》：「楚師圍江。晉先僕伐楚以救江。冬，晉以江故告於周，王叔桓公、晉陽處

---

① 袁純富，王耀明：〈試論我國古代的「秦楚大道」——兼與王開同志商榷〉，載《公路交通編史研究》，1990年第6期。

② 《左傳 文公十六年》。

父伐楚以救江，門於方城，遇息公子朱而還。」杜預注云：「子朱，楚大夫，伐江之師也。」次年，「楚人滅江」[①]。又《左傳　莊公十四年》載：「蔡哀侯為莘故，繩息媯以語楚子。楚子如息，以食入享，遂滅息。」《呂氏春秋　長攻》記：「楚王欲取息與蔡，乃先佯善蔡侯，而與之謀曰：『吾欲得息，奈何？』蔡侯曰：『息夫人，吾妻之姨也。吾請為饗息侯與其妻者，而與王俱，因而襲之。』楚王曰：『諾。』於是與蔡侯以饗禮入於息，因與俱，遂取息。旋舍於蔡，又取蔡。」據此分析，春秋時楚伐江、息之師的路線，當有兩條。一條即由楚郢都出發，經「伐申、過鄧」的「夏路」出方城而至江國。文獻記文公三年楚師圍江，「晉陽處父伐楚以救江，門於方城（在今河南葉縣至泌陽以東一線），遇息公子朱而還」，就已透露了當年楚師是途經楚北津戍而圍江國的。根據文獻記載，僖公十二年楚伐江、黃，莊公十四年楚伐蔡、滅息，亦可看出楚師還可以經今襄陽東過棗陽，再經河南信陽長臺關而伐息國。這兩條道路，楊守敬在《水經注疏　沔水》中作了這樣的敘述：「襄陽，楚國之北津，從襄陽渡沔，自南陽界出方城關也，是通周、鄭、晉、衛之道。其東津從漢經江夏，出平皋關，是通陳、蔡、齊、宋之道。」東津，在今湖北襄陽東5公里，漢水之東，為一古關。平皋關，在今河南信陽之西北。可見，楊氏所言還是比較確切的。

三、楚國伐鄭國的路線

鄭國，其地在今河南新鄭一帶。《通志略　氏族》說：「周厲王之少子，宣王之母弟，桓公友之後也。桓公初受封於鄭，在周之畿內，今華州鄭縣是也。」春秋前期，楚、鄭之間曾有過友好的關係，他們之間的人事往來及經濟、軍事活動，也較為頻繁。據《左傳　莊

---

① 《左傳　文公四年》。

公二十八年》載：「秋，子元以車六百乘伐鄭，入於桔柣之門。」《左傳　僖公十八年》：「鄭伯始朝於楚，楚子賜之金，既而悔之，與之盟曰：『無以鑄兵。』故以鑄三鐘。」《左傳　僖公二十二年》：「楚人伐宋以救鄭……楚子入饗於鄭，九獻，庭實旅百，加籩豆六品。」至西元前618年（楚穆王八年），楚、鄭關係開始惡化。及至楚莊王之世，楚伐鄭竟達8次。直至西元前597年，楚國制服了鄭國，這才消停。西元前544年（楚郟敖元年），「夏四月，葬楚康王。（魯襄）公及陳侯、鄭伯、許男送葬，至於西門之外。諸侯之大夫皆至於墓」[①]。這說明，春秋時楚至鄭國是有一條規模可觀的車馬道路的。

這條道路的走向，以鄭人至楚而言，鄭人當由今河南新鄭一帶出發，經禹州、郟縣、魯山，穿過南陽盆地，再經湖北襄陽、宜城、荊門一線，至楚郢都。劉向《說苑》記：「楚莊王既服鄭伯，敗晉師。將軍子重三言而不當，莊王歸，過申侯之邑。申侯進飯，日中而王不食，申侯請罪。」這就說明當年楚、鄭之間的禮尚往來和楚伐鄭、救鄭的軍事活動，大多是途經襄陽盆地和南陽通道。同時文獻關於魯襄公、陳侯、鄭伯、許男等國君至楚郢都弔喪，以及鄭武公娶申侯女為夫人、周宋聯合伐鄭、鄭出兵救齊、秦出兵伐鄭等事件分析[②]，春秋時中原地區路網的佈局和道路的規模都要超過山多、水多的江南地區[③]。因此，楚國去往鄭國的道路，當是先秦時期中原地區路網中的重要組成部分，它對於中原文化向南方傳播，無疑起到了極大的推進作用。

---

① 《左傳　襄公二十九年》。
② 《史記　鄭世家》。
③ 春秋戰國時江南地當指今湖南洞庭湖至九嶷山一帶。參見顧鐵符〈江南對楚國的貢獻與楚國的開發江南〉，載《湖南考古輯刊》（第1輯），嶽麓書社1982年版。

第五章　春秋戰國時期楚國對外征戰和經商的主要路線

四、楚國伐宋國的路線

宋國，位於今河南商丘一帶。《通志略　氏族》云：「子姓，商之裔也。武王克商，封紂子武庚以紹商。武庚與管、蔡作亂，成王誅之，立紂庶兄微子啟為宋公，以備三恪，都商丘。杜預云，梁國睢陽是也。」春秋時，楚人因鄭的關係與宋國時常發生軍事衝突。西元前639年，宋國以強國自居，企圖以「乘車之會」炫耀於諸侯，楚於是借此機會，「執宋公以伐宋」[①]。後來，「楚人知雖殺宋公，猶不得宋國，於是釋宋公」。至西元前638年，「三月，鄭伯如楚。夏，宋公伐鄭……楚人伐宋以救鄭」[②]。西元前636年，「宋及楚平。宋成公如楚，還入於鄭」[③]。西元前633年，「楚成王及諸侯圍宋，宋公孫固如晉告急」[④]。這說明，在春秋時期楚至宋國至少有兩條可供車馬運行的道路。一條即從楚郢都出發，經今湖北荊門、宜城、襄陽，過河南南陽、方城、漯河、西華一線，至宋國商丘；而另一條道路基本上是經今湖北荊州、荊門，並在鍾祥一帶渡漢水，然後再歷安陸、廣水即通過「直轅」、「冥阨」、「大隧」楚三關進入河南信陽、確山、平輿、沈丘、鹿邑一線，抵達宋國都。《公羊傳　僖公二十二年》記：「宋公與楚人期，戰於泓之陽，楚人濟泓而來。」《左傳　僖公二十三年》記：「秋，楚成得臣帥師伐陳，討其貳於宋也。遂取焦、夷，城頓而還。」《左傳　文公十年》記：「陳侯、鄭伯，會楚子於息。冬，遂及蔡侯次於厥貉。將以伐宋。」泓，杜預注云水名，即今河南惠濟河；焦，在今安徽亳州；夷，在亳州東南35公里；頓，在今河南項城西南頓故城；息，在今河南息縣厥貉。據此分析，今湖北荊襄通南陽道路和鄂東北安陸通信陽道路，在春秋時皆是楚人北伐中原

---

① 《左傳　僖公二十一年》。
② 《左傳　僖公二十二年》。
③ 《左傳　僖公二十四年》。
④ 《史記　晉世家》。

鄭、蔡、宋、陳、胡、頓等國的重要陸路通道[①]。

五、楚國伐蔣、英的路線

蔣國，其地在今河南固始。《通志略　氏族》云：「周公之第三子伯齡所封之國也。」英國，同書云：「偃姓，皋陶之後，以國為氏。」其位置按楊伯峻、何浩等人考證，在今安徽金寨、霍山間[②]，與蔣國近鄰。楚自成王十七年滅弦後，始與齊桓公爭霸，大力開拓淮河上游下段，蔣國也因之大約在西元前648年被楚所滅，英國在西元前646年亦被楚滅[③]。這說明，楚至蔣、英二國是有道路可通的。據有關資料分析，春秋時楚郢都至蔣、英二國至少有三條道路可走。一條即經今湖北「荊襄道」，通過南陽盆地出方城，順淮水而下，至蔣國，並經過蔣國的水路或陸路抵達英國。第二條道路即由楚郢都出發，由荊門十里鋪至沙洋一帶渡漢水，經應城、雲夢、應山和河南信陽、潢川一線，至蔣國。第三條道路是在今湖北應城分道經孝感、黃陂、麻城，在陰門關一帶翻過大別山後進入英國。第三條道路是楚國通往淮南地區英、蔣、蓼、六等國較為便捷的路線。《呂氏春秋　贊能》記孫叔敖、沈尹莖數次自期思邑（位於今河南固始）出遊至楚郢都，就是走的這條道路。《左傳　文公五年》記：「六人叛楚即東夷。秋，楚成大心、仲歸帥師滅六。冬，楚公子燮滅蓼。」又《左傳　昭公三十一年》記：「秋，吳人侵楚，伐夷，侵潛、六。楚沈尹戌帥師救潛，吳師還。楚師遷潛於南岡而還。」潛，在今安徽嶽西縣西北；六，在今安徽六安境內；南岡，在今安徽霍山縣東北。這說明，春秋時楚人在淮南地區的政治、軍事和經濟、文化方面的往來活動，都少不了要途經今鄂東北

---

① 史念海：〈春秋時代的交通道路〉，《河山集》，生活　讀書　新知三聯書店1978年版。

② 楊伯峻：《春秋左傳注》，中華書局1981年版，第372頁；何浩《楚滅國研究》，武漢出版社1989年版，第222頁。

③ 《史記　楚世家》。

和鄂東的桐柏山和大別山各個天然的交通孔道。20世紀50年代以來，在今淮南舒城、壽縣、霍山以及鄂東英山、麻城、黃梅、大悟、廣水等地皆發現有不少類似於湖北當陽季家湖、江陵紀南城、宜城楚皇城等地出土的楚器[①]，這就印證了上述路線，應是楚滅蔣、英和蔣、英二邑與楚國都間往來的主要道路。

六、楚國攻群舒的路線

群舒，春秋時主要分布在楚頭吳尾的江淮間，由散居於安徽巢湖西南部的舒鳩、舒蓼、舒庸、舒鮑、舒龔等小國組成。《路史後紀》說群舒皆為偃姓，屬皋陶之後。據《左傳 文公十二年》載：「楚令尹大孫伯卒，成嘉為令尹。群舒叛楚。夏，子孔執舒子平及宗子，遂圍巢。」《左傳 文公十四年》記：「楚莊王立，子孔、潘崇將襲群舒，使公子燮與子儀守而伐舒蓼。二子作亂，城郢而使賊殺子孔，不克而還。」《國語 楚語》記：「昔莊王方弱，申公子儀父為師，王子燮為傅，使師崇、子孔帥師以伐舒。燮及儀父施二帥而分其室。師還至，則以王如廬，廬戢黎殺二子而復王。」這說明，春秋時期郢都至群舒即今安徽廬江、舒城、桐城、潛山等地，是有道路通達的。據有關史料和出土文物分析，春秋戰國時楚人往來於江淮間的皖西南地區，其陸路多自今荊州地區出發，經今沙洋、天門、應城或漢川一線至黃陂，然後再由黃陂經新洲、羅田、英山或新洲至浠水、蘄春、黃梅一線，抵達皖西南的群舒諸國。《讀史方輿紀要》卷七十六湖廣二黃州府羅田縣岐嶺條說：「在縣東百三十里。志云岐嶺連接多雲，實為天險，其上有四關，北越光、汝，南出蘄、黃，東走淮西，此為徑道。」又同書黃梅縣新開口鎮條云：「停前驛在縣東北四十里，為陸走宿松之

---

① 楊立新：〈江淮地區楚文化初論〉，《楚文化研究論集》（第1集），荊楚書社1987年版；楊權喜：〈湖北省楚文化考古發現與研究〉，《湖北省考古學會論文選集》，武漢大學學報編輯部1987年版。

道。」近數十年來，考古工作者在今湖北新洲東南1公里發現大批東周時期的楚人墓葬、在黃州城北5公里處發現有東周時期楚城遺址、在羅田縣北豐李家樓村和僧塔寺九資河一帶皆發現有東周時期古文化遺址、在英山縣內也曾多次出土春秋戰國時期青銅劍及生活用具等文物 [①]，可看出，春秋戰國時期今鄂東地區與皖西南地區的先民，是可以通過大別山東南段諸谷口相互往來的。清人顧祖禹在《讀史方輿紀要》中引薛氏曰：「淮東之地，沮澤多而丘陵少，淮西山澤相伴，無水隔者。獨邾城白沙戍入武昌及六安、舒城，走南硤二路也。」此言看來是有道理的。這就是說，楚人佔據今鄂東地區之後，曾多次派兵伐群舒和派人築城於巢，其交通路線當是走大別山岐嶺和停前界嶺即所謂「南硤二路」，進而至皖西南故群舒諸國的。除此之外，春秋戰國時楚郢都至江淮地區的水路交通也十分方便：楚人自紀南城出東門，即可順江而下，至群舒地。因此，有人認為春秋中、晚期的楚文化不僅浸潤了江淮，而且其傳播範圍已經走出了江淮地區 [②]。此說不僅甚有見地，而且間接地揭示了楚人入皖的路線。

七、楚人入贛的路線

楚人在春秋中期，即已開始進入江西北部的武寧、德安、星子一線。至春秋晚期，楚的勢力又擴展到江西南昌和贛西萍鄉一帶。《史記　伍子胥列傳》記楚昭王六年（前510年），「使公子囊瓦將兵伐吳，吳使伍員迎擊，大破楚軍於豫章」。劉宋裴駰《集解》說：「豫章在江南。」又：「七年（前509年）楚使子常伐吳，吳大敗楚於豫章。」唐張守節《正義》說豫章，「今洪州也」。《史記　貨殖列傳》說：「江南豫章、長沙，此南楚也。」唐李吉甫在《元和郡縣

---

① 根據湖北黃岡市博物館提供的文物普查資料。
② 張正明：《楚文化史》，上海人民出版社1987年版，第131—134頁。

第五章　春秋戰國時期楚國對外征戰和經商的主要路線

志》卷二十九中說：「洪州，春秋時，楚之東境。」同時宋樂史在
《太平寰宇記》中引《萍鄉縣志》說：「楚昭王渡江獲萍實於此，今
縣北有萍實里，楚王臺也，因此名縣。」這說明，在春秋晚期，今江
西東部即鄱陽縣以東屬吳國，其西北部和中部皆屬楚國疆域。至戰國
時期，江西全境皆為楚國所有①。楚人由今湖北進入江西各地，除了
有以天然的江（長江）、贛（贛江）水系為主的水路外，陸路也是楚
人入贛的重要途徑。據《左傳　昭公三十一年》記：「秋，吳人侵
楚，伐夷，侵潛、六。楚沈尹戌帥師救潛，吳師還。楚師遷潛於南
岡而還。吳師圍弦，左司馬戌、右司馬稽帥師救弦，及豫章，吳師
還。」又《史記　吳太伯世家》記：「（吳王闔閭）十一年，吳王使
太子夫差伐楚，取番。楚恐而去郢徙都。」潛，在今安徽西南嶽西縣
境；六，在安徽六安市北；弦，在今湖北浠水縣境②；豫章，在今江
西南昌市；番，在今江西鄱陽縣。這說明，春秋時不僅吳師至江西有
水陸兩路可通，而且屬楚的今鄂東地區亦有道路通往江西。西元前511
年（楚昭王五年），楚左司馬戌、右司馬稽率兵救弦於湖北浠水，繼
而至江西南昌一帶打敗吳師，楚昭王渡江至萍鄉③，已說明了這一問
題。至戰國時期，楚國「南平百越，北併陳、蔡」④。此時不僅湘、贛
地區皆已劃入了楚國的版圖，而且楚人在今江西的政治、經濟、軍事
勢力也得到了進一步發展。這就是說，戰國時今江西諸邑之臣民，與
在楚國郢都以及今鄂東、鄂東南居住的楚人和越人的政治、經濟往來
更加密切。尤其是今江西地區在春秋戰國時富產銅礦、竹木、穀物⑤，
並且多產貢物，這就更可看出分布在今江西地區的越人是有陸路和水

---

① 吳宗慈，辛際周編：《江西省古今政治地理沿革總略》，江西省文獻委員會1947年版。
② 弦子國，有人主張在今河南光山縣西北說，此從酈氏說，見前文。
③ 《說苑》卷十八。
④ 《史記　孫子吳起列傳》。
⑤ 《史記　貨殖列傳》。

路通往楚郢都的。在陸路方面，據建國以來江西地區已出土的東周時期文化遺存和有關史籍記載分析，楚人入贛有四條道路可走：第一條即從今鄂東武穴渡江，經通江嶺而至江西瑞昌；第二條即從今大冶西畈鄂王城出發，經今大冶金牛、金湖、大箕鋪一線進入陽新，然後再由陽新至楓林，在白門樓一帶翻越雞籠山抵江西瑞昌；第三條道路即從今鄂東南通山出發，經通山夏鋪、橫石、洪港一線，在狗子樹一帶翻過幕阜山，再過江西山口、金水、下洞口一線至武寧；第四條路線是由今湖北崇陽出發，經崇陽白霓、東堡、蘇塘一線，在大沅附近翻越幕阜山，再經過江西港口、溪口、茅坪一線，進入修水。近年來，文物考古工作者在江西瑞昌發現有類似大冶銅綠山礦冶的遺址，在江西九江、武寧、修水、上高、奉新、新建、南昌、萍鄉等地，皆發現有春秋戰國時期的楚人墓葬和遺物，而且這些地區所出土的遺物形制，多與湖北宜城、荊州、宜昌等地的楚墓中所出土的文物相似[①]。這就揭示出了在春秋戰國時期，今鄂東南地區與江西接壤的幕阜山天然谷口，當是楚人進入贛西北地方的重要陸路通道。文獻記載雞籠山下有伍子胥曾在此活動的遺跡，相傳今陽新南45公里處即今狗子樹一帶有伍子胥駐兵遺跡，這就反映出了在春秋戰國時期，今湖北與江西交界的幕阜山諸谷口，已被這一地區的吳越人所開發，並且成為贛西北吳越人聯繫鄂東、鄂東南地區越人和楚人的交通孔道。因此，顧祖禹在《讀史方輿紀要》卷七十六湖廣二中說：「興國州，春秋時楚地……州襟山帶江，土沃民萃，西連江夏，東出豫章，此為襟要。」此說是合乎史實的。

八、楚人入湘的路線

楚人自荊山腳下順著沮漳河流域來到江漢平原之後，注重對湖

---

① 李科有：〈東周時期江西地區的楚文化及其有關問題〉，《中國考古學會第二次年會論文集》，文物出版社1980年版。

南地區的政治滲透和經濟開發。早在周夷王時，楚人在「甚得江漢間民和，乃興兵伐庸、揚粵，至於鄂」的過程中，就已涉足湖南澧水流域①。到了春秋早中期，楚人已進入了湘水下游。春秋晚期至戰國早期，湖南全境基本上已被納入了楚國的版圖②，並被稱為楚之「江南」。西元前740年即楚武王時，楚人「始開濮地而有之」。濮，《史記 楚世家》張守節《正義》引唐劉伯莊云：「濮在楚西南。」清王鳴盛《尚書後案》指出：「湖南辰州為古濮地。」顧棟高在《春秋大事表 春秋列國爵姓及存滅表》中也曾說到，百濮，「或曰湖廣常德、辰州二府境」。這說明，今湖北枝江及其以南的湖南澧縣、石門、慈利、常德、大庸等地，皆屬於百濮聚居的範圍③。因此，有人認為楚人至遲在春秋早期就已進了澧水流域，這是頗有見地的。在楚文王時，楚國為了楚郢都的安全，又曾將羅子國自湖北枝江遷徙至湖南汨羅④。至楚成王元年，楚王派兵征服南方，平息「夷越之亂」，於是形成了包括湘北地區在內的所謂「楚地千里」的局面⑤。到楚共王時，楚又用兵於江南。《國語 楚語》載：「赫赫楚國，而君臨之，撫征南海，訓及諸夏，其寵大矣。」《左傳 襄公十三年》對此事也有記述：「撫有蠻夷，奄征南海，以屬諸夏。」此「南海」之「海」當是《爾雅 釋地》中所說的「九夷、八狄、七戎、六蠻謂之四海」之「海」，亦即韋昭所云「南海，群蠻也」。楚共王時期，被楚人稱為蠻夷或南蠻人的區域，顯然包括了楚成王所開拓的湘、資流域中下游地區，也即今湖南中部一帶。尤其是到了戰國時期，湖南全境不僅歸為楚有，而且湘、鄂間的楚人與越人在政治、經濟、文化諸方面的

---

① 高至喜，熊傳新：〈楚人在湖南的活動遺跡概述〉，載《文物》，1980年第10期。

② 高至喜：〈楚人入湘的年代和湖南越楚墓葬的分辨〉，載《江漢考古》，1987年第1期。

③ 蒙文通：《巴蜀古史論述》，四川人民出版社1981年版，第55頁。

④ 《漢書 地理志》。

⑤ 何浩，殷崇浩：〈春秋時楚對江南的開發〉，載《江漢論壇》，1981年第1期。

交往活動，也顯得更加密切。《史記　越王勾踐世家》記齊威王使人勸越王伐楚說：「此時不攻楚，臣以是知越大不王、小不伯。複讎、龐、長沙，楚之粟也；竟澤陵，楚之材也。越窺兵通無假之關，此四邑者不上貢事於郢矣。」無假之關，唐張守節《正義》說：「無假之關當在江南長沙之西北也。」龐，在今湖南衡陽市；讎，亦作鑺，邑名，「近長沙潭、衡之境」[1]。這說明，在春秋中晚期乃至戰國，今湖南已成為楚國南方最重要的糧食基地。唐張守節《正文》說：「龐，長沙出粟之地，竟陵澤出材木之地，越若窺兵西通無假之關，則四邑不得北上貢於楚之郢都矣。」[2]很顯然，春秋戰國時期楚人入湘、湘地越人入楚進奉貢品於楚郢都，應該是有道路可通的。事實上，根據湘鄂間地理環境和有關史籍記載以及出土文物分析，楚人進入湖南除了有江、湘、沅、澧、資等水路可走外，還至少有三條陸路可以通達。第一條道路是從紀南楚郢都出發，在今沙市附近渡長江，經今湖北松滋劉家場一線，至湖南石門、慈利、大庸即湘西北地方；第二條道路也是從江陵附近的沙市出發，經公安南平鎮，至湘北澧縣，再由澧縣進入常德、益陽、長沙即湘中地區；第三條道路即楚人由楚郢都至州國的道路，即在今監利白螺磯附近渡長江後，進入湘北岳陽，然後再通過岳陽沿湘江河岸進入衡陽以南的湘南地區。《左傳　昭公二十五年》載：「楚子使遠射城州屈，複茄人焉。」城州屈，清乾隆《岳州府志》卷三云：「臨湘縣，古如城。按縣志，楚子城州屈以居如人，即此。」由此可看出今湖北監利東南白螺磯與湖南臨湘道人磯所在的大江南北，皆有道路相通。又據《輿地紀勝》常德府條錄梁伍安貧《武陵記》云：「其湖廣菱，殼薄肉厚，味特甘美，楚平王嘗采之，有采菱亭。」《讀史方輿紀要》卷八十湖廣六長沙府湘潭縣昭山

① 《史記　越王勾踐世家》。
② 《史記　越王勾踐世家》。

第五章　春秋戰國時期楚國對外征戰和經商的主要路線

條云：「（昭山）縣東北四十里，與長沙縣接界。舊志云，（楚）昭王南征至此，故名。」這說明，春秋戰國時期今湘北、湘西北與湖北接壤的地方，有道路通往湖南中部地區。建國以來，在湖南石門發現有春秋戰國時期楚人活動遺址，澧縣出土有西周晚期至春秋早期的「楚公」戈，麻陽九曲灣有早期楚人銅礦遺址，沅陵縣城西南6公里處發現有春秋至戰國時期楚城遺址，在保靖、大庸、漵浦、黔陽、慈利、桃源、益陽、湘陰、湘鄉、常德、城陵磯和長沙以南的地區，還發現了類似湖北江陵紀南城、襄陽山灣、當陽金家山等遺址和墓葬中所出土的春秋戰國時期的楚人器物①，這就印證了文獻所記載的春秋戰國時期楚人入湘的路線，即順著江、湘、沅、澧、資諸水系和這些水系的沿河谷地，進入湘北、湘中、湘南地區。

九、楚國郢都遷陳的路線

在戰國晚期，西元前280年（楚頃襄王十九年），由於楚人在軍事、外交上的不斷失利，楚國政治及軍事形勢發生了急劇的變化。此時的楚國已經將「上庸、漢北地予秦」②。到了楚頃襄王二十年，秦將白起又奪取了楚之鄢、鄧、西陵等五城③。楚頃襄王二十一年，「秦將白起遂拔我郢，燒先王墓夷陵。楚襄王兵散，遂不復戰，東北保於陳城。二十二年，秦複拔我巫、黔中郡」④。至此，湖北的西部和中部地區基本上已被秦軍佔領，楚郢都也被作為秦的南郡⑤。於是就出現了楚國歷史上一次大規模的遷都事件。當時秦軍攻伐楚國，是從武關出發經今河南南陽盆地，今湖北襄陽、宜城、荊門一線攻陷江

---

① 高至喜，熊傳新：〈楚人在湖南的活動遺跡概述〉，載《文物》，1980年第10期；高至喜：〈楚人入湘的年代和湖南越楚墓葬的分辨〉，載《江漢考古》，1987年第1期。又根據沙市博物館文必貴同志提供的赴湘考古調查鑽探資料。
② 《史記 楚世家》。
③ 《史論 楚世家》。
④ 《史記 楚世家》。
⑤ 《史記 秦本紀》。

陵楚郢都的。《戰國策》卷十四記蘇秦為趙合縱而對楚威王說：「大王不從親，秦必起兩軍，一軍出武關，一軍下黔中。若此，則鄢、郢動矣。」事實上，秦國拔楚郢不僅動用了步兵和騎兵，而且使用了水師。水陸並進入郢的方向，分別是從楚郢都的西面和北面而來。對此，上引《戰國策》卷十四張儀的話，已說得十分明確。因此，當時楚國的郢都江陵紀南城遷徙到河南淮陽陳地，北走襄陽、南陽道，顯然是不行的。這就是說，秦將白起拔郢，郢都遷陳的路線只有走江陵楚郢都的東路，即由郢都至今湖北潛江西北竟陵，沿天門、應城、安陸和今河南信陽、正陽、平輿、項城一線，進入淮陽陳邑。《戰國策 中山策》記：「（武安）君前率數萬之眾入楚，拔鄢、郢，焚其廟，東至竟陵，楚人震恐，東徙而不敢西向。」《楚辭 哀郢》：「皇天之不純命兮，何百姓之震愆？民離散而相失兮，方仲春而東遷。」即已說明了戰國晚期江陵楚國都遷至淮陽，走的是楚郢都東部的道路。1975年，文物考古工作者在湖北雲夢睡虎地發現了一批戰國晚期至秦代的墓葬，出土了一批具有重要價值的秦簡。尤其是11號秦墓出土的秦簡中有「（秦昭王）二十七年，攻鄧；二十八年，攻鄢；二十九年，攻安陸；三十年，攻□山；三十一年，攻□；三十二年，攻啟封；三十三年，攻蔡、中陽」[1]等語，即已證實了楚郢都遷陳的路線，是出今江陵紀南城楚郢都，東渡漢水，經雲夢、安陸，過「義陽三關」，由信陽道至河南淮陽的。這條道路雖然曾是秦軍追擊楚人遷都於陳的路線，但由於此時楚軍的主力尚存，遷都仍得以完成。而且在秦拔楚郢都後的第二年即西元前276年（楚頃襄王二十三年），「襄王乃收東地兵，得十餘萬，複西取秦所拔我江旁十五邑以為郡，拒秦」[2]。楚陳郢至江陵間部分土地以及楚之「江南」大片土地，又

① 睡虎地秦墓竹簡整理小組：《睡虎地秦墓竹簡》，文物出版社1978年版。
② 《史記 楚世家》。

重新歸入了楚國的地盤。《史記 秦本紀》記「（昭襄王）三十一年，白起伐魏取兩城。楚人反我江南」，唐張守節《正義》說「黔中郡反歸楚」，也是說的這個問題。因此，從西元前276年至西元前262年即楚「納州於秦以平」[①] 之前，今湖北江漢平原以東的道路，仍然由淮陽楚陳郢所控制。由此可見，紀南城楚郢都雖然一度被秦軍所佔領並置為南郡，楚國都亦遷徙至淮陽，但在楚郢都陳的十餘年中，江陵楚郢東北遷陳的路線，仍然是淮陽陳郢聯繫「江旁十五邑以拒秦」的重要陸路交通。文獻記楚考烈王元年（前262年），楚國將江漢平原境內的州邑獻給了秦國 [②]，即已透露了這一資訊。這同時說明，楚國都自淮陽遷徙至安徽壽縣後 [③]，今湖北境內的楚國道路才正式由秦控制和經營。

第二節　春秋戰國時期楚國對外經商的主要路線

春秋中晚期乃至戰國，隨著政治勢力的強大和疆域的不斷擴展，楚國和各諸侯國之間的商業貿易往來也越來越頻繁。尤其是在戰國時期，楚國的封君在經商活動中享有一定的特權待遇 [④]。他們一般不受疆域國界的限制，只要繳納一定的關稅，不經營軍用物資，即可「倍道兼行，夜以續日」[⑤]，不避艱難險阻，不怕盜賊搶劫 [⑥]，跨國經商。《史記 貨殖列傳》記：「子貢既學於仲尼，退而仕於衛，廢著鬻財於曹、魯之間，七十子之徒，賜最為饒益。原憲不厭糟糠，匿於

---

① 《史記 楚世家》。
② 《史記 楚世家》。
③ 《史記 楚世家》。
④ 郭沫若：〈關於鄂君啟金的研究〉，載《文物參考資料》，1958年第4期。
⑤ 《管子 禁藏》。
⑥ 《墨子 貴義》。

窮巷。子貢結駟連騎，束帛之幣以聘享諸侯……孔氏南陽，大鼓鑄，規陂池，連車騎，游諸侯，因通商賈之利，有游閑公子之賜與名……猗頓用盬鹽起。而邯鄲郭縱以鐵冶成業，與王者埒富……周人既纖，而師史尤甚，轉轂以百數，賈郡國，無所不至。洛陽街居在齊、秦、楚、趙之中，貧人學事富家，相矜以久賈，數過邑不入門，設任此等，故師史能致七千萬。」這就充分反映了在春秋戰國時期，各國的官商和私商的販運活動是十分活躍的，這與當時各國所推行的「通貨積財，富國強兵」[1]、「通商惠工」[2]、「輕關易道，通商寬農」[3]的經濟政策，有著十分密切的關係。

事實上，在春秋中晚期至戰國，楚國在今湖北境內興建的具有工商業性質的城市，已達20多座。其中分布在今鄂北的有鄀、鄧、邔、西陵，分布在鄂東的有以東周時期大悟呂王城遺址、雲夢楚王城遺址、孝感百靈王城遺址、黃陂作京城遺址、黃州邾城遺址、大冶鄂王城遺址為標誌的城邑，分布在鄂西的有上庸、房陵、夷陵，分布在鄂中地區的有郢都、夏首、涔陽、新市、州邑、屧陵和沮漳河流域的季家湖古城遺址、麇城遺址、麥城遺址、驢城遺址、磨城遺址等為標誌的城邑[4]。從這些城邑的規模和分布情況看，春秋戰國時期今湖北境內已經出現了以城鎮為主體的商業路網格局。尤其是江陵楚郢都，其高峰期人口數可達30餘萬[5]。這就反映出當時中小城市的戶數是十分可觀的[6]。桓譚在《新論》中描述郢都市場繁榮的景象時說：「楚之郢都，車轂擊，民肩摩，市路相排突，號為朝衣鮮而暮衣敝。」可見，

---

① 《史記　管晏列傳》。
② 《左傳　閔公二年》。
③ 《國語　晉語》。
④ 楚文化研究會：《楚文化考古大事記》，文物出版社1984年版，第135、57、147、98、82頁；湖北當陽文化館編：《當陽名勝古跡》，1984年版，第28、97頁。
⑤ 馬世之：〈略論楚郢都城市人口問題〉，載《江漢考古》，1988年第1期。
⑥ 《漢書　地理志》。

123

楚國郢都是一個商業繁榮、人才薈萃的中心，程度居於同時期各大繁華城市前列。同時，據考古資料提供的資訊，建國以來先後在今湖北荊州、宜城、孝感、大冶鄂王城發現有大量的楚國貨幣[1]，即可看出當時楚國在今湖北地區的商業運輸線，基本上是以江陵楚郢都為中心，分別向鄂北、鄂南、鄂東北、鄂東南地區進行輻射的。近年來，在今陝西西安、咸陽，河南南陽、信陽、淮濱，安徽望江、盧江、霍山、六安，以及湖南的常德、衡陽等地，皆發現有春秋晚期至戰國時期楚國的貨幣[2]，這就說明了楚人的經商活動，沒有脫離當時的自然環境和社會活動的規律。當年鄂北的襄陽通道，鄂東北的溳、澴、灄、舉等河流谷地，鄂東的大別山諸隘口，以及鄂南長江流域等水系，仍然是楚人經商時出入於湘、豫、皖、贛等地區的重要交通路線。文獻記晉重耳對楚成王說：「羽毛齒革，則君地生焉。其波及晉國者，皆君之餘也。」[3]《左傳 襄公二十六年》載：「如杞、梓、皮、革，自楚往也。」《楚辭》的〈招魂〉、〈大招〉、〈國殤〉篇中提及的「秦篝齊縷，鄭綿絡些」，「鄭衛妖玩，來雜陳些」，「晉制犀比，費白日些」，這些產於秦、齊、鄭、衛、晉等國的珍貴物品，都是經由與中原相通的「夏路」和信陽通道而來的[4]。在齊故都臨淄出土的陶器上，可見到有「楚賈購□□里豆」字樣，說明楚商人是有遠往齊國訂購陶器的遠端運輸能力的[5]。

春秋戰國時期，楚人在頻繁的經商活動中，不僅重視陸路交通，同時也注重水上運輸。尤其是在江湖如網的南方，舟楫就成了

① 楚文化研究會：《楚文化考古大事記》，文物出版社1984年版。
② 楚文化研究會：《楚文化考古大事記》，文物出版社1984年版。
③ 《左傳 僖公二十三年》。
④ 郭仁成：〈屈賦中所見楚人的經濟生活〉，載《求索》，1983年第1期。
⑤ 呂振羽：《殷周時代的中國社會》，上海古籍出版社2009年版，第219頁。

楚國的主要交通運輸工具。如位於大冶梁子湖地區的楚國鄂邑之民，就有精湛的造船技術①。

鄂君啟擁有眾多的船隻，可說明此地具有「善於習水」和「善於用舟」的習俗。在今安徽壽縣發現的〈鄂君啟舟節〉中反映的楚商貿水路線較長，且較為系統，反映出江漢間以及洞庭湖區域的水運，在楚國的交通行業中，占有著極為重要的地位。同時，在〈鄂君啟車節〉中，也可看出楚國中心地區的陸路交通運輸線，在當時仍然發揮著十分重要的功能。

〈鄂君啟車節〉載：「大司馬邵陽敗晉幣（師）於襄陵之歲（歲）， 顕 （夏）伖（祈）之月，乙亥之日，王屍（居）於茂郢之游宮。大攻（工）尹睢臺（以）王命命集尹悉糈、裁尹逆，裁敓（令）阢（阢），為鄂君啟之膚，賻鑄造金節。車五十乘，歲罷，返。毋載金、革、箮、箭。女馬、女牛、女儋，屯十以堂一車；女檜徒，屯廿檜臺堂一車；臺毀於五十乘之中。自鄂往，庚邡丘，庚邡壁（城），庚旮禾，庚畐焚，庚繁陽，庚高丘，庚下都 （蔡），庚居鄵（巢），庚郢。見其金節則毋政，毋舍桴飤。不見其金節則政。」②根據〈車節〉分析，銅節鑄造原是為車載貨物免稅和驛傳招待所用，所標注的路線、地名僅是表示免稅經由的途徑與範圍，而並非表示當時實際路線的走法。這一點，黃盛璋先生的論述是正確的③。下面，將〈車節〉中所提及的地名略加解釋，以探討楚國商貿的陸路交通。

鄂，位於今湖北大冶鄂王城遺址處；邡丘，在今河南方城東3公里；邡壁，在今河南方城縣東的葉縣界上的保安鎮；旮禾，即今河南泌陽縣北象河關；畐焚，在今河南遂平縣；繁陽，在今河南新蔡縣

① 《淮南子》。
② 郭沫若：〈關於鄂君啟金的研究〉，載《文物參考資料》，1958年第4期。
③ 黃盛璋：〈關於鄂君啟節地理考證與交通路線的復原問題〉，載《歷史地理論集》，人民出版社1982年版。

北；高丘，在今安徽臨泉縣南；下鄢，在今安徽阜陽市西；居鄛，在今安徽巢湖；郢，有人認為是安徽壽縣之郢 [1]，其實不然，鄂君啟節係楚懷王六年（前323年）之物，壽縣之郢乃是西元前241年更名，即在鄂君啟鑄節82年以後壽縣才稱郢，因此，〈舟節〉、〈車節〉中的「郢」，無疑是湖北荊州楚郢都。儘管〈車節〉中的地名並不是按先後順序排列的 [2]，卻仍然反映了鄂君啟車隊單向抵達某目的地的路線。如銘文中記「自鄂往，庚邡丘，庚邡塦，庚齗禾」，意即自今湖北大冶鄂邑可至河南葉縣和泌陽；「庚郢」，也是自鄂邑出發，至荊州楚郢都。據此，〈鄂君啟車節〉中的路線，大致有六條自今湖北通往河南、安徽。第一條即自鄂往，經今鄂州、黃岡、新洲、黃陂、孝感、雲夢、安陸而進入隨棗走廊，然後再經襄陽轉河南南陽至葉縣；第二條路亦自鄂往，經鄂州渡長江，再經黃陂、孝感、安陸、隨州，在隨州北部新城鎮一帶翻越桐柏山，至河南泌陽；第三條路自鄂往，經鄂州、黃陂、孝感、廣水後出「義陽三關」，過河南信陽、正陽一線，至遂平和新蔡；第四條路自鄂往，經鄂州、新洲、紅安一線，在紅安北陡山坡一帶翻越大別山，再經河南新縣、光山、淮濱至安徽臨泉高丘和阜陽；第五條路自鄂往，經大冶河口渡長江，經蘄春、黃梅和安徽宿松、潛山、桐城、廬江一線，至巢縣；第六條路亦自鄂往，經今湖北咸寧、赤壁城區，在赤壁附近渡江，經洪湖、監利，抵達荊州楚郢都。若按上述解釋〈車節〉，楚王限定鄂君車隊往返的時間為1年，其條件是不苛刻的。這就是說，鄂君啟經商無論是行水路還是陸路，都是分數路進行的，而不是單純從某一起點至終點。

由此可見，戰國時期楚人在今湖北的經商路線，以及與近鄰省份

---

① 殷滌非，羅長銘：〈壽縣出土的「鄂君啟金節」〉，載《文物》，1958年第4期。
② 〈車節〉中的地名結合今地名對照看，皆不在有順序的道路線上。若按一般說法解釋，〈車節〉中的路線是有許多矛盾之處的。如〈車節〉中尾段記「庚居鄛，庚郢」。

的貿易活動，是沒有突破春秋時楚人向中原、江淮地區征戰的道路格局的。尤其是鄂君經商，欲圖進至中原、江淮，都必須要走襄陽、信陽、英山、黃梅一線的天然交通孔道。同時〈車節〉記載的路線，也恰好反映出了春秋戰國時期楚國的道路，是以楚郢都為中心而向北、東北、東南、東擴展與延伸的。鄂君車隊所行的經商路線，還可以看出今鄂東地區已經出現了道路網路。

第六章　春秋戰國時期楚國的關隘與津梁

　　關隘、津梁是我國古代勞動人民發展水陸交通，加強各地之間
的政治、經濟、文化聯繫，增加國家關稅，以及防禦外來入侵的
一項極為重要的天然或人工設施。在春秋戰國時期，楚國腹地的關
隘、津梁分布甚廣，數目亦很多，並且具有濃厚的南方地理特色。
它們大都是楚人根據不同的地理特點、不同時期的疆域變化和爭戰
的需要以及經貿的發展而興築或改建而成。根據有關文獻和出土文
物資料所提供的資訊，春秋戰國時期在鄂東地區有關隘10座，津渡
16處；鄂南（含江漢平原）地區津渡26處；鄂西地區關隘8座，津渡
13處；鄂北地區關隘14座，津渡17處。這些關隘、津梁對楚國的經
濟發展與軍事、外事往來，都起到了很大的推動作用。探索這一時
期楚國腹心地帶的主要關隘、津梁位置及其歷史演變狀況，對人們
進一步認識春秋戰國時期楚國的道路變化與發展，是大有裨益的。

第一節　春秋戰國時期楚國的關隘

一、大隧

　　大隧，春秋時楚地古隘道，始見於《左傳　定公四年》，楚左司

馬戌謂子常曰：「子沿漢而與之上下，我悉方城外以毀其舟，還塞大隧。」其位置，《讀史方輿紀要》卷七十七湖廣三隨州應山縣條云：「武陽關在縣東北百三十里，即古大隧也，亦曰山禮關，西北至信陽百五十里。」此關是春秋時楚國北上中原，南北抗衡的重要關隘之一。

此關地形險要，重巒疊嶂，平均海拔約800公尺，為秦嶺山脈東延部分，山北為黃淮平原，山南即江漢平原。春秋時吳國聯合蔡、唐兩國進攻楚國以及戰國時秦將白起拔郢和楚郢都東北遷徙至淮陽，皆從大隧楚北關通過。近年來，在廣水市大隧關附近的東篁店、冷棚店發現了大批春秋戰國時期的楚國墓葬，出土了不少青銅劍等兵器[1]，即證實了此地是春秋戰國時期楚國的重要軍事要塞和古戰場。

二、直轅

直轅，春秋時楚地古隘道。其位置，《讀史方輿紀要》卷七十七湖廣三隨州應山縣條云：「百關在縣北九十里，即古直轅也，亦曰黃峴關，亦曰九里關，北至信陽州百五十里。」春秋時被稱為「全楚之襟」，也是楚國北進中原的重要門戶之一。

此關依山傍水，形勢險要，並為兩山夾峙。原來兩山之間皆築有城垣，城磚上有「大宋嘉定九年歲次兩年制置使造」字樣。可見此關歷史源流甚長。經實地調查，今廣水市西北部及北部皆發現有春秋戰國時期的墓葬、遺址以及斷壘殘垣，即印證了《左傳》記載的在柏舉之戰中史皇對子常所說「若司馬毀舟於淮，塞城口而入」的關，是確實存在的。因此，有人認為今鄂東北的大隧、直轅、冥阨三關在當年是一個整體的聯合軍事防禦工程，也是類似楚國方城（今河南葉縣）那樣依山嶺建築城牆的長城式永久性工事[2]。這種

---

① 宋煥文：〈從應山春秋墓看楚三關的地位和作用〉，載《江漢考古》，1987年第3期。
② 宋煥文：〈從應山春秋墓看楚三關的地位和作用〉，載《江漢考古》，1987年第3期。

說法不無道理。

三、冥阨

冥阨，春秋時楚地古隘道，其位置，據《讀史方輿紀要》卷七十七湖廣三隨州應山縣條云：「縣北六十里，即古冥阨也。」冥阨群山列峙，山高勢險，歷來為南北抗衡的要塞。它與東邊的大隧（即今九里關）[①]、東南的直轅（即今武勝關）合稱為「義陽三關」。

此關因距淮河發源地（今河南桐柏縣）較近，河窄水淺，便於通過，是淮漢間兵爭要地。春秋時，吳師入郢的三國聯軍就曾從此關通過；戰國時，楚至陳、蔡，多途經於此。楚國春申君的食客朱英曾對他說：「先君時善秦二十年而不攻楚，何也？秦逾冥阨而攻楚，不便；假道於兩周，背韓、魏而攻楚，不可。」[②]這說明，「冥阨」在春秋戰國時，是楚人進入齊、魯、宋、陳的主要隘道。近年來，考古工作者在廣水西餘店、西北吳店即冥阨附近，發現有春秋戰國時期的墓葬、遺址數十處，並已出土青銅劍、戈、矛、箭鏃等兵器多件[③]，可看出其地亦是楚人進入黃淮平原爭雄的交通險隘之一。

四、木關

木關，春秋戰國時期楚地古隘道，〈鄂君啟舟節〉有「上江，庚木關，庚郢」語。〈舟節〉中的木關，郭沫若先生曾考釋為：「木關，以地望推之，或即今之沙市。」但黃盛璋先生在《歷史地理論集》一書中考證說，庚木關與庚郢各代表兩航線，木關，即木陵關，在今湖北麻城市西北。結合沙市、麻城兩地的歷史沿革和古地貌情況

---

① 顧祖禹在《讀史方輿紀要》中說直轅為九里關。但《中國古今地名大辭典》和《中國歷史地圖集》皆認為大隧為九里關。這裡從後說。
② 《史記　春申君列傳》。
③ 湖北孝感博物館：《孝感地區文物概況》，1979年版，第8頁。

第六章　春秋戰國時期楚國的關隘與津梁

看，①黃氏之說可從。

五、木陵關

木陵關，亦曰穆陵關，春秋時期楚地關隘。《左傳　僖公四年》記管仲對楚使云：「賜我先君履，東至於海，西至於河，南至於穆陵，北至於無棣。」《史記　齊太公世家》司馬貞《索隱》云：「舊說云，穆陵在會稽，非也，按：今淮南有穆陵門（關），是楚之境，無棣在遼西孤竹，服虔以為太公受封境界所至，不然也，蓋言其征伐所至之域也。」這說明，木陵關很可能即穆陵關。據筆者實地考察，在今鄂東地區麻城境內確有一座楚關，名木陵關。此關設在木陵山上，依山傍水，地勢險要，是舉河水運轉陸道至今河南潢川、淮濱、固始等地區的重要關塞之一。楚之處士孫叔敖隱居期思築陂往來於楚郢間，② 以及鄂君啟船隊自鄂西出經梁子湖北入江，至古舉口（今團風，舊名三江口），溯舉水入木關，說的就是此關，它是楚國通往中原的咽喉要塞和商旅、舟車往來的必經之道。

六、雞籠山隘口

雞籠山隘口，春秋時楚地古隘道，在今湖北陽新縣東南。《讀史方輿紀要》卷七十六湖廣二興國州條云：「大坡山，在州東五十里……相近者有雞籠山，相傳伍子胥曾駐兵於此，今遺址尚存。又闔閭山，在州南九十里，相傳子胥屯兵處。《史記》：『闔閭九年，子胥伐楚。』是也。山下有闔閭城。」這兩處吳師屯兵處，分別在幕阜山餘脈大德山、後墈山一帶。此地地勢險要，海拔皆在500公尺以上，歷來為鄂東南地區進入江西的陸路通道。春秋時，吳師伐楚，子胥在此屯兵築城，即可看出雞籠山與後墈山谷口，在當時亦是兵家必爭之地。20世紀50年代以來，在今江西西北部和中部地區發現有類似荊

---

① 袁純富：〈沙市市歷史沿革〉，《湖北檔案資料》，1982年第9期；袁純富：〈沙市市歷史地貌及其演變過程〉，《荊州師專學報》，1983年第3期。
② 《呂氏春秋　贊能》。

州、宜昌、宜城等故楚地出土的楚器和類似大冶銅綠山的冶煉遺址，這說明雞籠山與後塪山谷口在楚人的政治、經濟、軍事活動中，具有十分重要的交通地位。

七、扞關

扞關，春秋戰國時期楚地古隘道，其位置歷來有兩種說法。如《史記　張儀列傳》的《集解》與《索隱》、《後漢書　公孫述傳》、《後漢書　郡國志》等都說在魚復縣，即今重慶奉節附近。但唐代張守節的《史記正義》注釋《張儀列傳》、李賢注《後漢書　公孫述列傳》以及《括地志》，都認為在巴山縣界，即今湖北長陽縣境。20世紀50年代以來，史學界論及此關者亦不乏其人，但大都沒有超出前人所說的位置。事實上，依據有關文獻記載看，奉節、長陽兩關古時都有存在扞關的可能，僅不過在時代上有所先後[1]。奉節扞關，始見於《戰國策　楚策》：「秦西有巴、蜀，方船積粟，起於汶山，循江而下，不至十日而距扞關。扞關驚，則從竟陵以東，盡城守矣。」這說明，奉節扞關最早可推溯到戰國早期或春秋的中晚期。長陽扞關，始見於《水經注　夷水》：「昔廩君浮土舟於夷水，據扞關而王巴。」這說明，長陽扞關起源要早。奉節、長陽兩扞關當為楚國西南水、陸兩路的重要關隘。《史記　楚世家》記：「肅王四年，取茲方。於是楚為扞關以拒之。」茲方，張守節《正義》引《古今地名》云：「荊州松滋縣古鳩茲地，即楚茲方地是也。」這就反映了長陽扞關是楚國防禦巴人軍隊進入楚國的西塞關隘。近年來，在長陽縣的清江河沿岸，皆發現有不少東周時期墓葬和出土青銅劍、矛、戈、箭鏃等兵器多件[2]，即可看出當年清江流域是巴、楚兩國爭戰的主要戰場，而扞關則是雙方爭奪的要塞。

---

① 繆文遠在《七國考訂補　關塞》中說：「據漢志，江關都尉治魚復，江關亦有扞關之名乎？然江關、扞關明為二關，安得混而一之！」首先提出了「鄂西南有二關而非一關」說。

② 根據湖北省恩施州博物館提供的文物考古調查資料。

八、弱關

弱關，春秋戰國時期楚地古隘道，其位置大致在今巴東、秭歸交界處。酈道元在《水經注　江水》中說：「（江水）又東出江關，入南郡界。江水自關，東逕弱關、扞關……弱關在建平、秭歸界。昔巴、楚數相攻伐，借險置關，以相防扞。」《華陽國志　巴志》云：「巴子時雖都江州，或治墊江，或治平都，後治閬中。其先王陵墓多在枳。其畜牧在沮，今東突硤下畜沮是也。又立市於龜亭北岸，今新市里是也。其郡東枳有明月硤、廣德嶼，故巴亦有三硤。巴楚數相攻伐，故置扞關、陽關及沔關。」這裡所說的「扞關」，當是指奉節扞關 [①]。這說明，奉節江關與建平、秭歸界的弱關，皆為東周時所築。

戰國時期，楚國的主要精力放在對江淮、江南以及吳越地區的軍事爭奪上。分布於今鄂西和渝東地區的巴、楚，雖無大的軍事衝突，但兩國也時常在渝鄂間的江關、弱關一帶，「數相攻伐」。這在出土文物中也可找到印證。近年來在巴東、秭歸沿江一帶，發掘出一批戰國墓葬，出土了一批巴國兵器，墓主大都是巴國將士。此外，在巴東沿江溪澗的石縫中，能經常發現各式各樣的青銅箭鏃 [②]。這說明戰國時期今秭歸、巴東一帶，都應設有楚國的軍事堡壘和關隘。因此，有人對楚弱關的存在取否定態度 [③]，這是缺乏根據的。

九、西塞

西塞，春秋戰國時期楚地古隘道，漢魏文獻稱之為荊門、虎牙山。其位置，大致在今宜都境內。熊會貞《水經注疏　江水》按云：「今虎牙山在東湖縣東南五十里，荊門山在宜都縣西北五十里，二山隔江斜對。」酈道元在《水經注　江水》中描述此關時

---

① 劉琳：《華陽國志校注》，巴蜀書社1984年版，第60頁。
② 林奇：〈巴楚關係初探〉，載《江漢論壇》，1980年第3期。
③ 《水經注疏　江水》。

說：「江水東歷荊門、虎牙之間。荊門在南，上合下開，闇徹山南，有門象；虎牙在北，石壁色紅，間有白文類牙形，並以物象受名此二山，楚之西塞也。」《讀史方輿紀要》卷七十五湖廣一荊門條引章懷太子賢云：「荊門在夷陵縣東南，宜都縣西北，今猶有故城基址在山上。」可見，此塞背靠大山，前瀕長江，地勢險要，為楚人防禦巴人所築。

至於西塞始築何時，史籍缺乏記載。但是，根據對這裡的實地調查和有關文獻分析，西塞當置於春秋中晚期，因為楚人在沮漳河流域崛起之後，其西部主要爭奪對手就是巴。巴臨清江而居，後受楚的逼迫而逐漸沿江西上。西塞大抵上是在巴人活動於清江流域時，楚人為了防禦巴人而築[1]。考古人員在宜都西北沿江發現有春秋戰國時期巴文化遺址和出土銅兵器多件[2]，即說明了這一地帶當是巴楚爭奪的重要關隘。

十、鄖關

鄖關，春秋戰國時期楚地古隘道，其位置，在今湖北鄖縣境內。《中國古今地名大辭典》鄖鄉縣條云：「古鄖關地，晉置鄖鄉縣，元改為鄖縣，即今湖北鄖縣治。」《史記 貨殖列傳》記：「南陽西通武關、鄖關，東南受漢、江、淮。」《漢書 地理志》漢中郡長利縣云：「有鄖關。師古曰，鄖，音雲。」《水經注 沔水》：「漢水又東逕鄖鄉縣故城南，謂之鄖鄉灘。縣，故黎也，即長利之鄖鄉矣。《地理志》曰，有鄖關。」這說明，在先秦時期楚秦之間至少有兩條道路可以相互往來。一條道路即是文獻中說的自秦出武關道，另一條即是漢水之濱的鄖關道。西元前312年（楚懷王十七年）春，楚「與秦戰丹陽，秦大敗我軍，斬甲士八萬，虜我大將軍屈匄、裨將軍逢侯丑

---

① 段渝：〈論巴楚聯盟及其相關問題〉，載《楚學論叢》（初集），《江漢論壇》1990年增刊。
② 根據湖北省宜都文化館提供的文物普查資料。

等七十餘萬人，遂取漢中之郡。楚懷王大怒，乃悉國兵複襲秦，戰於藍田」[①]。宋胡三省《資治通鑒 周紀三》注云：「《索隱》因下文遂取漢中，即謂丹陽在漢中，皆非也。此丹陽謂丹水之陽。班《志》，丹水出上洛塚嶺山，東至析入鈞水，其水蓋在弘農丹水、析兩縣之間，武關之外也。秦、楚交戰當在此水之陽。楚師既敗，秦師乘勝取上庸路西入以收漢中，其勢易矣。」由此可見，郇關不僅是春秋戰國時期楚禦秦的重要關塞之一，同時它也是春秋早期庸國經今堵河渡漢江至中原的水陸通道。楚人在滅庸、絞等國後，在今鄖縣附近設關，在軍事上具有十分重要的意義。

十一、古塞關

古塞關，戰國時期楚地古隘道。其位置，在今湖北鄖縣東南。唐杜佑《通典 州郡》均州武當條云：「漢陽縣有古塞城，在縣北。戰國時楚築以備秦，所據之山，高峻險峭。」《讀史方輿紀要》卷七十九湖廣五鄖陽府鄖縣古塞山條云：「在（鄖陽）府東南八十里。」《中國古今地名大辭典》也說：「在湖北鄖縣東南八十里。」可見，此關據山為城，東臨漢江，形勢險要，為戰國後期楚禦秦的重要關隘之一。

古塞關的興築，與戰國時秦楚兩國間屢次發生軍事衝突和楚的西北部疆界發生變化有關。戰國早期，今鄖西地區皆屬楚地，到了西元前312年，秦與楚大戰於丹水之陽，楚軍敗北，秦師進而攻取漢中郡，這時今鄖西乃至十堰一帶，便成了秦楚兩國的邊界。《史記 楚世家》記楚懷王二十五年（前304年），「懷王入與秦昭王盟，約以黃棘（在今河南新野縣西）。秦複與楚上庸」。即已提供這一資訊。因此，這時楚國在鄖縣東南依山築關，防禦秦人再次入楚，是很有必要的。至西元前280年（楚頃襄王十九年），秦軍複伐

---

① 《史記 楚世家》。

楚，「楚軍敗，割上庸、漢北地予秦」^①。張守節《正義》云：「謂割房、金、均三州及漢水之北與秦。」這說明，當年秦軍拔西陵（今宜城西山之西陵）、鄢邑（今宜城）至楚郢都，就有一支秦軍穿古塞關而來。

第二節　春秋戰國時期楚國的津梁

一、水陸兩用橋

春秋戰國時期楚國的橋樑形制及其分布，先秦文獻中缺乏記載。但是，楚國多橋樑，且會建造橋樑，則是可以肯定的。新中國成立以來，文物考古工作者在江陵紀南城楚郢都遺址內進行了大量的考古勘查發掘工作，在城址內發現有古河道，一條是現今的朱河，在北垣中部缺口入城，從北向南流；一條是現在的新橋河，在南垣中部缺口入城，從南向北流；這兩條河道在城內匯入另一條河道即龍橋河。龍橋河由西向東流，通過東城垣缺口的龍會橋，注入城外的鄧家湖（此湖即揚水故道的一部分）。經考古鑽探和發掘，南城垣中部缺口靠西側處的古河道中發現了一座東周時期的木構建築。這座木構建築平面呈方形，共發現柱洞38個，其中立有木樁共31個，木柱分四排構成三個水門道。左門道寬3.5公尺，中門道寬3.5公尺，右門道寬3.7公尺。木構建築主體部分的兩側，各有擋板緊貼木柱，既具有隔潮的作用，也有增強載荷負重的橋墩功能。這種橋下能行船、橋上可行車的水陸兩用土木結構橋，在楚國建城築堡的土建工程中，使用得比較廣泛。同時，這種形制的兩用橋，在當時舟楫是南方重要交通工具的歷史條件下，從城市的佈局和設計上

---

① 《史記　楚世家》。

看，顯得尤為合理。有人根據戰國時的橋墩多是成排木柱，認定紀南城南垣水門木構建築與橋樑建築有關 ①，這種看法是可取的。

二、浮橋

溠梁即建於溠水上的橋樑，位於今湖北隨州西北的溠水附近，《左傳　莊公四年》記載楚「令尹鬬祁、莫敖屈重除道梁溠，營軍臨隨」。《水經注　溳水》說：「有溠水出縣西北黃山南，逕西縣西，又東南水入焉。水出桐柏山之陽。呂忱曰，水在義陽水東南，逕西縣西，又東南注入溠。溠水又東南逕隨縣故城西。《春秋》莊公四年，楚王伐隨，令尹鬬祁、莫敖屈重除道梁溠，軍臨於隨，謂此水也。」這說明，西元前690年楚武王為伐隨而在溠水上建造了一座橋樑，此即溠梁。這是一座什麼結構的橋樑，規模有多大，文獻中沒有作出明確交代。但是，根據實地調查的情況看，溠水在今安居鎮附近入溳水，安居為隨之國都，且溠水河道不甚寬，所以楚師在此所建的橋不可能為固定性橋樑，況且在楚王卒於橫木之下的情況下，楚師更不可能迅速在溠水建造工程較大的木板橋和土石結構橋。因此，當年楚師伐隨，並在隨都附近溠水架橋，顯然架的是一種具有軍事性質的臨時浮橋。春秋時，隨地盛產竹木、白藤，楚師在溠水架浮橋，可就地取材。另外，《初學記》卷七引《詩》說：「造舟為梁。」《藝文類聚》卷九引《豫》說：「昔造舟為梁，則河橋之謂也。」鑒於此，在春秋乃至西周時期，以舟為梁，也是人們克服自然阻隔和進行軍事行動的一種重要手段和措施。因此，春秋早期，楚師在溠水上很可能是「造舟為梁」，即架的是一座臨時性的浮橋。

其實，早在西周時期，漢水之濱的楚人已會架設浮橋。酈道元在《水經注　沔水》中說：「沔水又東逕左桑，昔周昭王南征，船人膠

---

① 陳賢一：〈楚都紀南城南垣水門木構建築的發掘〉，《楚都紀南城考古資料彙編》，湖北省博物館1980年版。

舟以進之，昭王渡沔，中流而死，死於是水也。」按照此文獻記載分析，昭王渡沔的位置大致上在今湖北仙桃三伏潭一帶[①]。但是，結合西周晚期楚的疆域看，此說難以成立。周昭王統率三軍伐楚、渡沔、歿於漢水的地方，當在今湖北襄陽市一帶[②]。

周昭王伐楚事，見於《史記　周本記》唐張守節《正義》引《帝王世紀》：「昭德衰，南征，濟於漢，船人惡之，以膠船進王，王御船至中流，膠液船解，王及祭公俱歿於水中而崩。」晉杜預注《左傳　僖公四年》「昭王南征而不復，寡人是問」一語云：「昭王，成王之孫，南巡狩，涉漢，船壞而溺。」可惜的是，杜氏沒有指明周昭王南征伐楚荊涉漢時，他所乘之船是何種船。但是，根據文字分析，「膠船」應是古代人們用一種植物煮成的膠汁將木樁、藤條粘連起來而形成的一種人工浮船[③]。因此，呂不韋在《呂氏春秋　音初》中說：「周昭王親將征荊，辛余靡長且多力，為王右。還反涉漢，梁敗，王及祭公扤於漢中。」周昭王因「梁敗」而死，這就說明周昭王很可能是因植物膠粘連船隻的木樁不牢固而造成浮船解體，而歿於漢中的。由此可見，呂氏所說的周昭王「梁敗」之「梁」，應是漢水上第一座人工浮橋。

① 《水經注　沔水》亦沿襲此說。
② 袁純富，王耀明：〈「膠船」及周昭王歿地考〉，載《公路交通編史研究》，1989年第6期。
③ 袁純富，王耀明：〈「膠船」及周昭王歿地考〉，載《公路交通編史研究》，1989年第6期。

第六章　春秋戰國時期楚國的關隘與津梁

第七章　楚國的陸路交通工具——車

　　交通工具是人類從事各種社會活動不可缺少的重要生產生活用具。「陸行乘車，水行乘船，泥行乘橇，山行乘樏」[①]，這是我國古代開拓、發展水陸交通，使用交通工具最基本、最原始的方法和手段。文獻記載的「黃帝作車，至少昊始駕牛，及陶唐氏制彎車乘馬，則馬駕之初也」[②]，把我國陸路交通工具車馬運載的歷史推溯到了新石器時代晚期。考古資料表明，我國商周時期車輛的製作，以及以馬作為牽引動力的人駕馬車的設計、製造工藝均已達到了一定的水準[③]。這就是說，楚人在建都立國以前，車輛已是陸路交通重要的運載工具，是當時戰場上的重要裝備之一。尤其是進入周代，戰車可謂一時稱盛。《詩　秦風　小戎》對當時的車輛作了形象的描繪，云：「小戎俴收（小兵車後面是低淺的登車橫枕木頭），五楘梁輈，遊環脅驅（四馬的皮帶，背上有遊環，兩茅有脅驅），陰靷鋈續（在車板底下的引帶結子有鍍錫環兒），文茵暢轂（有虎皮褥子和長的車輪中心的圓

---

① 《史記　夏本紀》。

② 《易　繫辭》。又見《通典　五輅》。

③ 楊寶成：〈殷代車子的發現與復原〉，載《考古》，1984年第6期；中國社會科學院考古研究所，北京市文物工作隊琉璃河考古隊：〈1981—1983年琉璃河西周燕國墓地發掘簡報〉，載《考古》，1984年第5期。

木），駕我騏馵（駕著我們的青黑色花馬有白的左腳）。」[1]這是秦
襄公在位時戰車陣容的真實寫照。由此可見，至少在周代，不僅陸路
交通工具包括軍事上所需要的戰車早已被人們所認識和使用，而且在
車輛的製造工藝及其動力、潤滑和穩定性等方面都有了一定的創意和
發展。

春秋戰國時期，因爭霸稱雄的需要，對車輛的需求與日俱增。為
了提升自己物資運輸與作戰的能力，各諸侯國在車輛製作上，尤其是
在戰車的製作上，費盡心思，車輛種類五花八門。楚國在這方面更是
諸國中的佼佼者，其「帶甲百萬，車千乘」[2]。《史記　楚世家》言：
「楚王警四境之內，興師言救韓，命戰車滿道路。」秦國戰車與兵力
同楚國旗鼓相當，《戰國策》記載張儀為秦破縱連橫對楚王曰：「秦
地半天下，兵敵四國，被山帶河，四塞以為固。虎賁之士百餘萬，車
千乘，騎萬匹。」可見，戰國時期交通車輛及軍事戰車不僅數量巨
大，製造工藝亦達到了一個高峰。這就是說楚人由一個「土不過同」[3]
的弱小之國，發展成為「萬乘之強國」[4]了。這反映出了楚國在陸路
交通建設、交通工具創制等方面，作出了突出的貢獻。本章重點就楚
國的陸路交通工具及其相關問題予以探討。

第一節　楚國車輛的基本形制與結構

春秋戰國時期楚國車輛的形制和結構，與其他諸侯國所製造的
車，從總體上看大致相同。尤其是當時軍事上所用的戰車，除了在結

---

① 陳子展：《詩經直解》，復旦大學出版社1983年版，第379頁。
② 《戰國策　楚策》。
③ 《左傳　昭公二十三年》。
④ 《戰國策　楚策》。

構、尺寸大小，以及車轅取方取圓（角）等方面有所區別外，其原理結構、式樣基本上都是大同小異。這反映出當時各諸侯國在造車工藝文化上有著很密切的往來和交流。從當時戰車的形制來看，楚國與其他諸侯國對車的設計、製造與結構大都沒有擺脫周人製車的影響。春秋末戰國初由齊人所撰、楚人所附益的《考工記》[①]一書，對當時車輛形制以及製造工藝都作了較為詳細的記述。《考工記》以為車有六等之數：「車軫四尺，謂之一等；戈柲六尺有六寸，既建而迤，崇於軫四尺，謂之二等；人長八尺，崇於戈四尺，謂之三等；殳長尋有四尺，崇於人四尺，謂之四等；車戟常，崇於殳四尺，謂之五等；酋矛常有四尺，崇於戟四尺，謂之六等。車謂之六等之數。」這就是說，車子的車箱底盤（即所謂車軫）離地面四尺為第一等，戰車所配置的各種兵器的長度比車軫高出四尺為第二等。然後再依據兵器長度與人員身高的比例，制定車輛的其餘四個等級。可見，當時製造的車，既可載人，又可配載各種兵器。它運行起來，十分壯觀，是當時一種具有較強殺傷能力的作戰交通工具。同時，《考工記》對考核車輛的要領，也有著具體描述：「凡察車之道，必自載於地者始也，是故察車自輪始。凡察車之道，欲其樸屬而微至。不樸屬，無以為完久也；不微至，無以為戚速也。輪已崇，則人不能登也；輪已庳，則於馬終不登阤也。故兵車之輪六尺有六寸，田車之輪六尺有三寸，乘車之輪六尺有六寸。六尺有六寸之輪，軹崇三尺有三寸也。加軫與轐焉，四尺也。人長八尺，登下以為節。」此外，該書還對「輪人」製作車輪與車蓋，「輿人」製作車箱，「輈人」製輈的過程，以及車蓋、車箱、車轅、車軸、車轂和衡、馬鞭等的大小長短與製作材料，乃至什麼樣的路面適宜使用什麼樣的車等諸多問題，都作了較為明確的記述。

第七章　楚國的陸路交通工具　車

《考工記》對於車輛中的一些構件形制的記述，從已獲得的考古資料看，是可信的。如1971年在湖南長沙瀏城橋一號楚墓中出土的春秋戰國時期一件曲轅明器[①]，1978年在湖北江陵天星觀一號楚墓出土的12件龍首曲轅[②]，形制正與《考工記》中的「輈人為輈」一節描述相符。這說明《考工記》一書對於研究先秦時期的交通工具車輛的形制以及製造工藝技術有著重要的參考價值。

在春秋戰國時期，馬、輈、衡、輪、輻、軸、轂、箱以及車蓋、馬配器具等，都是交通車輛的重要組成部分。當時無論是官方用車，還是民間庶人車，或者軍事上所用的戰車，若無畜力、輈、轂、輻、輪、衡、軸、箱這幾大要素配合組成，則不能稱其為車。在諸侯割據爭霸的年代裡，統治者將戰車的製造技術、工藝水準以及生產能力，擺在重中之重的地位。以至出現了「一器而工聚焉者，車為多」[③]的局面。因此，當時人們對車的製造工藝是有十分嚴格的要求的。《考工記　輪人》甚至對車中轂、輻、牙構件的取材，以及相互間的裝配關係和輪子製作要求，作了這樣的描述，云：「輪人為輪。斬三材必從其時。三材既具，巧者和之。轂也者，以為利轉也；輻也者，以為直指也；牙也者，以為固抱也。輪敝，三材不失職，謂之完。望而眡其輪，欲其幎爾而下迤也；進而眡之，欲其微至也；無所取之，取諸圓也。望其輻，欲其掣爾而纖也；進而眡之，欲其肉稱也，無所取之，取諸易直也。望其轂，欲其眼也；進而眡之，欲其幬之廉也，無所取之，取諸急也。眡其綆，欲其蚤之正也。察其菑蚤不齵，則輪雖敝不匡。」

這段史料是說，製造車輪要選擇上等的木材和採用精巧的工藝進行加工。轂要轉動靈活，輻的裝配要無偏倚，牙要能夠合抱得緊密牢

① 湖南省博物館：〈長沙瀏城橋一號墓〉，載《考古學報》，1972年第1期。
② 湖北省荊州地區博物館：〈江陵天星觀一號楚墓〉，載《考古學報》，1982年第1期。
③ 《考工記　輪人》。

固。要做到輪圈轉動接觸地面時均衡不跳動，就要求輪子必須正圓。同時還指出：「轂小而長則柞，大而短則摯。」這就是說轂小而長，輻間就太狹窄了；轂大而短，輻條就不堅固了。當然，在製作輪子的過程中，還必須充分考慮到地理條件和路面狀況。如果車行澤地，車輪緣就要薄；如果車行山地，牙厚上下則要相等。這就是《考工記・輪人》中所說的「凡為輪，行澤者欲杼，行山者欲侔。杼以行澤，則是刀以割塗也，是故塗不附；侔以行山，則是搏以行石也，是故輪雖敝不甐於鑿」。只要把輪緣和牙的設計與路面的關係處理好，那麼，即使輪子用得破舊了，輻條也不會鬆動。總之，在先秦時期人們在考察車輛製作是否符合要求時，首先強調的是：「規之，以眡其圜也；萭之，以眡其匡也；縣之，以眡其輻之直也；水之，以眡其平沈之均也；量其藪以黍，以眡其同也；權之，以眡其輕重之侔也。」[1] 如果車輪製造工藝達到了「可規、可萭、可水、可縣、可量、可權」[2] 這六個方面的技術標準，那麼，這類工匠可稱「國工」[3] 了。由此可見，轂、輻、牙在車輪結構中起著重要的作用。

　　同時，先秦時期人們對於車子的衡、軸、轅即楚人稱「輈」[4] 的製作工藝和要求，也是十分講究的。《考工記・輈人》云：

　　「輈人為輈。輈有三度，軸有三理。國馬之輈，深四尺有七寸；田馬之輈，深四尺；駑馬之輈，深三尺有三寸。軸有三理：一者，以為媺也；二者，以為久也；三者，以為利也。軹前十尺，而策半之。凡任木，任正者，十分其輈之長，以其一為之圍；衡任者，五分其長，以其一為之圍。小於度，謂之無任。五分其軫間，以其一為之軸圍，

① 《考工記・輪人》。
② 《考工記・輪人》。
③ 《考工記・輪人》。
④ 《方言》卷九云：「轅，楚、衛之間謂之輈。」、「輈」乃為楚之方言。

十分其輈長，以其一為之當兔之圍。三分其兔圍，去一以為頸圍，五分其頸圍，去一以為踵圍。凡揉輈，欲其遜而無弧深。」

這段史料將輈、軸、衡的作用和相互間的關係，以及其製作工藝和相互連接配合的技術要求等，都說得十分明確。要依據各種馬的情況來考慮輈的三種深淺不同的弧度；軸要根據木材的柔韌情況來製作，使其與轂配合得既緊密，又潤滑。凡是載重的輈要以其長的十分之一為周長；兩軛之間的衡，要以其長度的五分之一作為周長。若小於這個標準，就不能勝任負載。凡用火揉輈，還要順木而理，不要過於彎曲。如果「大車之轅摯，其登又難；既克其登，其覆車也必易」[1]。這意思是說，若大車的直轅較低，上斜坡就比較困難，即便能爬上坡，也容易翻車。究其原因，「唯轅直且無橈也」[2]。同時，《考工記 輈人》還專門為車輈製作要求作了這樣的描述：

是故輈欲頎典。輈深則折，淺則負。輈注則利，準則久[3]，和則安。輈欲弧而無折，經而無絕。進則與馬謀，退則與人謀。終日馳騁，左不楗；行數千里，馬不契需；終歲御，衣衽不敝，此唯輈之和也。勸登馬力，馬力既竭，輈猶能一取焉。良輈環灂，自伏兔不至軓[4]七寸，軓中有灂，謂之國輈。

這說明輈人製輈最強調輈的曲直調合要適度。若輈的彎曲度太大，則容易折斷；若彎曲不足或不合理，則車體必上仰。只要將輈

---

① 《考工記 輈人》。
② 《考工記 輈人》。
③ 「輈注則利，準則久」一語，原文為「輈注則利准利準則久。」後面的「利准」疑為衍文。見《黃侃手批白文十三經》，上海古籍出版社1983年版。
④ 《四部備要》本誤作「軌」，下一句「軌中有灂」同誤，今據《四部叢刊》本校正。

的彎曲製作得合理，且在製作的過程中輈不出現斷紋和裂紋，車子運行起來時人與馬駕駛自如，再加上漆紋製作華麗而不脫落，那麼這輛車輈，就可以稱得上最優質的車輈了。

當時人們對車箱的設計，也是十分講究的。車箱的體積、高度以及堅固性不僅涉及到當時戰爭和運載量的需求，而且與車子的總體結構和其他部件都有著重要的聯繫。這就是說車箱的大與小，與當時車子的規模及需求是有密切關係的。當然，車箱無論是大，還是小，都要與車子的總體尺寸相吻合。這可以說是當時人們造車最基本的原則和要求。《考工記　輿人》對此也作了具體敘述：

輿人為車，輪崇、車廣、衡長三如一，謂之三稱。三分車廣，去一以為隧。三分其隧，一在前，二在後，以揉其式。以其廣之半為之式崇；以其隧之半為之較崇。六分其廣，以一為之軫圍；三分軫圍，去一以為式圍；三分式圍，去一以較圍；三分較圍，去一以為軹圍；三分軹圍，去一以為轛圍。圓者中規，方者中矩，立者中縣，衡者中水，直者如生焉，繼者如附焉。

這段史料說明，車輪的高度、車箱的寬度、衡的長度，這三個方面都要與車子的結構相符。以車箱寬度的三分之二作為車箱的長度，將車箱的長度作三等分，三分之一在前，三分之二在後，軾亦安在這個位置；以車箱寬度的二分之一作為軾的高度，以車箱長度的二分之一作為較的高度；以車箱寬度的六分之一作為軫的周長；以軫周長的三分之二作為軾的周長；以軾的周長的三分之二作為較的周長；以較周長的三分之二作為軹的周長；以軹的周長的三分之二作為轛的周長。另外，還對涉及到的圓、方、直立、橫放的工件也作了很嚴格的要求。該書還指出：「凡居材，大與小無並，大倚小則摧，引之則絕，棧車欲弇，飾車欲侈。」這就是說，製車的材

料和工件的大小不相符者，不能裝配車輛。尺寸大而倚於小，部件就要崩壞，受力則斷。棧車即以竹木製成的車，尺寸可以相應地小一些；士大夫所乘的有革裝飾的車，尺寸可以寬大一些。總之，車箱的大與小是根據實際需要和官吏的等級所制定的。什麼樣的人用什麼樣的車，有什麼樣的要求則造什麼樣的車，這在當時等級社會裡，是一種必然的要求。

在春秋戰國時期，車蓋也是車子結構的一個組成部分。一般說來，有傘蓋裝置的車為當時有一定身分者所使用。在軍事上所使用的戰車，是無車蓋的[①]。當時所設計的車輛的傘蓋是可以裝卸的[②]。這在湖南長沙瀏城橋春秋楚墓、河南輝縣固圍村一號戰國墓、洛陽中州路戰國車馬坑，以及湖北荊州市荊州區藤店一號楚墓和天星觀一號戰國楚墓中[③]，多有反映。在當時講求尊卑等級的社會裡，車輛的設計師對車蓋的設計與製作工藝的要求，是十分講究和嚴格的。《考工記‧輪人》對此也作了明確表述：

輪人為蓋。達常圍三寸。桯圍倍之，六寸。信其桯圍以為部廣，部廣六寸，部長二尺。桯長倍之，四尺者二。十分寸之一謂之枚。部尊一枚，弓鑿廣四枚，鑿上二枚，鑿下四枚。鑿深二寸有半，下直二枚，鑿端一枚。弓長六尺謂之庇軹，五尺謂之庇輪，四尺謂之庇軫。三方弓長而揉其一。三分其股圍，去一以為蚤圍。三分弓長，以其一為之尊。上欲尊而宇欲卑。上尊而宇卑，則吐水疾而霤遠。

① 《左傳‧宣公四年》。
② 《周禮‧夏官‧道右》。
③ 湖南省博物館：〈長沙瀏城橋一號墓〉，載《考古學報》，1972年第1期；中科院考古所：《輝縣發掘報告》，科學出版社1956年版，第79—80頁；葉萬松：〈洛陽中州路戰國車馬坑〉，載《考古》，1974第3期；荊州地區博物館：〈湖北江陵藤店1號墓發掘簡報〉，載《文物》，1973年第9期；荊州地區博物館：〈江陵天星觀一號楚墓〉，載《考古學報》，1982年第10期。

這說明當時輪人在製作車蓋時，對於車蓋的上蓋枘、下蓋枘、蓋斗和蓋斗周圍嵌入蓋弓的方孔及其深度、數量，乃至蓋弓的長度尺寸，蓋斗與蓋末相互間的高差尺寸等技術工藝，都作出了很明確的要求。該書還認為：

蓋已崇，則難為門也；蓋已庳，是蔽目也。是故蓋崇十尺。良蓋弗冒弗紘，殷畝而馳，不隊，謂之國工。

這就是說，車蓋設計太高，難以通過宮城門；設計太低，則遮住了乘車者的視線。所以，車蓋的高度定為十尺是適宜的。同時此書還認為，一部好的車蓋要做到蓋弓不蒙幕，弓末不綴繩，車子奔馳起來，蓋弓不脫落。要是達到這樣的工藝水準，工匠則可稱得上當時國之名工了。總之，通過《考工記》對車輛幾個重要部件的描述，可看出春秋戰國時期車子的設計與製造工藝都已十分規範，並且已達到了較高水準。《考工記》中對車子的輈、車箱、車蓋的形狀、蓋弓、輪輻、色彩紋飾等的描述，在楚國墓葬中多有反映。這就是說，《考工記》一書對春秋戰國時期車輛結構形制的記述，基本上是可信的。春秋戰國時期楚國的交通車輛的結構情況，大都沒有超越《考工記》所記述的範圍。有人提出《考工記》有「楚人所附益」的內容，這也不是沒有道理的。

第二節　楚國車輛的種類與用途

在西周末東周初，楚人主要活動於今湖北荊山山區及其山脈南北的江漢間。《史記　楚世家》記：「熊繹當周成王之時，舉文、武勤勞之後嗣，而封熊繹於楚蠻，封以子男之田，姓芊氏，居丹陽。」爾

後，「當周夷王時，王室微，諸侯或不朝，相伐。熊渠甚得江漢間民和。」《左傳 昭公十二年》記楚靈王時右尹子革追憶說：「昔我先王熊繹辟在荊山，篳路藍縷，以處草莽。跋涉山林，以事天子。唯是桃弧棘矢，以供御王事。」《墨子 非攻下》云：「昔者楚熊麗始討此雎山之間。」雎山，後世亦稱徂山、祖山、沮山、主山，其地理位置，當在今湖北江漢平原以西的沮、漳河流域上游一帶。這說明此時楚人勢力甚弱，交通環境及交通工具較差。「篳路藍縷，以處草莽」說的是生活清苦，居地荒野。篳路，杜預注說是柴車，孔穎達疏云：「以荊竹織門謂之篳門，則篳路亦以荊竹編車，故謂篳路為柴車。」[①]《史記 楚世家》裴駰《集解》引服虔曰：「篳路，柴車素木輅也。藍縷，言衣敝壞。」這說明，儘管當時周王朝的交通車輛製作得很規則而又很華麗，但是在西周早中期，楚人的交通車輛卻是十分粗糙的。柴車的形制，目前尚不詳知。但是，按裴駰引服虔的解釋「素木輅」看，在「若敖、蚡冒篳路藍縷，以啟山林」[②]的那個時期，楚人的交通車輛製作工藝是簡陋的，更談不上豪華雕工裝飾。有人提出柴車是民間所用的車[③]。此說看起來似可成立，但依據文獻記載，楚人初創於荊山江漢間，為發展農業生產所用的車，並非是當時民間所用的車。當時民間所用的車稱之為役車，《周禮 春官 巾車》記載：「服車五乘：孤乘夏篆，卿乘夏縵，大夫乘墨車，士乘棧車，庶人乘役車。」役車，賈公彥疏云：「役車，方箱可載任器以其役者，庶人以力役為事，故名車為役車。知方箱者，按《冬官》乘車、田車橫廣前後，大車、柏車、羊車皆方，故知庶人役車亦方箱。《唐傳》云：『庶人木車單馬。』」從現有的考古資料看，有一定身分的人所使用

---

① 楊伯峻：《春秋左傳注》，中華書局1981年版，第371頁。
② 《左傳 宣公十二年》。
③ 張正明：《楚文化志》，湖北人民出版社1988年版，第168頁；張正明：《楚文化史》，上海人民出版社1987年版。

的車輛最起碼是一車兩馬至三馬。1984年在河南安陽殷墟中發現有一車葬兩馬的現象，並且車子的各部件均用木料製作。車子由一輈、一輿、一軸和兩輪等部分構成[1]。在北京琉璃河黃土坡發現的車馬坑中，則是五輛車葬馬十四匹，平均一車葬馬二至三匹。並且五輛車都是獨輈、雙輪，前有衡，後有輿[2]。除了車輿尺寸大小不同外，輈的長度、輪的直徑基本上與殷墟所出土的輈、輪尺寸相同[3]。看來周有沿襲商人製車的跡象。通過對商周時期車輛結構和車主等級情況的分析，商末周初時楚君王所乘用的車，雖然不可能有周天子所用車的豪華，但其至少不是民間所用的破爛簡陋的車。文獻中說「若敖、蚡冒篳路藍縷」，是極言楚君臣開國時期條件之艱苦而已。楚人在開拓時期已開始了對陸路交通車輛的研製。

　　進入春秋戰國時期，楚國的勢力逐漸地強大起來。由於當時各諸侯國之間頻繁的軍事戰爭和不斷的經濟貿易及文化的交流和人員的往來，楚國的車輛種類、數量也發生了一些質的變化。先秦時期，車輛雖然名稱繁雜，但其形制結構及用途是根據實際需要和車主的身分等級來確定的。先秦時期的交通車輛，大致上可分為君王、臣公所乘的車，軍事上所用的車，貨物送輸載重車以及官吏和民間庶人所用的車。這四種車的製作原理基本上一致。當然，為了適應車輛不同的用途，車子的結構即包括起牽引、潤滑作用的輈、轂，以及負重的軸、輿、輪、輻等部件，都要設計得周全，並且在製作裝配中，也得要合理操作。這一點，不僅在《考工記》中描述得十分明確，而且在出土

① 中國社會科學院考古研究所安陽工作隊：〈殷墟西區發現一座車馬坑〉，載《考古》，1984年第6期。
② 北京市文物工作隊：〈1981－1983年琉璃河西周燕國墓地發掘簡報〉，載《考古》，1984年第5期。
③ 中國社會科學院考古研究所安陽工作隊：〈殷墟西區發現一座車馬坑〉，載《考古》，1984年第6期；北京市文物工作隊：〈1981－1983年琉璃河西周燕國墓地發掘簡報〉，載《考古》，1984年第5期。

第七章　楚國的陸路交通工具　車

楚車中亦有反映。現根據文獻記載，對先秦時期楚國四種類型的車輛名稱及其用途，分別作一考述。

第一類是君王、臣公所乘的車。君王、臣公在強調等級制的社會裡享有極高的權力和地位。他們所乘坐的車都是十分豪華的。《周禮 春官 巾車》記：「王之五路：一曰玉路，錫樊纓十有再就，建大常，十有二斿，以祀。金路，鉤樊纓九就，建大旗以賓，同姓以封。象路，朱樊纓七就，建大赤以朝，異姓以封。革路，龍勒條纓五就，建大白以即戎，以封四衛。木路，前樊鵠纓，建大麾以田，以封蕃國。王后之五路……重翟，錫面朱總，厭翟，勒面繢總；安車，彫面鷖總，皆有容蓋；翟車，貝面組總，有握；輦車，組輓，有翣羽蓋。」《釋名 釋車》云：「天子所乘曰路，路亦車也。金路、玉路，以金、玉飾車也。象路、革路、木路，各隨所以為飾名之也。」輦車，《周禮》鄭注云：「輦車不言飾，后居宮中從容所乘。但漆之而已，為輇輪人輓之以行。有翣所以御風塵，以羽作小蓋，為翳日也。」這說明，在先秦時期君王及後宮所乘坐的車輛是十分華麗的。楚國的君王，雖說在西周早中期開創時乘過較為簡陋的車，但到春秋戰國時期，其乘車也是十分豪華的。屈賦《離騷》中有「恐皇輿之敗績」語，即可看出當時楚王也有自己乘坐的豪華車。同時重翟、翟車、厭翟、輦車、安車亦皆為王室所用的車。有人提出安車是「包括上自王公下至庶民的載人、運貨之車和通訊郵傳之車」[①]。此說有待斟酌。安車，《周禮 巾車》鄭注云：「安車坐乘車也，凡婦人車皆坐乘。故書朱總為縓鷖或作緊。」《疏》云：「諸侯夫人，亦當有安車以朝君也。」《宋書》記載：

漢制，乘輿金根車，輪皆朱斑，重轂兩轄，飛軨。轂外複有轂，

---

① 張正明主編：《楚文化志》，湖北人民出版社1988年版，第167頁。

施轄，其外複設轄，施銅貫其中。《東京賦》曰：「重輪貳轄，疏轄飛軨。」飛軨以赤油為之，廣八寸，長三尺注地，繫兩軸頭，謂之飛軨也。以金薄繆龍，為輿倚較。較在箱上。榬文畫蕃。蕃，箱也。文虎伏軾，龍首銜軛，鸞雀立衡，榬文畫轓，翠羽蓋黃裡，所謂黃屋也……又五色安車、五色立車各五乘。建龍旂，駕四馬，施八鸞，餘如金根之制，猶周金路也。

　　這說明當時安車設計及製作工藝水準極高，並且享有「黃屋」之稱，庶人不可能使用這種車。同時《初學記》對安車乘坐者，作了很明確的說明：「皇太子皇子皆安車。朱斑輪，倚虎較伏鹿軾，旂九斿，畫降龍，皇孫乘綠車。」《後漢書　輿服志》對金根車、安車、立車也作了同樣的記述。1980年冬，考古工作者在陝西秦始皇陵封土西側發掘出土了兩乘大型彩繪銅車馬，其中一輛車車輿通體彩繪且有大量的金銀飾物，並且一條轡繩末端有刻文「安車第一」[1]。

　　這說明，安車是當時供王室所用的車，後來安車變更為朝廷官員可乘坐的小車[2]，這與先秦時期的安車從用途及檔次上講是兩碼事，不可同日而語。

　　在春秋戰國時期，楚國君王乘坐的車也稱之為「王輿」和「皇輿」。「皇輿」在屈賦《離騷》中已有反映。「王輿」，《呂氏春秋　贊能》說：「荊王於是使人以王輿迎孫叔敖以為令尹，十二年而莊王霸。」由此可知，「王輿」與「皇輿」當是楚國君王家室所用的車，其形制及規模在考古材料中也有反映。1984年，考古工作者在河南淮陽縣城東南5公里處的大連鄉大呂村發掘戰國時期車馬坑兩組。一組在南塚，一組在北塚。南塚的墓主人當是楚國上層貴

①　秦俑考古隊：〈秦始皇陵2號銅車馬清理簡報〉，載《文物》，1983年第7期。
②　《釋名　車》。

族，北塚當為南塚的陪葬墓。在南塚的車馬坑中發現有安車共5輛，其中一號車馬坑內發現1輛，二號車馬坑內發現4輛。其中13號車是最大的安車，轅長490公釐，輪外徑長136公釐、內徑長116公釐，轂通長40公釐，每輪32輻。輿分前後室，平面呈凸字形，全長273公釐，上殘存朱繪，有後門痕跡。車輿後室為長方形，長187公釐、寬124公釐，四角各有一個虎頭。有一衡二軛，衡長138公釐、寬6公釐，兩端有錯金銀衡頭，長5.9公釐、小端徑2.8公釐、大端徑3.4公釐。軛首有錯金銀銅帽，長4.2公釐、頂部徑3.4公釐、下部徑3.5公釐。輿內置銅馬銜6副及骨質馬鑣6副。據推測，13號車可能是六馬安車。楚墓中出土的安車不僅車體較大，而且印證了文獻中對安車形制、繪畫、工藝精緻的描述[1]。因此，在春秋戰國時期楚國已經有了相當規模且形制豪華的王室用車。

　　楚國大臣們所用的車，在規模與華麗程度上不及楚王車，但它們的原理、結構基本相同。只是在車子的繪畫、配備裝飾以及大小、高低等方面體現出一定的等級差別。這從1976年河南淅川下寺春秋中晚期楚令尹子庚墓附近車馬坑所出土的6部車輛[2]和河南淮陽馬鞍塚車馬坑所出土的紋飾華麗的車輛中，是可以得到印證的。

　　第二類是軍事上所用的車。春秋戰國時期，楚國軍事上使用的車輛種類繁多，在文獻中一般稱之為革路、戎車和戰車。戎車，清畢沅在《釋名疏證補　車》元戎車條下注引葉德炯云：「《孟子盡心下》：革車三百輛。《疏》引《牧誓》作戎車三百輛。《御覽　兵部》六十五引書同然。則戎車始於武王伐紂時矣，故為周所制。」可見，軍事上所用的兵車稱為戎車，其說甚早。《史記　楚世家》、《戰國策　楚策》中所記載的戰車，當為楚國軍事上所用

① 河南省文物研究所：〈河南淮陽馬鞍塚楚墓發掘簡報〉，載《文物》，1984年第10期。
② 河南省丹江庫區文物發掘隊：〈河南省淅川縣下寺春秋楚墓〉，載《文物》，1980年第10期。

兵車的總稱。

戎車，據《左傳　桓公八年》記，楚子伐隨，軍於漢、淮之間，「隨師敗績。隨侯逸。鬥丹獲其戎車，與其戎右少師」。杜預注云：「鬥丹，楚大夫。戎車，君所乘兵車也。」又《左傳　宣公十二年》記晉人說楚國「其君之戎分為二廣」。「其君之戎」，杜注云：「君之親兵。」楊伯峻注：「其君之戎謂楚王之親兵戎車也。」他又說：「此謂楚王親兵分為左右兩部，每部皆曰廣。」[1] 這說明，戎車在戰時既可作為楚君王乘坐的車，也可作為楚君王直接管制且戰鬥力很強的軍用車。《左傳　宣公十二年》引《詩》云：「元戎十乘，以先啟行。」杜預注云：「元戎，戎車在前也。《詩　小雅》言王者軍行必有戎車十乘，在前開道，先人為備。」《史記　三晉世家》裴駰《集解》引韓嬰《章句》云：「元戎，大戎，謂兵車也。車有大戎十乘，謂車縵輪，馬被甲，衡軛之上盡有劍戟，名曰陷軍之車，所以冒突先啟敵家之行伍也。」他又引《毛傳》曰：「夏后氏曰鉤車，先正也；殷曰寅車，先疾也；周曰元戎，先良也。」楊伯峻對此也作了解釋，他說：「元戎為陷軍之車，以十乘先行，突犯敵軍。啟行者，打開敵人之行伍也。」[2]《釋名　車》云：「元戎車，在軍前啟突敵陣。」可見，春秋戰國時期，楚國的戎車在軍戰中有著十分重要的地位和作用。同時，文獻記載和考古資料均表明，楚國除了戎車外，在軍事上所用的車輛還有游闕車、軘車、廣車、巢車、樓車、沖車、蘋車、輕車等。此外，還有為各種戰車運送修補零件的隨軍工具車，這種車在湖北荊州熊家塚楚墓中已有發現。

游闕車、廣車、蘋車、輕車，在《周禮　春官　車僕》中已有記載。鄭玄在注中解釋說這四種車皆為兵車。其用途，「廣車橫陳之

---

①　楊伯峻：《春秋左傳注》，中華書局1990年版。
②　楊伯峻：《春秋左傳注》，中華書局1990年版。

第七章　楚國的陸路交通工具　車

車也；闕車所用補闕之車也；蘋猶屏也，所用對敵自蔽隱之車也；輕車所用馳敵致師之車也」。《左傳 宣公十二年》記邲之戰中，楚潘黨曾「率游闕四十乘，從唐侯以為左拒，以從上軍」。又記「楚子為乘廣三十乘，分為左右」，「王乘左廣以逐趙旃」。《孫子兵法 八陣》有蘋車之陣的說法[①]。同書〈九變〉、〈作戰〉篇對輕車也作了記述。輕車、馳車，亦可稱之為沖車。《春秋感精符》云：「齊晉並爭，吳楚更謀，不守諸侯之節，競天子之事。作沖車，勵武將，輪有刃有劍以相振懼。」宋均注曰：「沖，陷敵之車也」。許慎曰：「沖車，大鐵著其轅端，馬被甲，車被兵，所以沖於敵城也。」《孫子兵法》云：「車有巾有蓋，謂之『武剛車』。武剛車者為先驅，又有屬車輕車，為後殿焉。」《後漢書 輿服志》記：「輕車，古之戰車，不巾不蓋。」這說明武剛車為將帥作戰之車，用於陣前交鋒，而輕車主要是為了突擊制敵。於是有武剛車「有巾有蓋」、輕車「不巾不蓋」的等級區別之說。

樓車、巢車，在春秋戰國時期屬於楚國軍事上所用的一種車輛。樓車，《左傳 宣公十五年》記：「楚子……登諸樓車，使呼宋人而告之。」《左傳 成公十六年》又記：「楚子登巢車，以望晉軍。」其形制及作用，楊伯峻在《春秋左傳注》中解釋說：「樓車蓋兵車之較高者，所以望敵。」且又在成公十六年條注解說：

巢車，《說文》引作「轈車」，兵車之一種，高如鳥巢，用於瞭望敵人。宣十五年《傳》亦曰「樓車」。《李衛公兵法》有巢車，車有八輪，上立高竿，竿上裝置轆轤，用繩索挽版屋上竿頭。版屋方四尺，高五尺，有十二孔，分布四面。車可進可退，亦可環行，用於遠望。

---

① 見《周禮 春官 車僕》鄭玄注。

這雖然說的是後世軍戰中的巢車，但卻給人們提供了一個資訊，即在先秦時期用於觀察敵情的車應高於其他的戰車。並且這種車設有具備一定防禦敵軍箭擊功能的防護裝置。因此，文獻所謂巢車係採用類似於樓屋在車中高高掛起而用於觀望敵情的車，故又稱樓車。

第三類是貨物運輸載重車。這類車相當大一部分也屬於軍事用車，此外是商貿用車。軘車、輜重車，在春秋戰國時期亦是楚國軍戰中很重要的軍事用車。軘車，據《左傳　宣公十二年》記：「晉人懼二子之怒楚師也，使軘車逆之。」又《左傳　襄公十一年》：「鄭人賂晉侯以師悝、師觸、師蠲，廣車軘車淳十五乘，甲兵備。」杜注云：「廣車、軘車，皆兵車名。」《釋名　車》云：「軘車，戎者所乘也。」畢沅注說：「《說文》：『軘，兵車也。從車，屯聲。』杜注《左傳》孔《疏》引服虔云：『軘車，屯守之車。』案服以字從屯取義，其為戎者所乘。」這說明在當時已經有了一種軍用的軘車。輜重車，亦稱之為重車。《左傳　宣公十二年》記：「丙辰，重至於邲同，遂次於衡雍。」杜注云：「重，輜重也。」孔《疏》云：「輜重，載物之車也。蔽前後以載物，謂之輜車，載物必重，謂之重；人挽以行，謂之輦。輜、重、輦，一物也。襄十年《傳》稱『秦堇父輦重如役』，換此車也。輜重載器物糧食制在車後。」《釋名　車》云：「輜車，載輜重，臥息其中之車也。輜，廁也，所載衣物雜廁其中也。」可見，輜重車又可稱作重車或輜車，此車在當時不僅是一種軍事上必需的物資運輸車輛，而且也是商家物資轉運貿易的重要交通工具。

第四類是朝廷官吏、民間庶人所用的車。在春秋戰國時期，楚國官吏與民間庶人所用的車，無論是在車的形制、裝飾上，還是在製車材料、駕畜的數量以及採用馬駕還是牛駕上，都是有著很嚴格的規定和等級制度的。據文獻記載，「大夫乘墨車，士乘棧車，庶

人乘役車」，有身分的貴人乘軒車、轅車、軺車和軿車，犯罪的人則乘檻車。《釋名 車》云：「墨車，漆之正黑，無紋飾，大夫所乘也……重較，其較重，卿所乘也。」畢沅在注中引《毛詩》：「重較，卿士之車。」又云：「以鄭注改之，式低較高，望之若兩重。然《古今注》：『重較在車輢上重起如牛角。』故云重較皆指在車兩旁看。」《釋名 車》又云：「軺車，軺遙也，遙遠也，四向遠望之車也。」畢沅在注中引蘇輿曰：「《說文》：『軺小車也。』《漢書 平帝紀》：『元始三年，立軺併馬。』顏注引服虔云：『軺，音謠，立乘小車也。』《御覽 車部四》引謝承《後漢書》：『許慶家貧，為督郵，乘牛車，鄉里號曰軺車督郵。』又引《傅子》：『漢世乘軺則貴人也。』李尤《軺車銘》曰：『輪以代步，屏以蔽容並此矣。』」這說明，軺車在當時是一種較小的車，地方官員亦可乘坐。在當時也有婦女乘坐的車，其乘坐者的身分當是貴族人士和地方官員們的夫人。文獻提到了如軿車、輜車、輼車、輬車、蔥車等不同名稱的夫人們所坐的車。《後漢書 袁紹傳》注引《說文解字》云：「軿車，衣車也。」《漢書 霍光傳》注引孟康語：「輼、輬車如夜車，有窗牖。」《說文》：「輼、軿，夜車也。」《釋名 車》也認為輜車是可供人們「臥息其中之車」。並且指出：「軿車，軿屏也。四面遮罩，婦人所乘牛車也。輜、軿之形同，有邸曰輜，無邸曰軿。」這種說法在其他文獻和出土的漢代出行圖中亦有反映①。

軒車、輬車，在春秋戰國時期也是楚國各級官吏所乘坐的車。《左傳 定公九年》記：「與之犀軒與直蓋，而先歸之。」杜預注云：「犀軒，卿車。直蓋，高蓋。」楊伯峻作注云：「軒乃高貴者所

---

① 《漢書 張敞傳》記：「君母出門，則乘輜、軿。」又《漢書 張良傳》記張良對劉邦說：「上雖疾，疆載輜車，臥而護之。」這說明軿、輜車，男子、婦女都可乘坐。又參見孫機〈始皇陵2號銅車馬對車制研究的新啟示〉，載《文物》，1983年第7期。

乘之車，犀軒，則以犀皮為飾者。直蓋，高蓋，即今之長柄傘，與之以殉葬。」《說文》認為：「軒，由輬藩車也，從車，干聲；輬，臥車也，從車，京聲。」這兩種車在《楚辭　招魂》中均有所提及：「軒輬既低，步騎羅些。」此意按金開誠先生解釋：「乘車出行，所到之處，都有許多隨從羅列陪待。」[①] 其形制，段玉裁在《說文解字注》中云：「（軒）謂曲輈而有藩蔽之車也。曲輈者，戴先生曰：『小車謂之輈，大車謂之轅。人所乘欲其安，故小車暢轂梁輈，大車任載而已，故短轂直轅。』」同時他在解釋「轀輬車」時說：「孟康曰：『如衣車，有窗牖，閉之則溫，開之則涼，故名之轀輬車。』師古曰：『轀輬本安車也，可以臥息。後因載葬，飾以柳翣，故遂為喪車耳。』」他還認為，轀、輬之車本是兩種車，即「古二車隨行」，並引《史記　秦始皇本紀》證之[②]。此說是可取的。《楚辭　九辯》云：「前輕輬之鏘鏘兮，後輜乘之從從。」由此可以看出，先秦時期的輬、轀之車，在用途上不僅是有區別的，而且當為兩種不同名稱的車。

駟車，在春秋戰國時期不僅是楚國君王可乘的車，而且大夫也能乘坐。據《左傳　文公十六年》記：「楚子乘駟，會師於臨品。」又，《左傳　襄公二十一年》記晉大夫祁奚見范宣子時，「乘駟至於羅汭」。駟，杜預注：「傳車也。」《說文》云駟，傳也。就其意而言，傳車是利用馬力而駕駛的車。後世將此車又解釋為：「傳遽若今時乘傳，騎驛而使者也。」這就是今人通常所說的郵遞傳車。這種車一般在地方官府中都有設置。《睡虎地秦墓竹簡　語書》中有「以次傳，別書江陵布，以郵行」語，即是明證。可見，駟車，當是楚國設置在驛站中用於接送官員的交通車。

---

① 金開誠：《楚辭選注》，北京出版社1980年版，第135頁。
② 段玉裁：《說文解字注》，上海古籍出版社1988年版。

在春秋戰國時期，隨著楚國政治、經濟的發展，車輛在民間的使用也越加普遍。當時民間所使用的車雖然比不上王室貴族和士、卿大夫們乘坐車的等級、規格，但其基本原理結構與之是相同的。只不過，平民百姓的車及車箱，多用荊木、藤條、綿竹製作而成。這種車輛的製作工藝及材料選用，在南方楚國是有充分條件的。在湖北荊州熊家塚車馬坑中出土的輿多用木條、藤條編織而成，即已提供了這一資訊[1]。所以，在春秋戰國時期，民間所用的車當是一種適用於生產勞動、外出方便，既可載人亦可裝貨物的輕型小車，稱之為役車和棧車。

文獻對役車、棧車也有記述。據《釋名‧車》云：「役車，給役之車也；棧車，棧靖也，麻靖物之車也。皆庶人所乘也。」但是，《周禮‧春官‧巾車》云：「士乘棧車，庶人乘役車。」這似乎與《釋名‧車》的說法相悖。其實不然，《說文》云：「棧，棚也。竹木之車曰棧。」段玉裁對此作注說：「許云竹木之車者，謂以竹若木散材編之為箱，如柵然，是曰棧車。」如此說來，棧車是一種十分簡陋的車。在周制中，有「上士」、「中士」、「下士」之稱[2]，其職位低於大夫之職。當時，楚不僅有「士」，而且有「處士」之說。「處士」為地方上有影響的人物。因此，比庶人高一等的「士」乘坐簡陋的竹木之車，是完全有可能的。《韓非子‧外儲說左下》說：「孫叔敖相楚，棧車牝馬，糲餅菜羹，枯魚之膳，冬羔裘，夏葛衣，面有饑色，則良大夫也，其儉偪下。」這雖然說的是孫叔敖為官時勤儉廉潔的事，但可以看出當時的棧車是一種平民百姓所用的民用車，即「竹木之車，微賤人、庶人亦得乘之也」[3]。當年「楚之郢都，車轂擊，民肩摩，市路相排突，號為朝衣鮮而暮衣

---

① 荊州博物館：〈湖北荊州熊家塚墓地2008年發掘簡報〉，載《文物》，2011年第2期。
② 《周禮‧天官》。
③ 《釋名疏證補‧車》役車條畢沅注。

敝」^①。在楚都簇擁的車輛中，一定包含著不少小型的民用棧車。當時城市中除主幹道路較寬，可行駛各種車輛外，其他道路也可行走中、小型車輛。荊州熊家塚小車馬坑出土的小車兩軌間距1.88公尺^②，紀南城楚郢都遺址西垣北邊城門處發現的車轍，兩轍相距1.8公尺^③，這些都證明了當時民間中、小型車輛是完全可以進入城中的。總之，在東周尤其是進入戰國時期，隨著各個行業的不斷發展和個體手工業的興起，楚國車輛的數量與品質以及發展速度，都超過了其他諸侯國。楚國各種車輛的製作，在戰國進入了鼎盛時期。

第三節　楚國車輛在出土文物中的反映

20世紀70年代以來，考古工作者在河南淅川下寺、淮陽馬鞍塚、平糧臺以及湖北宜城羅崗、棗陽九連墩、荊州熊家塚等墓地，先後發掘出土了一批春秋戰國時期陪葬的車馬，同時出土了許多與車、馬相關的零部件和飾配件。這些車馬大都是出現在等級較高的大型墓葬兩側的車馬坑中。目前所發現的楚墓車馬坑中，規模最大的是荊州熊家塚墓地車馬坑。同時，河南淮陽馬鞍塚楚墓車馬坑中所出土的車馬及飾件，也是具有很大影響的。這些車馬及其飾件的發現，對於人們研究楚國道路與車輛發展的關係，車輛結構與製作的工藝，以及其形制、規模、等級、用途等方面，無疑是最好的實物依據。

據統計，1978年至1984年，考古工作者在河南淅川下寺楚墓發掘

---

① 《北堂書鈔》卷一二九冠部，又見《太平御覽》卷七七六引桓譚《新論》語。
② 荊州博物館：〈湖北荊州熊家塚墓地2008年發掘簡報〉，載《文物》，2011年第2期。
③ 譚維四：〈楚都紀南城考古概述〉，《楚都紀南城考古資料彙編》，湖北省博物館1980年版。西垣北邊門遺址中間門道寬7.8公尺，其兩側（即南門道與北門道）門道寬3.8至4公尺。

出土了春秋中晚期車6輛，馬19匹，駕馬數一般是一輛車配二馬或四馬，也有個別為一車一馬①；1981年春在河南淮陽平糧臺東出土了戰國晚期的車8輛，馬42匹，駕馬匹數有一馬、二馬、四馬之分②；1984年在淮陽馬鞍塚出土了戰國晚期的車31輛，泥塑馬20餘匹，駕車馬數有二匹、四匹、六匹三種③；2008年在荊州熊家塚發掘車馬坑共40座，其中大型車馬坑1座，小型車馬坑39座，出土車43乘，馬164匹，並且對車的結構、部件以及駕馬匹數等情況，均作了報導④。從報導的情況看，春秋戰國時期楚國的車輛不僅製作得十分精緻，而且顯示出了墓主人生前的尊貴身分。從車馬坑出土大量的車輛情況看，大體上可分為戰車和王室貴族所使用的安車，以及其他方面所用的物資運輸車、配件修理工具車等三大類。對比新中國成立以來發掘出土的包括商周至春秋戰國時期各種車輛的形制，可以看出楚國的車輛製作有一個很大的發展和變化過程，並且在一定程度上受到了中原文化的影響。當然，也有不同於中原車輛的風格，這一點在考古資料中反映得比較突出。

考古資料表明，春秋時期的楚車（淅川下寺）、戰國中期的楚車（荊州熊家塚）和戰國晚期的楚車（淮陽馬鞍塚），其兩輪軌距尺寸基本相近。淅川下寺出土的車輛輪軌距與荊州熊家塚CH35號車的軌距，尺寸尤為接近，這說明當時楚車的軌距與道路的寬度有著密切的聯繫，當時楚國對道路與車軌的寬度是有嚴格要求的。這是其一。其二，春秋時期（下寺）楚車的車輻條是30根，這與戰國中期（熊家塚）楚車的輻條數完全一致。而且熊家塚墓地出土的車的輻條比馬鞍塚墓地出土的車的輻條數僅少2根，後者為32根。這說明

① 河南省丹江庫區文物發掘隊：〈河南省淅川下寺春秋楚墓〉，載《文物》，1980年第10期。
② 詳見〈淮陽出土一座楚國車馬坑〉，載《河南日報》，1981年7月12日。
③ 河南省文物研究所：〈河南淮陽馬鞍塚楚墓發掘簡報〉，載《文物》，1984年第10期。
④ 荊州博物館：〈湖北荊州熊家塚墓地2008年發掘簡報〉，載《文物》，2011年第2期。

齊人所撰《考工記》中所記車輪的輻條是30根，在出土的楚車中得到印證。其三，殷墟商代遺址 [1] 與琉璃河西周遺址 [2] 中出土的車轅，其尺寸（2.90公尺）完全一致。春秋時期淅川下寺的車轅，比殷墟與琉璃河出土的車轅，短1.08公尺。戰國中期荊州熊家塚CH17號車的車轅比商周（殷墟、琉璃河）的車轅，長0.78公尺，而戰國晚期淮陽馬鞍塚13號車的車轅比商代（殷墟）和西周（琉璃河）的車轅長2公尺。熊家塚出土的車轅與馬鞍塚出土的車轅，其長度相近，唯馬鞍塚13號車的車轅最長，達4.90公尺。春秋時期（下寺）與戰國中期（熊家塚）、戰國晚期（馬鞍塚）的車轅相比較，懸殊較大。一般來說熊家塚和馬鞍塚出土的車轅要比下寺出土的車轅長1公尺多（除馬鞍塚13號車轅外）。這些車的車轅，大多前端上昂，尾端平直，並與車箱底部車軸相連接。以上這些不僅說明車轅的長短與車的大小、載重程度，車輛運行的靈活性，平原道路和山區道路的區別性有較大的關係，同時也反映出人們在製作車輛的過程中，對力學的運用，還是有著時代區別的。然而，從戰國時期（熊家塚、馬鞍塚）車輛的車轅大體一致看，當時人們在製作車輛的過程中，已經有了統一規定和要求。其四，春秋時期（下寺）車的車軸，其長度為2.20公尺，與戰國中期（熊家塚）和戰國晚期（馬鞍塚）的車軸長度相比較，要短0.42至0.7公尺。熊家塚和馬鞍塚所出土的車軸長度雖有差異，但總的來說基本相近，甚至有的車軸長度完全一致。如馬鞍塚4號車的車軸2.94公尺，熊家塚CH17號車的車軸也是2.94公尺。雖然熊家塚楚墓地出土的車輛在車軸直徑上相差不多（即絕大多數為4公釐，個別的僅有1公釐之差），但這些車的

①　中國社會科學院考古研究所安陽工作隊：〈殷墟西區發現一座車馬坑〉，載《考古》，1984年第6期。
②　北京市文物工作隊：〈1981—1983年琉璃河西周燕國墓地發掘簡報〉，載《考古》，1984年第5期。

第
七
章

楚
國
的
陸
路
交
通
工
具

車

車軸直徑與春秋時期（下寺）和戰國晚期（馬鞍塚）車的車軸直徑懸殊較大，相差1倍多。這種情況的出現，可能有兩種因素：一是車軸的直徑大則與載重量有關，軸的直徑小則與作戰輕車或出行遊玩車有關（熊家塚CH24號車的車軸直徑3公釐，車箱橫長1.34公尺，寬1.15公尺，有車蓋）。二是車軸直徑大，也可能與乘坐者的身分相關。例如馬鞍塚4號車的車軸直徑為11公釐，車箱後半部鑲有80塊銅甲板，又有車蓋、兵器、旌旗裝置等增加了一定的重量，而且其墓主人又是戰國晚期的楚王室成員[①]，所以將此車的車軸直徑尺寸增大，就十分正常了。又如河南淅川下寺出土春秋時期的車軸直徑為10至13公釐，此車出土於主墓西部的大型車馬坑，主墓的主人身分顯赫，因此，匠人將車軸加粗增長。這說明，楚國車輛的製作不僅講究等級區別和車輛的實用性，而且也很重視對車輛起穩固作用的細小構件的尺寸。其五，在車箱與車衡的製作關係方面，楚人也處理得十分適當。戰國中期（熊家塚）的車箱與車衡相銜接的尺寸比例基本上與《考工記　輿人》記載的「輿人為車，輪崇、車廣、衡長，三如一，謂之三稱」相符合。例如：熊家塚CH29號車，車箱橫長１.54公尺，車衡長1.64公尺；CH34號車，車箱橫長1.37公尺，車衡長1.53公尺；CH17號車，車箱橫長1.66公尺，車衡長1.68公尺；CH35號車，車箱橫長1.32公尺，車衡長1.44公尺；CH24號車，車箱橫長1.40公尺，車衡長1.34公尺。又如：被定為戰國晚期戰車的馬鞍塚4號車，車箱寬（與熊家塚所測量方向不同，亦可稱之橫長）1.42公尺，車衡長1.46公尺。這說明戰國中期和戰國晚期所謂的兵車，車箱的長度（即《考工記》中所說的車廣）與車轅上面連接的橫木即衡的尺寸，是一致的。這就給人們傳遞了一個資訊，即在春秋戰國時期，楚車的轅、衡、軸、箱等部件的設計，以及相互連

---

① 　河南省文物研究所：〈河南淮陽馬鞍塚楚墓發掘簡報〉，載《文物》，1984年第10期。

接、裝配的技術工藝能力，已經達到了很高的水準。同時，從出土的楚車的車箱橫向的長度與車衡的長度大體一致看，楚人對於車輛運行結構中的力學知識，也是頗有瞭解的。

　　楚墓車馬坑中出土的楚國車輛，無論是春秋時期（下寺）的、戰國中期（熊家塚）的，還是戰國晚期（馬鞍塚）的，製作皆十分精美。有的車輛在箱、輈、轂、車輪上面繪有紅色紋飾，有的車輛裝飾有各種不同的銅構件，有的車輛上有傘蓋，傘面上繪有十分精美的紋飾。其中最突出的是戰國晚期馬鞍塚4號車、7號車和13號車。據報導，河南淮陽馬鞍塚4號楚車的輈長是3.40公尺，衡長是1.46公尺，車箱寬是1.42公尺。車箱後面有車門，車箱壁以木柱、木條為欄杆。車箱後半部鑲有80塊銅甲板，具體為：左右箱框後半部橫6豎4，各24塊；後箱框車門兩側橫4豎4，各16塊。銅甲板每塊長13.6公釐、寬11.6公釐或12.4公釐、厚0.2公釐。車箱的前邊兩角下部用銅板包鑲，外塗紅漆，上邊漆繪三角形紋。左右箱框後部兩側各縛一喇叭狀銅器，可能是插旗筒。右側車箱外縛一斷面橢圓筒狀銅器，應當是用來豎插兵器戈矛的[①]。此車反映了戰國時期楚國的兵車製作技術和工藝已經達到了非常成熟的地步。馬鞍塚7號楚車也製作得十分精緻。從報導的情況看，馬鞍塚7號車的輈長是3.10公尺，衡長是1.25公尺，車箱寬是1.60公尺。車輪直徑為1.46公尺，輪牙的外側近輻處有帶狀朱繪；車輈的前端套有十分精緻的錯金銀龍首輈頭，龍首全長22.5公釐，張口露齒，雙目圓睜，面部和頸部多處有銀錯卷雲紋，鼻、耳處錯金，線條圓潤流暢，造型生動逼真。其車箱近方形，四周軫鑲嵌二道骨片，箱底鋪墊有用竹篾編織的茵（注：熊家塚出土的車，其茵多用0.5至0.6公釐藤條編織）。在車箱內右側有一錯金銀銅筒狀器，分上下兩節，繪蟠龍紋，縛在車

---

① 　河南省文物研究所：〈河南淮陽馬鞍塚楚墓發掘簡報〉，載《文物》，1984年第10期。

箱上，似應為插旗筒。又如13號楚車全長4.98公尺，單轅雙輪，一衡兩軛。輿呈「凸」字形，上有車蓋，車蓋四周有銅蓋弓帽。轅長4.98公尺，衡長1.36公尺，兩端有錯金銀衡頭。軛有錯金銀銅帽。車箱全長2.73公尺，分為前室和後室，上面殘存朱繪痕跡。前室為御手的駕駛室，長0.83公尺，寬1.05公尺。後室為主人乘坐的地方，較寬大，長1.90公尺，寬1.78公尺，殘高1.03公尺。車箱有後門。輪的上部有車耳。車輿後室的平面為長方形，長1.87公尺，寬1.24公尺，四角分別安裝有一個銅虎頭。箱上有圍，圍的西北、西南、東南拐角的上面有鐵飾件。鐵飾件呈曲尺形，一般是每個角一個，唯箱左後角是兩個鐵飾件。箱圍之上有車蓋。車蓋為橢圓形，有脊。脊的兩側各有相對稱的轑，轑端有蓋弓帽，除車蓋前部有八個雙蓋弓帽外，其他均為單蓋弓帽[①]。這說明馬鞍塚所出土的7號、13號楚車規格等級極高，且非一般官員所能乘坐。馬鞍塚13號楚車的發現，從另一個側面印證了《後漢書 輿服志》注引徐廣「立乘曰高車，坐乘曰安車」的說法。因此，馬鞍塚13號楚車當為安車[②]。1980年，考古工作者在秦始皇陵封土西側發掘出土2號銅車馬，其形制與馬鞍塚13號楚車形制大體一致。就目前楚墓車馬坑所出土的楚車車輿皆係長方形、方形和干欄式結構看，無論是春秋時期、戰國中期的車，還是戰國晚期的車，都在不同程度上保留了我國商周時期車制的許多特點[③]。同時，在已出土的車輛上，可見三角紋、卷雲紋、蟠龍紋、獸面紋等紋飾，這與中原出土的器物紋飾沒有多大差別。春秋戰國時期楚車形制除了有自己的一定特色外，基本上與中原車

---

① 河南省文物研究所：〈河南淮陽馬鞍塚楚墓發掘簡報〉，載《文物》，1984年第10期。

② 張正明主編：《楚文化志》，湖北人民出版社1988年版，第166頁。

③ 中國社會科學院考古研究所安陽工作隊：〈殷墟西區發現一座車馬坑〉，載《考古》，1984年第6期。又，北京市文物考古隊：〈1981－1983年玻璃河西周燕國墓地發掘簡報〉，載《考古》，1984年第5期。

相似，都是單轅、一衡、兩輪、長方形、方形車箱及木質干欄式結構。楚國的車輛與中原的車輛，在製作技術與工藝上存在著相互影響、相互交流的現象。

總之，楚國由一個「辟在荊山，篳路藍縷」，交通工具落後的小國，成為「車千乘，騎萬匹」，「戰車滿道路」，「車轂擊，民肩摩，市路相排突」的大國，是不易的。除了楚人具有頑強的奮鬥精神和相容並蓄的開放意識外，他們對國家交通發展與車輛製作技術工藝的重視也是很重要的原因。同時通過對楚國陸路交通工具的認識和瞭解，可看出當時楚人在製作車輛的工藝技術上，已經取得了較高的成就。

第八章　楚國的水運交通

　　春秋戰國時期，楚國的水運交通是十分發達的。從楚國發展交通事業的全過程看，其水運交通主要基於軍事爭戰、政治朝貢、經貿往來、文化交流這四個方面。在西周的早期，楚國尚是一個「土不過同」的小國 [①]，其水運交通處於十分落後的狀況 [②]。至熊渠之後，楚國勢力有所上升，基本上控制了長江中上游之交的湖北秭歸段水系。楚人在此揭開了發展、經營水運交通的序幕。

　　進入春秋時期，楚國的疆域不斷擴大，航線不斷增多，與各國間的政治、經濟、文化往來也日益頻繁，其以長江、漢江、淮水三大水系為主幹，形成了以楚郢都為中心的水運交通網絡。同時楚國也先後建立了大量的軍港和民用碼頭，水師和造船業隨之都有了很大的發展。

　　至戰國時期，楚國勢力進一步強大，楚人充分利用南北水系發展水運，並且仍以各個時期不同的楚郢都為中心，加強同各國間的政治、經濟、文化上的聯繫，使楚國一度成為戰國時期南方的一大強國。很顯然，楚國發展水運事業，是有其政治和經濟目的的。尤其是

---

① 《左傳　昭公二十三年》。《史記　孔子世家》：「楚之祖封於周，號為子男五十里。」
② 《左傳　昭公十二年》。

在當時「七國爭雄」的特殊歷史條件下，楚國水運交通的發展，對於楚國政令的通達，貢賦的運送，社會文化的交流，以及各諸侯之間商業貿易的往來，發揮了巨大作用。事實證明，楚國的強大，與楚人重視、發展水運事業，是有著密切聯繫的。楚國的水運事業在我國水運史上，不僅占有很重要的地位，而且也是當今楚史研究中的一個很重要的門類。

據《周禮 考工記》記載：「凡治野，夫間有遂，遂上有徑；十夫有溝，溝上有畛；百夫有洫，洫上有塗；千夫有澮，澮上有道；萬夫有川，川上有路。」所謂遂、溝、洫、川是指水道，徑、畛、塗、道、路是指陸路。楚人在水陸交通建設方面也大都沿襲了周人的這些營造形制和風格。

楚國與其他諸侯國一樣，十分懂得營國建都必須因地制宜，把國都建立在水陸交通便利的地方[1]。無論是在今河南丹淅和湖北秭歸、枝江、南漳保康間的早期楚國都丹陽，還是後來建立的今湖北當陽、江陵、宜城和河南淮陽以及安徽壽縣等地的楚郢都（含陪都），大都建立在土地肥沃、水源豐富、地勢優越、交通方便的地方。事實上，楚人意識到地理環境和物產資源是發展楚國最根本的經濟基礎。因此，楚國建都和發展其勢力範圍，必然將水運作為其重點經濟專案來建設。探索楚國以楚都為中心的水運交通路線，不僅有助於人們加深對楚史的瞭解，而且對今天的城市交通建設，尤其是水運業的發展，也是頗有現實意義的。

---

[1] 《管子‧乘馬》。

第一節　楚國最早的水運中心丹陽

《史記　楚世家》記，楚人的祖先，「出自帝顓頊高陽」。高陽係黃帝之孫，昌意之子。高陽第三代孫重黎「為帝嚳高辛氏火正，甚有功，能光融天下，帝嚳命曰祝融」。晉杜預在《左傳　僖公二十六年》中有這樣一段注解，他云：「夔，楚同姓國。祝融，高辛氏之火正，楚之遠祖也。鬻熊，祝融十二世孫。」這說明，祝融為楚人之始祖。祝融，據《國語　鄭語》記載，他的後裔有八姓。其活動區域，《左傳　昭公十七年》記：「鄭，祝融之墟也。」鄭，在今河南新鄭市，位於中原的腹地。李學勤和張正明等先生考證祝融八姓分布在中原，其說可依[①]。

但是，由於夏、商勢力的強大，祝融八姓中的季連一支，迫於壓力開始往商的南方遷徙。這就是《詩　商頌　殷武》所謂「維女（汝）荊楚，居國南鄉」。所謂南鄉當指今大別山、桐柏山迤北和伏牛山迤東的中原南部[②]。到了西周初期，荊人的殘部主要是季連的芈姓後人，已西遷到今河南丹水與淅水一帶，立國都於丹陽[③]。這就是說，楚國的公族原不在江漢之間，它是由中原地區北遷來的一個部落，與江漢地區土著文化融合一體後，成長為創造光輝燦爛文化的楚人。

至於楚丹陽在今何處，目前大體上有五種說法：一種認為是在今河南丹淅一帶；二種認為是在今湖北秭歸；三種認為是在今湖北枝江；四種認為是在今湖北南漳縣城附近；五種認為是在今安徽當塗。在歷史上亦有人認為楚丹陽先秭歸，後枝江[④]。結合有關資料分析，

---

① 張正明：《楚文化史》，上海人民出版社1987年版，第4、6頁。
② 張正明：《楚文化史》，上海人民出版社1987年版，第4、6頁。
③ 《過庭錄　武王徙郢考》。
④ 《通典　州郡》。

楚人早期都城丹陽應當不在一處，應是一個動態的遷徙過程。因為早期先民居無定所，他們每到一地，便會用原來的地名給新的遷居地命名。劉彬徽在〈試論楚丹陽和郢都的地望與年代〉一文中，論證楚丹陽先秭歸後遷枝江，亦不是沒有道理的[1]。但是，楚人受商周勢力的壓迫，首先來到丹淅一帶建立國都丹陽，才更符合情理。這就是說，楚人在鬻熊時立都丹淅，至熊繹正式受封立都於荊山，即今南漳、保康一帶，大抵在周康王以後至少在熊渠時楚人便先後分為二支：一支沿沮漳河而下，居於枝江，另一支居於秭歸。上述四處楚都都稱丹陽[2]。

丹淅丹陽的具體位置，清代學者宋翔鳳在《過庭錄》卷九〈武王徙郢考〉一文中只提到在今河南淅川縣，至於在淅川縣的哪個地方，文獻中沒有確指。淅川縣位於漢水的北岸，在其下游即今淅川老城一帶，淅水與丹水交匯並東南流匯於漢水。這一帶雖然地勢較高，但很平坦，土地肥沃，水資源和自然交通條件都很方便，有利於早期楚人在這裡從事各種經濟和政治、文化交往活動。當時楚人雖有國都，但其勢力非常弱小。因此，這個時期的水運，無論是船舶還是其他工具，都是十分落後的。同時，從楚的疆域看，其地也是十分狹窄的。當時在楚的丹淅丹陽東北面有申、甫（呂）等國，東南有穀、鄧、鄾、盧戎等國，西南有庸、彭等國，西北為周都。[3]結合這裡的水系分布情況看，丹江、淅水、漢江、堵河、唐河，當是早期楚人從事水運活動最早的地方。1977年，陝西周原考古隊在發掘岐山鳳雛村甲組建築基址時，發現了大批西周初期的

---

① 劉彬徽：〈試論楚丹陽和郢都的地望和年代〉，載《江漢考古》，1980年第1期。
② 袁純富，王耀明：〈試論春秋時期楚國的陸路交通〉，載《公路交通編史研究》，1989年第3期。
③ 見《中國歷史地圖集》第1冊西周時期版圖。

甲骨文，其中有「今蘗（秋），楚子來告」卜辭①，可以很明顯地看出，丹淅之丹陽與周都岐邑間的政治、經濟、文化的往來中少不了有一條水路。這條水路，結合今水系地圖看，可能是陝西商縣通往河南淅川的丹江和當時周南的漢水。到了周成王時，楚的範圍有所擴大。《史記　楚世家》說：「當周成王之時，舉文、武勤勞之後嗣，而封熊繹於楚蠻，封以子男之田，姓芈氏，居丹陽。」②《左傳　昭公十二年》追記說：「昔我先王熊繹，辟在荊山。篳路藍縷，以事天子。」即可反映出此時的楚人地域，已經發展到漢水北岸的荊山地區即今南漳、保康一帶。《竹書紀年　周紀》記周昭王「十六年，伐楚，涉漢，遇大兕」。十九年春，「祭公，辛伯從王伐楚，天大曀，雉兔皆震，喪六師於漢」。亦可證實這個問題。不然，周昭王不會因「伐楚」而「涉漢」。

至楚熊渠時，楚人趁「周夷王之時，王室微，諸侯或不朝，相伐」③之機，沿著沮漳河流域來到了江漢之間，把勢力擴大到東至鄂州、西至秭歸，在枝江建立了仍以丹陽為名的楚國都④。爾後，「熊渠卒，子熊摯紅立」⑤。可能他也曾在秭歸自立國都為丹陽。《水經注　江水》有這樣一段話，說：

（江水）又東過秭歸縣之南。縣，故歸鄉。《地理志》曰歸子國也。《樂緯》曰，昔歸典叶聲律。宋忠曰，歸即夔，歸鄉蓋夔鄉矣。古楚之嫡嗣，有熊摯者，以廢疾不立而居於夔，為楚附庸，後

① 陝西周原考古隊：〈陝西岐山鳳雛村發現周初甲骨文〉，載《文物》，1979年第10期。
② 楚居丹陽，《世本》說是鬻熊，《史記》說是熊繹，但結合《史記　楚世家》「鬻熊子·事文王」看，很可能是鬻熊居丹陽，熊繹繼續受封後仍稱新都為丹陽。
③ 《史記　楚世家》。
④ 《史記　楚世家》記：「熊渠甚得江漢間民和，乃興兵伐庸、揚粵，至於鄂。」並封其三子為王，皆在楚蠻之地。即可看出楚在熊渠時已離開荊山，來到了枝江。又參見高應勤〈試論沮漳河流域是探索早期楚文化的中心〉，載《文物》，1982年第4期。
⑤ 《史記　楚世家》。

第
八
章
　
楚
國
的
水
運
交
通

王命為夔子。

很顯然，秭歸丹陽應是立都枝江丹陽的楚熊渠嫡嗣的一個分支，而這個時期真正擁有勢力和地位的丹陽，應當在湖北枝江。

枝江丹陽，《史記　楚世家》裴駰《集解》引徐廣曰：「在南郡枝江縣。」張守節《正義》引穎容云：「楚居丹陽，今枝江縣故城是也。」《後漢書　郡國志》也說枝江有「丹陽聚」。漢代南郡枝江，按《水經注　江水》引「盛弘之曰，（枝江）縣舊治沮中，後移至百里洲」。這說明，熊渠時期的楚丹陽，在沮漳河流域是有可能的。但是，無論枝江丹陽是在「沮中」，還是在「枝江縣西」的百里洲上①，都未出漢代南郡枝江縣。這就是說，早期楚人熊渠從山區來到長江邊上後，對這裡江、漢、沮、漳四條水系的航運開發，是起到了一定的作用的。

《史記　楚世家》說，熊渠生子三人，「立其長子康為句亶王，中子紅為鄂王，少子執疵為越章王」。句亶王封地在江陵，鄂王在鄂州，越章王在秭歸。這說明，早期楚人的發展是以長江中游為主幹而向東、西兩頭推進。其都丹陽居其中，控制所封三子王都。這種丹陽居中的形勢，與文獻中說「古者天子地方千里中之而為都……公侯地百里中之而為都」②相似。根據這種早期楚人據點的佈局推斷，沮漳河和長江中游，必然是早期楚人的重要交通航線。不然，大冶銅綠山所出的銅礦和其他物資如何貢奉於楚都？事實上，解放後在沮漳河的兩岸和長江中游的兩岸，發現大量西周時期的古文化遺址和遺物，似可說明沮漳河流域和長江中游間有了一定的經濟、文化的往來③。當

① 《讀史方輿紀要》。
② 《新書　屬遠》；《呂氏春秋　慎勢》。
③ 湖北省博物館：〈湖北省文物考古工作新收穫〉，《文物考古工作三十年》，文物出版社
　　1979年版。

然，這些往來需要借助水運才能實現。《後漢書 南蠻西南夷列傳》有這樣的一段話：「巴郡南郡蠻，本有五姓：巴氏、樊氏、瞫氏、相氏、鄭氏，皆出於武落鍾離山。其山有赤黑二穴，巴氏之子生於赤穴，四姓之子皆生黑穴。未有君長，俱事鬼神，乃共擲劍於石穴，約能中者，奉以為君。巴氏子務相乃獨中之，眾皆歡。又令各乘土舟，約能浮者，當以為君。餘姓悉沉，惟務相獨浮。因共立之，是為廩君。乃乘土船，從夷水至鹽陽。」夷水，即今湖北清江。這段文獻雖然說的是早期巴人在今清江河流域通航的情形，但它至少給我們提供了兩點資訊：第一，當時的長江中游與支流，均已適宜水運；第二，水運舟楫設備十分簡陋。儘管如此，楚人不畏自然艱險，仍然往來於長江、沮水、漳水和湖南澧水之中。新中國成立後，考古工作者在湖南澧縣發現有楚人在此活動過的遺址和遺物，就可看出熊渠在伐揚粵時，已經乘勢到達了澧水流域[1]。這說明，枝江丹陽的水運交通網絡已經基本形成。

至於秭歸丹陽，雖然文獻說它是楚的附庸之都，但其水運條件是十分方便的。據實地調查和文獻記載，秭歸丹陽雖然處於「城據山跨阜，周八里二百八十步，東北兩面，悉臨絕澗，西帶亭下溪，南枕大江，險峭壁立」[2]的地理環境中，但它與外界並不隔絕。楚人由於經歷過長期在大山區的生活，已經習慣在艱苦的環境下去求得生存和發展。有人認為，此處懸崖峭壁，江水滔滔，是一幅崢嶸秀麗的山城景象，然而山多嶺高，交通不便，土地貧瘠，實在不是適合楚先人生存發展的地方，因此，秭歸（丹陽）說亦為學界不取[3]。這種說法是有失偏頗的。事實上，在秭歸丹陽城的北面，有香溪河，其全長106公里，自荊山南麓南流至秭歸香溪鎮入長江。據當地水運部門提供的資

① 高至喜：〈楚人入湘的年代和湖南越楚墓葬的分辨〉，載《江漢考古》，1987年第1期。
② 《水經注 江水》。
③ 李玉潔：《楚史稿》，河南大學出版社1988年版，第18頁。

第八章 楚國的水運交通

料,直至1943年,這條河道自興山城下至入江口,尚可通2噸木船,逆水需2至3日,順水則1日可達。這說明,香溪河在歷史上是一條可通航運的河道。在故丹陽城的南面,有長江貫通東西。《水經注　江水》說:「江水自關東逕弱關、扞關。扞關,廩君浮夷水所置也。」《注》云:「弱關在建平秭歸界。昔巴楚數相攻伐,藉險置關,以相防捍。」這說的是長江三峽在先秦時期已經可以通航。同時,在秭歸丹陽的長江南岸,也有水路可通清江流域[1]。由此可見,秭歸丹陽的水陸交通條件是方便的。這就是說,楚丹陽無論是在秭歸還是在枝江或在丹淅,楚人發展水運都是以國都為中心展開的。這種格局的出現,主要是因為當時一個民族區域的經濟文化常在中心地帶凝聚形成,需要向四周輻射,以便於政令通達、物資集結、商貿往來和文化交流。這種最初利用「凡天下之地勢,兩山之間,必有川焉;大川之上,必有塗焉」[2]的自然陸路和水路去開拓疆域和發展經濟與文化的方式,對於春秋戰國時期楚國水運交通事業的發展有著深刻的影響。

第二節　春秋時期楚郢都的水運交通

春秋早期,楚熊通揮旅擴疆,自立為楚武王,並建都於郢。這個「郢」今在哪裡?目前史學界有三說:一說即今湖北荊州城北紀南城遺址[3];二說即今湖北宜城東南楚皇城遺址[4];三說即今湖北當陽東南季家湖古城遺址[5]。結合有關史料分析,後一種說法較為可信。無論

① 《水經注　夷水》。
② 《周禮　考工記》。
③ 劉彬徽:〈試論楚丹陽和楚郢都的地望與年代〉,載《江漢考古》,1980年第1期。
④ 石泉:〈湖北宜城楚皇城遺址初考〉,載《江漢論壇》,1963年第2期。
⑤ 文必貴:〈楚郢都芻議〉,載《江漢考古》,1982年第2期。

是楚武王都郢，還是楚文王都郢[①]，春秋早期的楚郢都很可能在湖北當陽季家湖。春秋中晚期至戰國時，秦將白起拔郢之前，在這一段時間裡，楚郢都在荊州紀南城。其後有一段時間因秦師數度伐楚，迫使楚一度遷郢至宜城楚皇城，歷史上稱之為鄢郢。對此，前文已有所論述，此不復贅。現僅就這三個不同時期楚國郢都的水運路線予以探索。

一、季家湖楚郢都的水路

季家湖楚郢都，位於今湖北當陽市東南、枝江市東北、荊州市荊州區西北的沮漳河西岸。1973年，考古工作者在這裡發現一座面積為2.2平方公里的春秋初期的古城遺址[②]。這座古城遺址，東臨沮漳，南靠長江，水運交通十分便利。

《左傳　莊公十八年》記：「初，楚武王克權，使鬭緡尹之，以叛，圍而殺之。遷權於那處，使閻敖尹之。及文王即位，與巴人伐申，而驚其師。巴人叛楚而伐那處，取之，遂門於楚。閻敖遊湧而逸。楚子殺之。其族為亂。冬，巴人因之以伐楚。十九年春，楚子禦之，大敗於津。」那處，在今荊門市東南。申，在今河南南陽。湧，即湧水，按段玉裁《說文解字注》云：「在今江陵縣東南。」[③]津，結合《水經注　江水》分析，在今湖北枝江市西[④]。巴，東周早期主要活動在漢水上游和鄂西清江流域[⑤]。這說明，當時巴楚在聯合伐申的過程中，巴人反戈改打那處，顯然是使用水師沿漢水而進，在今荊門沈集登陸經十里鋪向西伐楚的。閻敖通過今荊州以東的水路，跑到今

① 《史記　楚世家》說楚文王「始都郢」。
② 楊權喜：〈試談鄂西地區古代文化的發展與楚文化的形成問題〉，《中國考古學會第二次年會論文集》，文物出版社1980年版。
③ 杜預《春秋釋例　土地名》說：「湧水，在南郡華容縣。」結合《水經注　江水》分析，今沙市東屬漢魏華容縣，與段說不矛盾。
④ 彭萬廷：〈古津鄉考〉，載《武漢師範學院學報》（社會科學版），1983年第3期。
⑤ 楊權喜：〈探索鄂西地區商周文化的線索〉，載《江漢考古》，1986年第4期。

潛江西南方即故雲夢區躲避起來。隨後楚王又沿揚水和夏水殺閻敖。至次年冬，巴人趁楚族內亂，由西順江而下，在今枝江西與楚人打了一仗。結果楚人戰敗，不得入城，而順揚水去伐沔水與夏水之交的黃國 [①]。據實地調查，當陽季家湖古城遺址除了東臨沮漳，南靠長江之外，其沮漳河下游東岸有陂湖水連接揚水可通漢江，而揚水又與夏水相接。夏水首受江，東北入沔，與江、漢相通，構成了以江、漢為主幹的水運交通網系。這個網系基本上使楚國西可通巴蜀，東可至吳越，北可去周原，南可達南海諸夷。很顯然，楚人選擇在長江邊上建都，具有重要的戰略意義。

據文獻記載，楚武王四十年（前701年），「楚屈瑕將盟貳、軫。鄖人軍於蒲騷，將與隨、絞、州、蓼伐楚師」[②]。州，偃姓，周武王所封。其位置按杜預注：「州國在南郡華容縣東南。」譚其驤在《雲夢與雲夢澤》中認為，春秋州國的「州城故址在今洪湖縣東北新灘口附近」。結合這裡的地理形勢看，州國伐楚，必然也是使用舟師行水道去的。到了楚文王時，楚人又將羅國遷徙至今湖南汨羅。酈道元在《水經注　江水》中對這件事作了較為詳細的說明：

（江水）又東過枝江縣南，沮水從北來注之。江水又東逕上明城北。晉太元中，符堅之寇荊州也，刺史桓沖徙渡江南，使劉波築之，移州治此城。其地夷敞，北據大江。江沱枝分，東入大江。縣治洲上，故以枝江為稱。《地理志》曰：江沱出西，東入江是矣。其地故羅國，蓋羅徙也。羅故居宜城西山，楚文王又徙之於長沙，今羅縣是矣。

① 劉和惠：〈鄂君節新探〉，載《考古與文物》，1982年第5期。
② 《左傳　桓公十一年》。

這說明，一批羅人由枝江遷至今湖南汨羅，可能亦是順長江而下或者沿著今松滋河（古長江南支汊道）經洞庭水系而來。楚成王時，「楚地千里」。楚成王以兵北伐許；二十三年伐黃；二十六年滅英；三十四年伐宋；三十五年又「以諸侯客禮饗，而且送之於秦」；三十九年伐齊，後又滅祢歸夔國。爾後楚穆王滅六、蓼；楚莊王問鼎中原，揮師周郊；楚靈王滅陳，城陳、蔡、不羹；楚平王伐濮，兵進湘西等[①]。由這些史實可看出當時以當陽季家湖楚郢都為中心的水陸交通便利的情形。新中國成立以來，考古工作者在長江兩岸發現文化內涵十分相近且相互影響較為明顯的祢歸鰱魚山東周遺址、宜昌下牢溪遺址、枝江百里洲遺址、公安王家崗遺址、大冶鄂王城遺址等，也可證實春秋時期長江中游的水運交通十分通達。在漢水的兩岸，發現有襄陽鄧城遺址、宜城楚皇城遺址，以及在鍾祥市豐樂，荊門市的馬良、沈集，潛江的油田紅旗碼頭、龍灣，監利新溝，天門汈汊湖，漢陽蔡甸，武漢陽邏等地都發現有東周時期古文化遺址[②]。在清江河流域、沮漳河流域、洞庭湖北部，以及河南唐白河流域，均發現有東周時期人們活動的遺址和文物[③]。從這些出土文物和古文化遺址的分布，人們可清楚地看出，春秋時期楚國的水運交通網絡已經基本形成。這種形勢的出現，為後來楚國在荊州紀南城建都打下了堅實的經濟基礎。這就是說，水運交通事業的發展對早期楚國政治、經濟、文化、軍事的發展起著非常重要的作用。尤其是當時各國商人之間的貿易往來，皆有「輕貨行陸，重貨行水」的特點，所以水運的作用和地位就顯得十分突出。因此，班固在《兩都賦》中說：「黎淳耀於高辛兮，羋強大於南汜。」這說的是楚人活動在南方眾

①　《史記　楚世家》。
②　考古材料來自於湖北各地、市、縣1985年文物普查資料。
③　參見文物出版社1979年出版的《文物考古工作三十年》湖北、湖南、河南三省文物考古情況介紹。

第八章　楚國的水運交通

多江河湖泊交錯的水道上，並憑藉這種優勢強盛起來，成為春秋五霸之首和戰國七雄之長。

二、紀南城楚郢都的水路

紀南城位於長江中游的北岸，沮漳河以東，荊州市荊州區以北，面積約16平方公里，其規模比荊州古城要大三倍。該城在某些歷史文獻記載中，一直被認為是楚文王「始都郢」的地方[①]。但是，隨著我國考古事業的發展，這個問題逐漸得到澄清。從目前考古調查的情況看，紀南城遺址內的文化堆積，城門和宮殿基址的發掘，城外遺物的文化內涵，都是春秋晚期至戰國早期形成的[②]。這說明楚文王時的郢在荊州紀南城的說法是值得懷疑的。儘管楚文王自丹陽徙紀南城說與考古情況不相符合，但楚平王以後城紀南城之郢甚有可能[③]。尤其值得注意的是，今荊州紀南城在春秋早期已是楚國的腹地，楚人在此進行了大量的開發和治理工作。比如楚莊王時，孫叔敖在這裡以沮漳之水而灌雲夢之野；又相傳楚靈王時，伍子胥曾在荊州以東利用湖泊開鑿「子胥瀆」，以作漕運。這些都足以說明，紀南城築郢都之前，楚人已對荊州地區作了苦心的經營。

從地形圖上看，雖然荊州紀南城南距長江5公里，西至沮漳河25公里，東至漢水50多公里，似乎水路不大方便。但是，從實地調查和文獻記載看，情況並非如此。在紀南城的南邊，有江水汊道在今荊州區西偏北分支自西向東北經郢城遺址南而流入揚水故道。這條河道的北岸為楚國都，南岸有內河碼頭，東南岸為長江邊上的「渚宮」；在紀南城東有揚水分支直通城內，其水出西北門可接沮水，東北可通漢江，東南可達夏水和長江，這就是《漢書　地理志》所說的「禹貢南條荊山在東北，漳水所出，東至江陵入揚水，揚水入沔，行六百里」

---

① 《史記　楚世家》張守節《正義》。
② 湖北省博物館：《楚都紀南城考古資料彙編》，1980年版，第12頁。
③ 顧鐵符：〈楚三邑考〉，《楚史研究考輯》，武漢師範學院學報編輯部編印。

的水道。紀南城內故水道呈現「Y」形分布，外通江、漢、沮、漳，內連城區里巷。商業貿易市場沿城中內河兩岸排列，呈現出一片繁榮的局面①。在紀南城外東南、西南、南的水道，《水經注　沔水》作了更具體的描述，它說：「沔水又東南，與揚口合，（揚）水上承江陵縣赤湖……（紀南城）城西南有赤阪岡，岡下有漬水，東北流入城，名曰子胥漬，蓋吳師入郢所開也……又東北出城，西南注於龍陂。陂，古天井水也，廣圓二百餘步，在靈溪東江堤內……陂水又逕郢城（今荊州城東2.5公里郢城遺址）南，東北流，謂之揚水。又東北，路白湖水注之。湖在大港北，港南曰中湖，南堤下曰昏官湖，三湖合為一水，東通荒谷。荒谷東岸有冶父城。《春秋傳》曰：莫敖縊於荒谷，群帥囚於冶父，謂此處也。春夏水盛，則南通大江……揚水又東入華容縣，有靈溪水，西通赤湖水口……揚水又北逕竟陵縣西……揚水又北注沔，謂之揚口。」又同書《夏水》說：「夏水出江津（今沙市）於江陵縣東南。江津豫章口（今沙市東）東，有中夏口，是夏水之首江之汜也。屈原所謂過夏首而西浮，顧龍門而不見也。龍門，即郢城（今紀南城）之東門也。（夏水）又過華容縣南。縣故容城矣……（容城）北臨中夏水……夏水又東，夏揚水注之。水上承揚水於竟陵縣之柘口，東南流，與中夏水合，謂之夏揚水。又東北逕江夏惠懷縣北而東北注。又東至江夏云杜縣，入於沔。」在同書〈江水〉篇中，酈氏是這樣說的：「（長江）自（枝江）縣西至上明東及江津，其中有九十九洲……江水又東會沮口，楚昭王所謂江、漢、沮、漳，楚之望也。又南過江陵縣，縣北有洲，號曰枝回洲。江水自此兩分而為南北江也。北江有故鄉洲……下有龍洲，洲東有寵洲……其下謂之邴里洲……江水又東逕燕尾洲北，合靈溪水。水無泉源，上承散水，合承

---

① 《北堂書鈔》卷一二九引桓譚《新論》說：「楚之郢都，車轂擊，民肩摩，市路相排突，號為朝衣鮮而暮衣敝。」

第
八
章
　
楚
國
的
水
運
交
通

大溪 [①]，南流注江。江溪之會，有靈溪戍……江水東得馬牧口（今荊州城西門外偏北），江水斷洲通會。江水又東巡江陵縣故城南（在今荊州城關西門附近的「漢城」[②]）。今城（指今荊州城）楚船官地也，春秋之渚宮美……江水又東巡郢城南……江水又東得豫章口，夏水所通也……又東至華容縣西，夏水出焉。」根據這三段史料，結合我們多年來在當地的實地調查情況看，除了記述楚「渚宮」的位置有異外，在描寫荊州楚郢都附近的水系上，基本與實地尚存水系故道相合。這就是說，春秋戰國時期，荊州楚郢都水運交通四通八達，成為當時南方江漢流域的水運中心。

《左傳　文公十年》記：「（子西）使為商公，沿漢溯江，將入郢。王在渚宮，下見之。」說的是子西順著漢水經今沙洋附近轉入揚水，通過所謂「江漢運河」來到荊州地「渚宮」[③]。事實上，自荊州楚郢都出發，沿揚水再溯漢水北上轉唐白河可至申、呂；北行「秦楚大道」至鄢郢（今宜城）或襄陽轉漢水可至漢中，中途在今鄖縣附近經堵河可至庸國。另外出揚水入漢水東北經今天門河和溳水，可達鄖、隨等漢東諸國。《左傳　魯定公四年》記，「蔡侯、吳子、唐侯伐楚」，子常「沿漢而與之上下」，即郢之戰中楚吳雙方水師大都活動在漢水和漢水以東的水道上。至於長江，《左傳　昭公二十四年》記楚平王時，「楚子為舟師以略吳疆」。《呂氏春秋　簡選》說：「吳闔廬選多力者五百人，利趾者三千人，以為前陳，與荊戰，五戰五勝，遂有郢。東征至於庳廬，西伐至於巴蜀。」事實證明，荊州楚郢都的南邊長江，是楚人東征西進，聯絡散居於湘、資、沅、澧諸水系越人和濮人的重要水道。

---

① 據實地調查，所謂「大溪」系紀南城南一條寬約0.75公里的河道。該河道今已為稻田。1985年長湖水漲，西北丘地雨水浸積，這裡被淹沒。

② 黃盛璋：〈關於江陵鳳凰山168號漢墓的幾個問題〉，載《考古》，1977年第1期。

③ 湖北省文管會：〈湖北宜城楚皇城遺址調查〉，載《考古》，1965年第8期。

三、宜城楚皇城的水路

　　楚皇城位於湖北宜城東南7.5公里的漢水邊上。1961年和1963年，湖北省文管會先後對其進行了兩次調查，確認這裡是一座楚城遺址[①]。

　　該城址面積2.2平方公里，明顯小於荊州紀南城遺址。1976年冬，考古工作者再次進行實地調查，從調查的情況看，「大城城垣的夯土中沒有發現秦漢以後的遺物，當是戰國時代所築。而城內出土的遺物，有早到春秋和春秋時期以前的，如採集的陶鬲和銅方壺等，但大量見到的還是秦漢遺物。因此，這個城址的年代，上溯至春秋戰國，下續到秦漢以至更晚。城內的金城，有可能是大城頹廢後修築的，與大城並非同時代的遺存。城北內出土了『漢夷邑君』銅印，又證實該城為漢代宜城無疑。[②]」把楚文王始都郢的「郢」定在今宜城楚皇城，看來難以成立。至於先宜城後江陵說更不可能[③]。根據有關歷史文獻和考古資料分析，楚昭王十一年（前505年），吳師離楚。次年，吳又大舉伐楚，楚恐吳師再度入郢，遷都至宜城楚皇城，而稱之為鄢郢[④]。大約在楚昭王十三至二十四年（前503—前492年）之間，楚都又南遷至今湖北荊州紀南城[⑤]。很顯然，楚國在湖北宜城東南楚皇城立郢都時間不長。

　　雖然楚國在宜城楚皇城立國都時間很短，但是在春秋早期楚武王滅羅之後，鄢邑就一直是楚國征服漢東之國和鄖西諸國的軍事重鎮。《左傳　昭公十三年》記：「（楚靈）王沿夏，將欲入鄢。」即可看出當時的鄢不是一般的城邑。《戰國策　楚策》說：「鄢，

---

①　湖北省文管會：〈湖北宜城楚皇城遺址調查〉，載《考古》，1965年第8期。
②　楚皇城考古發掘隊：〈湖北宜城楚皇城勘探簡報〉，載《考古》，1980年第2期。
③　石家：〈湖北宜城楚皇城遺址初考〉，載《江漢考古》，1980年第2期。
④　俞偉超：〈關於楚文化發展的新探索〉，載《江漢考古》，1980年第1期。
⑤　《左傳　哀公四年》記：「吳將溯江入郢。」可見在楚昭王二十五年之前，郢都已回遷至紀南城。

郢者，楚之柱國也。」這是有道理的。當然，鄢邑的重要地位與該地的地理環境和交通條件有著密切聯繫。《水經注 沔水》說：

（沔水）又南過宜城縣東，夷水出自房陵，東流注之。夷水，蠻水也。桓溫父名夷，改曰蠻水。夷水道源中盧縣界康狼山，山與荊山相鄰。其水東南流，歷宜城西山，謂之夷溪。又東南逕羅川城，故羅國也，又謂之鄢水。《春秋》所謂楚人伐羅渡鄢者也。夷水又東南流，與零水合。零水即淪水也。上通梁洲沒陽縣之默城山，司馬懿出沮之所由。其水東逕新城郡之淪鄉縣。縣分房陵立，謂之淪水。又東歷軨鄉，謂之軨水。晉武帝平吳，割臨沮之北鄉，中盧之南鄉，立上黃縣治軨鄉。淪水又東歷宜城西山，謂之淪溪，東流合於夷水，謂之淪口也。與夷水亂流東去，謂之淇水，逕蠻城南。城在宜城南三十里。《春秋》莫敖自羅敗退，及鄢，亂次以濟淇水是也。夷水又東注於沔……沔水又逕鄀縣故城南，古鄀子國也。秦楚之間，自商密遷此，為楚附庸。楚滅之以為邑。縣南臨沔津，津南有石山，上有古烽火臺。縣北有大城，楚昭王為吳所迫，自紀郢徙都之，即所謂鄢、鄀、盧、羅之地也。

之所以不厭其詳地徵引這麼一大段史料，是為了能對春秋時鄢邑周邊的地理環境有一個整體把握。事實上，從我們在這一地區實地調查的情況看，至今尚存的水系，無論是流向還是流域，大都與《水經注》所記述相契合。在宜城楚皇城的東南面有漢水通往楚國的南北及鄂東地區，並且經揚水入長江可至渝東和鄂西地區。在楚皇城的西南有今蠻河可與鄂西北山區的盧戎、庸國取得經濟聯繫和政治往來。更重要的是，在楚皇城的東西南北有數條通往各國的道路。其中有自荊州紀南城經宜城通往南陽申國的道路；自宜城向西至南漳、保康、竹山，有條可行步兵的道路；自宜城向東渡漢水，

有一條可至隨國的道路^①。這說明，宜城楚皇城在春秋時期，不僅水陸交通方便，而且與荊州紀南城楚郢都一樣，都具備建都的最基本地理條件。然而，紀南城的水路交通要比楚皇城鄢郢更為方便。尤其是春秋時楚人北進中原受阻時，長江水道對於征服南方「夷越之亂」就顯得更為重要。這就是說，鄢郢作為春秋時楚國郢都北邊軍事門戶和漢水流域的物資集散地，是很適合的。至戰國時期，秦將白起伐楚，先取鄢、鄧，後取郢為南郡^②，這個問題就凸顯出來了。因為在楚皇城周圍，除可通過漢水漕運外，大都是以陸地交通為主。《戰國策　楚策》記蘇秦為趙合縱說楚威王曰：「大王不從親，秦必起兩軍，一軍出武關，一軍下黔中，若此，則鄢、郢動矣。」高誘注云：「秦兵出武關，則臨鄢；下黔中，則臨郢也。」很顯然，前說以陸路為主，後說以水路為主。這就給我們提供了一個資訊，從當時的情況看，水運在輸送軍事物資方面的作用要比陸路大，而陸路主要是用於當時發達的車戰和各國商人間的貨物往來。因此，鄢郢與紀南城楚郢這兩座城邑的地理環境以及水陸交通狀況是有差異的。儘管如此，鄢郢在春秋戰國時具備著良好的水陸交通條件，同時鄢郢周邊形成的水陸交通格局也是楚國在南方發展的水陸交通網絡中的一個重要的節點。《史記　楚世家》裴駰《集解》引服虔說：「鄢，楚別都也。」這也反映出了鄢郢是當時楚國南方漢水流域的一大都會。

① 袁純富，王耀明：〈試論春秋時期楚國的陸路交通〉，載《公路交通編史研究》，1989年第3期。
② 《史記　秦本紀》。

第
八
章

楚
國
的
水
運
交
通

第三節　戰國時期楚國主要的水運幹線

楚國在戰國的早、中期，無論是其經濟實力，還是疆域，都發生了很大的變化。這些變化使楚國的水陸交通運輸業進入了一個新的歷史發展階段。這個時期的水運，大都是以荊州楚郢都為中心，向楚之全境全面發展。當時，楚國境內的大中城邑，多分布在長江、漢江、淮水、唐白河、肥水、潁水、汝水，以及湘、資、沅、澧、贛等河流域。在當時特定歷史條件下，水運對於國家的政治經濟發展，以及民生的需求，顯得特別重要。從當時楚國發展疆域的形勢看，楚國立都基本上突破了《呂氏春秋　慎勢》所說的「古之王者，擇天下之中而立國」的格局。鑒於這種情況，戰國時期的楚國水運網路除了以楚國都為中心之外，還兼有以地方封君城邑為節點發展水運的特點。在安徽壽縣出土的《鄂君啟節》就很明確地反映出這個問題。下面，就戰國時期荊州楚郢都的主要水運航線，分別作一綜述。

一、巴楚航線

戰國時期的巴國，一般認為在今重慶涪陵[①]。西元前316年，巴國被秦國所滅。戰國時期巴楚之間的往來主要是憑藉天然的長江孔道。《戰國策　楚策》中有這樣一段話，說：「秦西有巴蜀，方船積粟，起於汶山，循江而下，至郢三千餘里，舫船載卒，一舫載五十人，與三月之糧下水而浮，一日行三百餘里。里數雖多，不費汗馬之勞，不至十日而距扞關。扞關驚，則從竟陵以東，盡城守矣，黔中、巫郡非王之有已。」《華陽國志　蜀志》也有類似的表述：巴蜀「水通於楚，有巴之勁卒，浮大舶船以東向楚，楚地可

---

① 童恩正：〈巴族奴隸制國家的形成和發展〉，《古代的巴蜀》，四川人民出版社1979年版，第26頁。

得。得蜀則得楚，楚亡則天下並矣」。這說明，長江上游航線對於戰國時期長江邊上荊州楚郢都的存亡，至關重要。當年秦軍伐楚，其中有一支水師即是沿江而下，奪取楚巫郡和黔中郡，從而控制了整個郢都江南地[①]。

在這條航線上，巴人至楚頗為方便，因沿江而下時速較快。而楚人至巴，則需2至3月之久。陸游《入蜀記》已給我們提供了這方面的資訊。所以，長江上游的巴蜀船客來到楚越地之後，一般都要將船隻就地變賣給楚人和越人，然後行陸路返回巴蜀。有的巴人由於種種原因，在楚地長期居住下來。文獻中說荊州紀南城內居住有許多巴人，且沙市、江陵、松滋又「巴人居多，楚人少」[②]。或許正是由於巴人沿江而下來到楚地之後，要想返回故地將會受到十分複雜的地理因素的限制，才留居楚地的。同樣，在文獻中很少有關於楚對西部川江進行經濟開發和領土擴張的記載，這可能與這裡困難的交通環境有著密切的聯繫。戰國時期的楚國雖在長江三峽設有巫郡治所，但主要目的不是在那裡發展自己的勢力範圍，而是為了設關卡以抵禦巴人的侵犯，確保荊州楚郢都的西部安全。《水經注·江水》記載今湖北與重慶交界的區域內，設有扞關、沔關、弱關等，即是明證。

事實證明，長江三峽航線是巴人進入荊州楚郢都的一條重要航線。尤其是巴蜀之地土壤肥沃，土特產豐富，大量物資被商人順江運至長江邊上的楚郢都，一部分在此進行交易，一部分借楚陸路或內河航道輸送至北方中原，還有一部分走今荊州松滋河或虎渡河至湖南益陽、汨羅、長沙。這條航道一直延續到隋唐以後[③]。《史記

① 《史記·秦本紀》。
② 《江陵志餘》卷三。又參見江陵文物局〈江陵陀江寺古文化遺址〉，載《江漢考古》，1988年第2期。
③ 李劍農：《魏晉南北朝隋唐經濟史稿》，生活·讀書·新知三聯書店1995年版，第223頁。

貨殖列傳》說：「江陵故郢都，西通巫、巴，東有雲夢之饒。」《後漢書　岑彭傳》指出江陵當荊揚之咽喉。從以上可看出巴楚長江航線在當時對楚國的經濟發展具有重要的戰略作用。

巴楚之間的經濟文化交流除了有天然的長江可以通航外，楚郢都西部的清江流域，也是巴楚經濟文化往來的一條重要水上通道。《史記　楚世家》記：「肅王四年，蜀伐楚，取茲方。於是楚為扞關以拒之。」茲方，張守節《正義》引《古今地名》云：「荊州松滋縣古鳩茲地，即楚茲方也。」扞關，《讀史方輿紀要》卷七十八湖廣四長陽縣古扞關條云：「縣南七十里。楚世家肅王四年，蜀伐楚，取茲方。楚為扞關以拒之。」這說明，在戰國時期楚國西部地區的水路交通是很方便的。《水經注　江水》說：「（江水）又東南過夷道縣北，夷水從佷山縣南，東北注之。夷道縣，漢武帝伐西南夷，路由此出，故名矣。」新中國成立後，在清江流域發現大量春秋戰國時期巴人古文化遺址和遺物，即可證實巴楚之間的經濟文化往來與長江三峽航線和清江河航線是有著密切聯繫的。事實證明，這兩條航線對戰國早中期荊州楚郢都的經濟發展和楚國西大門的安全發揮了很重要的作用。因此，長江三峽航線和清江河航線，是我國古代南方東西部各國經濟流通的大動脈。

二、楚越航線

據文獻記載，越王勾踐的祖先係禹之苗裔。他們對治理江河、利用水系發展舟楫往來頗有經驗。在春秋時期，楚越間就有經濟文化方面的往來。他們多是借用長江中下游航道而加強聯繫[①]。進入戰國時期，越滅吳後，越的勢力逐漸強大起來，「乃以兵北渡伐淮，與齊、晉諸侯會於徐州，致貢於周」，並且「越兵橫行於江、

---

① 湖北省博物館，廣濟縣文化館：〈湖北廣濟發現一批周代甬鐘〉，載《江漢考古》，1984年第4期。

淮東，諸侯畢賀，號稱霸王」[1]，成為江東地區的第一大國。但是，至楚威王時，由於越王無強聽信了齊國使臣的話，於是越親齊而伐楚。楚威王興兵而伐之，大敗越，殺王無強，盡取故吳地至浙江[2]。這次楚伐越，很顯然是楚國動用了水師，順長江下游諸航道去滅越國的。而越國伐楚，也很明顯是溯江而上去攻楚的。越王自信地說：「江南、泗上不足以待越矣。」[3]即可看出越人的水師力量主要集中在長江下游中、上段一帶的江河航道上。

自楚威王滅越之後，將長江中、下游納入楚國的版圖。從此，荊州楚郢都的長江航線，不僅東去越地暢通無阻，而且與淮水流域、錢塘江流域，以及今東海航線更有機地聯繫起來，形成江、河、海都可航行的局面。這種局面的出現，對戰國時期東部沿海地區的經濟開發和楚國政治中心的東移，無疑起到了推進作用。

1957年安徽壽縣出土了戰國時期鄂君啟節五枚，這五枚金節的銘文提及到了楚國境內的四條航線。其銘曰：「自鄂往，逾（逾）沽（湖），让（上）灘（漢），庚胥，庚芑陽，逾灘（漢），庚郙，逾夏，內（入）邔。」這段水路，史學界一般將其分為西北路和江漢路。東路即沿江東下之路，也見之於銘文：「逾（逾）江，庚彭斿、庚松陽，內（入）澮江，庚爰陵。」西路則是：「让（上）江，庚木閵（關），庚郢。」[4]西北路按黃盛璋先生解釋，鄂君啟船隊自今湖北大冶出發，經過今鄂州與江夏間的吳塘、梁子、牛山等一系列湖泊，再溯漢水北上，經鄢郢宜城，自漢水轉入唐白河，到芑陽（即漢之棘陽，在今河南南陽南）。至於「逾漢，庚郙，逾夏，入邔」的線路，黃氏認為是漢、夏水路。鄂為漢水航路最遠

① 《史記　越王勾踐世家》。
② 《史記　越王勾踐世家》。
③ 《史記　越王勾踐世家》。
④ 殷滌非，羅長銘：〈壽縣出土的「鄂君啟金節」〉，載《文物》，1958年第4期。

第八章　楚國的水運交通

之城邑①，應在今河南或陝西境內求之。夏水與漢水相通，「 逾夏，入邔」，邔水必為夏水支流②，並可通過夏水、邔水或揚夏水道，到達江陵楚郢都③。其東路，譚其驤先生認為松陽為樅陽，爰陵即是今宣城，航路可達安徽東南部④。西路按郭沫若先生的說法，木關在湖北沙市，鄂君啟船隊由長江西行溯荊江經沙市可到今荊州城北之紀南楚郢都⑤。儘管郭說在史學界有爭議，但可看出當時楚國通往越國的水運交通主要是借助於長江及其支流等天然河道。不過，鄂君啟經商的水路並不是長江下游水路的全貌。《廣通鎮壩考》說：

春秋時吳王闔閭伐楚；用伍員計，開渠以運糧，今尚名胥溪河，及旁有伍牙山云。《左氏》襄三年，楚伐吳，克鳩茲（今安徽蕪湖市東），至於衡山（今江蘇吳興縣南）。哀十五年，楚子西子期伐吳，至於桐汭（今安徽廣德縣西桐水，北流入丹陽湖），蓋由此道。鎮西有固城邑遺址，則吳所築以拒楚者也。自是河流相通，東則連兩浙，西入大江，舟行無阻矣。⑥

這說明，介於江蘇高淳、溧陽二縣之間的西部固城、石臼、丹陽諸湖在安徽蕪湖市可通往長江，諸湖水東接荊溪由江蘇宜興縣通於太湖，且可入越都的伍堰河。這條與江河湖汊相連接的河流，早在春秋時即已成為楚越之間經濟文化往來的重要水路交通要道。《史記

---

① 我們認為，此鄠非鄠郢之鄠。
② 黃盛璋：〈關於鄂君啟節地理考證與交通路線的復原問題〉，《歷史地理論集》，人民出版社1982年版。
③ 《水經注 沔水》。
④ 譚其驤：〈鄂君啟節銘文釋地〉，載《中華文史論叢》（第2輯），1982年版。
⑤ 郭沫若：〈關於鄂君啟金的研究〉，載《文物參考資料》，1958年第4期。
⑥ 《光緒高淳縣志 藝文志》。

河渠書》記：「於楚……東方則通江淮之間。於吳，則通渠三江、五湖。」即已說得十分明確。

　　總之，儘管《鄂君啟舟節》所記水運路線不是戰國時期楚國長江、漢水流域水運交通的全部，但也反映出了當時長江中、下游航運的基本情況。這就是說，荊州楚郢都在東遷以前，楚國聯繫吳越，溝通淮夷，其水路主要靠的是長江下游航道和太湖、巢湖、邗溝諸水系。在荊州楚郢都的北部和東北部，楚人與黃、淮間的諸國進行政治、經濟、軍事的往來，大體上是借用漢水、唐白河和荊州楚郢都通往河南南陽以北的「夏路」。除此之外，還有一條經揚水溯漢水，在今鍾祥登陸至張集，翻越大洪山、桐柏山，進入淮水流域的水陸路線，可至淮夷、越地。但是，從當時荊州楚郢都周邊地理環境看，東去吳越時多行舟楫水路；北去周、秦、黃、淮，則以陸路為主，兼行水路。因為豫南地區的水系大都是自西自北向東南流或自北向南流，加之桐柏山、大別山將江漢地區與豫南地區的水系自然隔離開來，所以，南方楚國揮戈北進中原，控制淮水流域，一般都是採取水陸並進的手段。事實證明，長江是楚國通往吳越最主要的水運交通路線。這條路線至今仍然在發揮很大的經濟效益。楚國的經濟發展，與古代長江航線的開發有著很重要的聯繫。

三、楚隨航線

　　隨國，姬姓。位置在今湖北隨州一帶，是春秋時期江漢流域眾多諸侯國中的強國。楚隨之間多有往來，但由於政治上的緣故，楚隨之間的戰爭時有發生。據史籍記載，楚武王曾三次率兵伐隨。第一次是在西元前706年，楚因「吾不得志於漢東」[①] 而伐隨。第二次是在西元前704年，楚國「合諸侯於沈鹿，黃、隨不會」[②] 而伐隨。第三次是在

---

① 《左傳　桓公六年》。
② 《左傳　桓公八年》。

第
八
章
　
楚
國
的
水
運
交
通

西元前690年，楚以為「隨背己，伐隨」①。從地形圖上看，楚至隨既有陸路可通，也有水路可行。這三次伐隨的路線，我們很難說清前兩次楚軍走的是陸路還是水路。但是，第三次楚伐隨的路線，很明顯走的是陸路。據《左傳　莊公四年》記載：「王遂行，卒於樠木之下，令尹鬥祁、莫敖屈重除道梁溠，營軍臨隨。隨人懼，行成，莫敖以王命入盟隨侯，且請為會於漢汭而還。濟漢而後發喪。」這說的是楚武王第三次伐隨時不幸「卒於樠木之下」，然後楚隨盟於漢汭，「濟漢而後發喪」。梁溠，按晉杜預注：「溠水在義陽厥縣西，東南入淯水。梁，橋也。」②《水經注　淯水》對此也有解釋：「溠水又東南逕隨縣故城西，《春秋》魯莊公四年，楚武王伐隨，令尹鬥祁、莫敖屈重除道梁溠，軍臨於隨，謂此水也。」1985年秋，我們至隨州安居鎮實地調查得知，溠水在故隨都之西。漢汭，杜預注云：「汭，內也，謂漢西。」結合地形圖看，漢水隈曲與其他河流交匯的地方，大致在今湖北鍾祥南，即舊口至沙洋一段的轉彎處。這說明，當時楚武王伐隨的陸路路線，當是自長江邊上的楚郢都出發，經荊州川店、十里鋪、曾集、煙墩，在今鍾祥舊口一帶渡漢水，然後再經羅集、東橋、客店，在柳樹店一帶翻越大洪山而至隨西的。《左傳　定公四年》記吳伐楚，「楚子涉雎，濟江（漢），入於雲中」。鄖公辛之弟懷將報父仇，欲殺楚昭王，楚昭王奔隨。鄖國，按《水經注　沔水》記載：「巾水又西逕竟陵縣北，西注揚水，謂之巾口，水西有古竟陵大城，古鄖國也。鄖公辛所治，所謂鄖鄉也。昔白起拔郢，東至竟陵，即此也。」可見，楚昭王至鄖奔隨，走的是楚武王伐隨的路線。因為鄖國地域在今湖北京山縣西北一帶③。楚昭王至鄖奔隨時，楚王「將涉於成

---

① 《史記　楚世家》。
② 《左傳　莊公四年》杜預注。
③ 石泉：〈先秦到漢初「雲夢」地望探源——古雲夢澤故址新探之一〉，《楚文化新探》，湖北人民出版社1981年版。

曰」①。成臼的位置，按清《鍾祥縣志 山川》云：「臼口在今鍾祥縣
南境之舊口。」這說明楚昭王出郢至鄖國，也是在今鍾祥南境的舊口
附近渡漢的。

但是，楊伯峻先生在考證杜預注漢汭即謂漢西時說：「漢即今
之漢水。杜注謂漢汭即漢西，此時楚尚未有漢水，楚在漢水之西，隨
在漢水之東，若會於漢西，則楚軍已濟漢矣，似與下文『濟漢而後發
喪』，句意不調，恐不可信。疑漢汭當今鍾祥北境漢水隈曲與他河合
漢處。水隈曲處曰汭。」②楊氏所言，頗有見地。但是，當時楚是
否有漢水，這個問題仍值得探索。不過此時楚的勢力已經超越了漢水
中、下游的範圍，許多政治軍事活動皆往來於江漢之間，這當是歷史
的事實。《左傳 桓公八年》記：「楚子伐隨，軍於漢淮之間。」又
《左傳 桓公十一年》：「楚屈瑕將盟貳、軫。」即提供了這方面的
資訊。這就是說，雖然春秋早期楚國的疆域尚未擴展到漢東，但漢水
中、下游以及漢東地區的溳水、澴水、灄水、舉水等，都是當時江漢
地區各諸侯國間往來的天然水道。

從地理形勢和史料分析，楚國至隨國，不僅有上面所述的楚隨陸
路可通達，而且水路交通條件也是十分良好的。具體說來，春秋戰國
時期楚國至隨國的水路，一般都是沿著當時漢水（即今天門河）在今
漢川市麻河一帶入府河，再經溳水而至隨國國都。《水經注 溳水》
對溳水的航運情況作了這樣一番描述：「溳水出縣東南大洪山……溳
水出於其陰。初流淺狹，遠乃廣厚，可以浮舟栰，巨川矣。」清同治
《隨州志 形勝》對此也作了簡要說明：「州治南拱隨城（山名），
襟帶溳水，而浙河為之咽喉。西南大洪雄鎮翼以大阻、大猿諸山，岩
巒阻塞，椴樹埡、丫角嶺為之隘道。西南橫亙界山，表裡襄、郢，土

① 《左傳 定公四年》。
② 楊伯峻：《春秋左傳注》，中華書局1981年版，第164頁。

第八章 楚國的水運交通

門為其隘口。西北疊嶺重崗，度越溠、溂，石門、三里峽為關鎖。北面太白、竦峙諸嶺，鬱盤界限，豫、楚合河出山店，為之扼要。東北路通申、應、小林店，王子城為要道，而忤水關為門戶。東及東南為安、應，上游環以滰、澬、諸馮紫石為通衢。」清光緒《湖北興圖記　德安府》對於這一地區的水路，記述得更為詳細：

> 府境之水，滰水為經流。源出隨州西南之大洪山北麓，行百里至環潭鎮轉東南。又三十里會溠水，後二里經安居鎮南，始通舟楫。《水經注》言滰水初流淺狹，遠乃廣厚，可以浮舟楸，巨川矣。過州城南，九十里至馬坪港市，南流為隨州應山界。六十里入安陸，三十六里過麻城，始稱府河。又三十里入雲夢境內，三十六里至白河口分為二支。西支十里至黃江口為雲夢、應城界，又三十里為雲夢、漢川界，又二十里入漢川境，四十里入漢。東支經縣城南縣河，八十里至八埠口入孝感境，二十里注澴，澴水又東通溳水，《水經注》言滰水東通溳水入沔是也。

　　儘管這些史料時代甚晚，但卻給人們提供了這樣的一個資訊，即在春秋戰國時期，楚國與隨國間的政治、經濟、文化的往來，水陸交通是很通暢的。20世紀70年代，考古工作者先後在湖北大冶發現銅綠山古礦冶遺址，以及在隨州發現一整套聞名中外的曾侯乙編鐘，隨並不產銅，其銅源很可能是由大冶經過今鄂州、黃岡、新洲、黃陂、孝感、雲夢、安陸一線的陸路和水路運往隨國的。這說明在春秋戰國時期，今湖北東部地區的水陸交通已經相當發達。《鄂君啟節》和建國以來這一地區的考古發現即是很好的實物證據[①]。

---

① 湖北省博物館：〈湖北省文物考古工作新收穫〉，《文物考古工作三十年》，文物出版社1979年版。

總之，楚國郢都通往隨國國都，除了有隨棗走廊和渡漢水翻越大洪山的楚隨道路之外，一般來說還有兩條水路：一條即自長江邊上的荊州楚郢都出發，順江而下經今武漢市附近入沔，而至隨國和其他諸城邑。這條航線雖然路遠彎曲，但順江而下時速較快，若無阻風，四日即可至漢口入沔，再進入今府河至隨。這條航線有利於商人間的往來。另一條水路也是自長江邊上荊州楚郢都出發，順著故江陵揚水而東北入漢水，或是順夏水北在今仙桃附近入沔水，經溳水至隨國。這條航線與前一條長江航線比較起來，雖然航程較短，風浪較小，但船隻的物資載重量和航運規模，是不及前者的。儘管如此，楚郢都附近的夏水和揚水，以及楚郢都邊上的長江，在當時都是可以舟行至隨國的。這就是說，楚隨兩國間的官方及民間商人往來中，這兩條航線都是可以利用的。尤其是進入戰國時期，楚隨經濟的發展與文化的融合，以及政治上的往來，與江漢平原內河外江所發揮的航運作用有著密切的聯繫。

四、楚夷（越）航線

夷越，《史記　楚世家》記：「天子賜胙，曰：『鎮爾南方夷越之亂，無侵中國。』於是楚地千里。」這說明夷越在楚的南方。當時楚的南方，史學界一般都認為在今湖南、江西兩地，夷越大都散居其間，也稱揚越[1]。據文獻記載，這裡的夷越在春秋時期就與楚人有著舟楫的往來[2]。進入戰國時期，南方大部已被納入楚國的版圖。楚郢都與湘、贛的諸夷民族間水陸交通的往來，就更為密切。當時楚至南方諸夷，其水路主要是依靠湘、資、沅、澧、贛等幾條大的水系。這幾條水系，在春秋戰國時期，都具備得天獨厚的通航條件。

據《水經注》分析，當時楚人至南方，大都是從江陵楚郢都出

---

① 劉玉堂：〈湖北境內越族的若干問題〉，載《民族研究》，1987年第2期。
② 《左傳　昭公十九年》。

第八章　楚國的水運交通

195

發，溯江至今湖北松滋老城鎮附近入松滋河，經磨盤洲、公安南平，在湖南津市入澧水，而進入楚國南方西部夷越地域。若順水而下，經洞庭入湘、資、沅、澧，可達楚國南方南部和西部夷越地區；若繼續沿江東下，可在今江西湖口附近入贛江，控制當時楚國南方東部夷越地區。這幾條楚國南方的水運路線，《鄂君啟舟節》已說得十分明確：「自鄂往……辻江、內湘，庚㑪、庚㵽易，內潘，庚鄂，內儳、沅、澧、灄。」①鄂，在今鄂州市境，是長江上中游通往長江下游的門戶。湘，即今湖南湘江。㑪，譚其驤先生考證，「疑即《水經注·湘水》中的錫口戍」，在今湖南湘陰以南②；熊傳新、何光岳先生認為即今湖南望城以北的銅官鎮③。二地相距不遠，都在望城與湘陰之間的湘江邊。㵽易，即漢代郴陽縣，在今廣西全州西北，湘江的西岸。潘，指今洣水，為湘江支流，古名雷溪，源出湖南桂東縣風流山，西北流至衡東草市入永樂江，在今衡山縣南洣河鎮匯入湘江。鄂，原文為「䣓」，中國歷史博物館釋為「郦」④，熊傳新、何光岳二先生認為應釋作「鄙」，為楚鄙邑，漢代設有鄙縣。《史記·越世家》記齊使者遊說越王說：「讎、龐、長沙，楚之粟也。」《集解》引徐廣說「龐」一作「寵」，與「鄙」一聲之轉，當即漢代鄙縣所在，故地在今衡陽市東的洣河下游岸邊。儳，即資，指今資江，在湖南中部。沅，即今沅水，在湖南西部。澧，即今澧水，在湖南西北部。灄，即澔，姚漢源先生認為是油江⑤。古油江發源於今湖南石門縣境，東流經澧縣、松滋，至公安北古油口入江。經實地調查，古油水入江口

① 《鄂君啟節》銘文系國家博物館提供。

② 譚其驤：〈鄂君啟節銘文釋地〉，載《中華文史論叢》（第2輯），1982年版。

③ 熊傳新，何光岳：〈鄂君啟節舟節中江湘地名新考〉，載《湖南師範學院學報》（哲社版），1982年第3期。

④ 中國歷史博物館：〈鄂君啟節〉，載《書法》，1982年第2期。

⑤ 水利水電科學研究院《中國水利史稿》編寫組：〈鄂君啟節及其中所規定的航運範圍〉，《中國水利史稿》，水利電子出版社1989年版。

今已淤塞化為平陸。這說明在戰國時期，湘、資、沅、澧四大流域不僅是楚國商人水運活動的重點地區，也是楚國政治、經濟、文化傳播至當時所謂「南方夷越之地」的重要水運交通孔道。屈原《離騷》中有「濟沅、湘以南征」，《華陽國志　南中志》記莊蹻入滇，「溯沅水，出且蘭，以伐夜郎」。這說明溯湘、沅可入廣西、貴州[①]。

在戰國時期，整個南方的楚越水陸通道皆被楚人開發。《鄂君啟舟節》所示水程最南可至郲陽，即今廣西全州，並在今全州換陸路，溯湘江上源通過越城、都龐之間的低谷山口，再循灕江之源便可至今桂林。秦修靈渠當是利用楚已開發的這一通道而將湘灕連接起來的。《史記　甘茂列傳》說：「故楚南塞厲門而郡江東。」《正義》引劉伯莊說：「厲門，度嶺南之要路。」厲門塞在今廣西平樂附近的灕江之畔，沿灕江而下經厲門塞就進入西江流域了。另外，從今湖南零陵溯瀟水（湘江支流）而上，通過桂嶺道路，經廣西賀縣順賀江而下，亦可進入西江。舟節中水源出湖南桂東，從桂東有陸路通往今郴州。由郴州經宜章、臨武境便可到達廣東連縣。《戰國策　楚策》記春申君說：「僕欲將臨武君。」說明通道上的臨武確為楚邑。由連縣再沿連江即進入北江流域。幹道所經之處還有許多岔路可分別通今廣東，由郴州至韶關就是一條這樣的間道[②]。

在贛水流域，雖然《鄂君啟舟節》沒有直接提及鄂君啟的船隊在這一流域中所行的具體路線，但銘文中有「逾江，庚彭聇」句，似可看出位於今贛水入江口處的長江北岸古彭蠡澤，在戰國時期當是楚國進入南方東部的咽喉要地。雷次宗在《豫章記》中描述豫章地區的經濟情況時說：「地方千里，水路四通……嘉蔬精稻擅味於八方，金鐵筱蕩，資給於四境。」《水經注　贛水》也說在余干縣的一個水灣

---

① 劉玉堂：〈論莊蹻其人其事〉，載《民族研究》1991年第2期。
② 郭仁成，戴亞東：〈楚越通道綜合考察〉，載《求索》，1985年第4期。

第八章　楚國的水運交通

197

中，就能容納數十艘大船避風浪。這說明，贛水在先秦時期具備通航能力和條件。直至唐宋時期，這條水系仍然是「廣南金銀香藥、犀象百貨，陸運至虔州（今贛州）而後水運」[①]，它是聯繫南北的一條重要水上商運之路。因此，在戰國時期，楚人對江南東部地區的開發與控制，無疑要利用這一地區的水陸交通幹線。新中國成立以來，考古工作者先後在湖南、廣西、廣東、江西發現大量戰國時期楚人的墓葬和具有楚風格的文物，即提供了這方面的資訊[②]。所以，楊寬先生在《戰國史》中指出：「南方水上交通很有發展。在今太湖、鄱陽湖、洞庭湖的周圍，水道縱橫，水上交通四通八達。長江、漢水以及湘水、資水、沅水、澧水的交通，都很通暢。」[③]事實證明，這一結論完全符合當時這一地區水上交通運輸的情形。

五、楚秦航線

秦，嬴姓，戰國時其都在今陝西咸陽市以東的長陵車站、窰店鎮與尚家村一帶[④]，為當時「七雄」之一。在春秋戰國時期，秦楚間由於政治、經濟、軍事的緣故，往來頻繁。西元前661年，秦軍就曾協助楚軍滅掉庸國[⑤]。西元前504年，吳師入郢，「楚大夫申包胥赴秦告急，七日不食，日夜哭泣。於是秦乃發五百乘救楚，敗吳師。吳師歸，楚昭王乃得複入郢」[⑥]。戰國時，楚懷王入秦，秦臣張儀數次往來於秦楚之間，秦將白起出武關、戰丹陽、破楚郢、火燒夷陵。諸如這些軍事行動和政治活動家們的往來，說明秦楚之間無論是在春秋時期，還是在戰國時期，確有水、陸路相通。

---

① 《宋史　河渠志》；《通典　州郡》。
② 參見文物出版社1979年出版的《文物考古工作三十年》湖南、廣西、廣東、江西四省文物考古資料。
③ 楊寬：《戰國史》，上海人民出版社1980年版，第91頁。
④ 馬正林：〈咸陽與阿房宮〉，《中國六大古都》，中國青年出版社1983年版，第86頁。
⑤ 《左傳　文公十六年》。
⑥ 《史記　秦本紀》。

據《水經注》分析，在春秋戰國時期，秦楚間的水路大抵是自荊州楚郢都紀南城東門出發，沿途經今荊州長湖，在潛江西北入漢水，再溯漢經鍾祥、宜城楚皇城遺址、襄陽鄧城遺址南，在丹江口市入丹水而至秦地，若繼續溯漢，可達秦的漢中。至於漢水中下游航線，《鄂君啟舟節》中已經提及。漢水上游和丹、淅水路，舟節中沒有記載，但是，據有關文獻記載，漢水上游和河南境內的丹江和淅水，在先秦時期也是能夠通航的。據航運部門提供的資料，漢水自今陝西漢中勉縣以下，常年通行木船，勉縣以上，小船亦可通到新鋪灣，河勢較大，流速甚快，順水行舟，數日可至今武漢[①]。丹水，發源於陝西商縣西北黑龍口，向東南流至今湖北丹江口市入漢水，全程約390公里。《讀史方輿紀要》卷五十一河南六鄧州內鄉淅水條說：「丹水在縣西南，源出商州清池山，出武關，又東南流，經丹水故城南。又東南而合於淅水，下流入於均水。戰國赧王三年，秦人大敗楚師於丹陽，遂取漢中。」又同書商於城條說：「在縣西，本秦地。秦孝公封衛鞅以商於十五邑是也。又張儀以商於六百里之地誑楚……唐上元末，淮西運阻，轉運使劉晏以江淮粟帛由襄漢越商於，以運京師是也。」同書鄧州條又說：「春申君曰楚之右壤，皆廣谷大川，山林谿谷不食之地，說者謂自鄧以西耳。今其地西控商洛，南當荊楚，山高水深，舟車輳泊，為陸海。」這說明，丹、淅諸水系在先秦時期不僅可以通航，而且也是秦出武關伐楚的水上交通要道。

但是，在水運業比較發達的戰國中、晚期，秦楚之間的水運主要還是依靠天然的長江和漢水河道。《戰國策 燕策》記述秦奪取楚漢中時，告楚國說：「蜀地之甲，輕舟浮於汶，乘夏水而下江，五日而至郢；漢中之甲，乘舟出於巴，乘夏水而下漢，四日而至五渚。」這

---

① 《湖北省交通志 航道》。

裡提到的夏水，有人解釋為漢水。根據文獻記載和我們實地考察，秦地至楚郢都有兩條水路可走：一條是秦人翻越秦嶺經汶水或乾佑河分別在今陝西安康、旬陽入漢水而至荊州楚郢都；另一條是秦國控制巴蜀之後，由漢中翻越米倉山經今四川南巴江流域進入長江，東至楚郢都。當年司馬錯就曾看出巴蜀有「水通於楚，有巴之勁卒，浮大舶船以東向楚，楚地可得。得蜀則得楚，得楚則天下並矣」①。可見，川江航道對於戰國時秦拔楚郢甚為重要。

總之，秦楚間以長江作為往來航線，當在秦人控制巴蜀之後的戰國晚期。在此以前，楚至秦國一般都是利用天然的漢水河道和楚國通往北方的夏路聯繫的。《史記　越世家》說：「夏路以左，不足以備秦。」《索隱》引劉伯莊說：「楚通諸夏，路出方城。」這說明，夏路既可通達中原，亦可進入秦國。戰國時，秦國多次攻打楚國，也多循此道。可見，進入戰國時期，秦至楚國無論是從楚的北面而來，還是從楚的西部沿江而下，其水上交通已是十分方便了。

第四節　戰國時期楚陳郢的水運交通

隨著秦楚間戰爭形勢的發展，西元前278年，楚徙都於陳，在今河南淮陽建立了楚國國都，史書上將其稱為「陳郢」。楚在陳立國都24年，在此期間，楚國仍然十分注重經濟建設與疆域恢復和擴展。《史記　楚世家》說：「二十三年（前276年），襄王乃收東地兵，得十餘萬，複西取秦所拔我江旁十五邑以為郡，拒秦。二十七年，使三萬人助三晉伐燕。」這說明當時楚國儘管失去了荊州楚郢都，但其軍事力量仍然是十分強大的，否則不能將郢都長江以南、西南即楚黔中郡

---

① 《蜀典》卷五。

以北鄰近江旁諸邑收復^①。楚人總結了秦將白起拔郢的教訓，看到了江漢航線對於楚人抗秦弊大於利的地理環境因素，加之楚之腹地又多河流、湖泊、沼澤，不利於車戰。於是，不得不將楚國的都城東移至「陳郢」。

楚人自荊州郢都經陸路來到河南淮陽立都為陳郢之後，陳郢就成了當時楚國政治、經濟、文化的中心。當時陳郢位於戰國時開鑿的運河鴻溝的西岸不遠處，可入潁水，再由潁水向東南入淮，順淮而下就可通達吳越、齊魯，溯鴻、潁則可進入韓、魏和秦。因此，在春秋戰國時期，陳邑就已經成為「楚夏之交，通魚鹽之貨，其民多賈」^②的一大都會，同時此地也是楚國通往中原以及吳越、江淮地區的重要交通樞紐。

有一個問題需要在此提及，進入戰國時期，由於疆域不斷擴大，楚國立都於國中的理念被打破，基本上是以某地的經濟資源、交通地理條件的好壞來決定是否定都於此。楚在淮陽建都，也正是在這樣的前提下而確定的。理清楚戰國時期淮陽楚郢都的水運路線，有利於我們進一步研究戰國後期楚國的經濟發展狀況。下面，我們就以陳郢為中心，將幾條重要航線分別作一考述。

一、楚魏航線

《史記　魏世家》說：「魏之先，畢公高之後也。畢公高與周同姓。武王之伐紂，而高封於畢，於是為畢姓。」西元前225年，魏被秦國所滅。戰國時，魏的國都按《中國歷史地圖集》第一冊戰國楚越版圖標示，在今河南黃河邊上的開封市。文獻中有魏惠王「三十一年，秦、趙、齊共伐我，秦將商君詐我將軍公子卬而襲奪其軍，破之。秦用商君，東地至河，而齊、趙數破我，安邑近秦，於是徙治大

---

① 楊寬先生認為：「這裡所說的江旁十五邑，疑是指黔中郡一部分地。」見《戰國史》，上海人民出版社1981年版，第353頁。
② 《史記　貨殖列傳》。

第八章　楚國的水運交通

梁」①的記載。此前,魏國為了在大梁（今開封）建立國都,在這裡大力興修水利,治理黃河,西元前361年,「入沔水於甫田,又為大溝而引甫水者也」②。魏建都之後,西元前339年,又在今開封市東南,「為大溝於北郛,以行圃田之水」③,即將黃河和淮河的丹、睢、濊、沙、潁諸水系聯繫起來,組成了以魏國都為中心的水道交通網。尤其是鴻溝的開浚,對於促進當時魏國的經濟發展,特別是沿運河城鎮商業貿易的繁榮,起到了十分重要的作用。這就是說,楚國遷郢至陳以前,陳地不僅水運交通便利,而且經濟貿易也十分活躍。《史記 貨殖列傳》說:「陳在楚夏之交,通魚鹽之貨,其民多賈。」即可說明這一點。

據《水經注 渠水》記載,遠古之世,陳地已是土地肥沃,資源豐富,河網湖泊縱橫交錯,以致酈氏認為這裡曾是伏羲神農併都的地方。春秋時,楚滅陳後,陳地就一直是楚國北疆的一個重要軍事據點。《左傳 哀公四年》記:「夏,楚人既克夷虎,乃謀北方。」即提供了至遲在春秋晚期,淮北諸邑就已開始由楚人進行經營、開發的資訊。楚人遷於陳,正好說明該地不僅具備良好的經濟基礎,而且水陸交通也十分便利。《水經注 渠水》說:「沙水④東流,注於淮,謂之沙汭。京相璠曰,楚東地也。《春秋左傳》昭公二十七年,楚令尹子常,以舟師及沙汭而還。」又說,「楚襄王為秦所滅,徙都於此。文穎曰西楚矣。三楚斯其一焉。（陳）城南郭裡,又有一城,名曰淮陽城,子產所置也。」很顯然,春秋戰國

---

① 《水經注 渠水》引《竹書紀年》說魏遷都大樑是在惠王四年,這裡從《史記 魏世家》說。
② 《水經注 渠水》。
③ 《竹書紀年 魏紀》。
④ 《水經注》中所說的沙河水道,即是魏國人所鑿的鴻溝,漢時叫狼湯渠,或蒗蕩渠。《漢書 地理志》載滎陽縣「有狼湯渠,首受濟,東南至陳入潁」。《渠水》謂沙自陳東注入淮,也叫蒗蕩渠。

時期楚人在此充分利用了魏人所鑿的鴻溝和其他水系，並將其作為戰國時楚國都陳郢通往南北的重要水道來加以整治和經營。《水經注　渠水》說：「沙水又南與廣漕渠合，上承龐官陂，云鄧艾所開也。雖水流廢興，溝瀆尚夥。昔賈逵為魏豫州刺史，通運渠二百里餘，亦所謂賈侯渠也。而川渠巡複，交錯畛陌，無以辨之。」這說明，由於魏人開鑿了鴻溝，引進了大量的黃河泥沙，這一地區的水系在魏晉時期淤積並改道，於是鄧艾、賈逵對這裡的河道進行疏浚。由此似乎可作出這樣的推測，即在楚人建都於陳前後，由於鴻溝受黃河水長期的氾濫和沖積，楚人在此做些河道的疏通工作，並非不可能。從實地調查的情況看，沙河故道殘跡仍然依稀可辨，且當地仍有不少關於楚人在此興修水利、疏浚河道的傳說。《讀史方輿紀要》卷四十七河南二陳州商水縣北池湖條說：「驛馬溝在縣南十里，相傳孫叔敖所鑿，以溝水湍急而名，屈曲六十里入於潁水。」此說是否可靠，姑且不論，但《水經注　渠水》記楚郢都陳地周圍有眾多的溝池，且沙水入潁處有「古百尺堰也，《魏書　國志》曰，司馬宣王討太尉王淩，大軍淹至百尺堨，即此堨也」，可見，楚人自來到陳郢之後，很重視農耕和發展水運。這就是說，文獻中提到的淮陽地區在先秦時期有數十座人工陂塘和幾條溝渠，這些水利設施大都少不了楚人的長期經營。

在楚郢都遷陳邑以前，儘管陳為楚轄，但當時的水運交通仍然是以戰國時期魏國的國都大梁為中心去發展和經營的。據《竹書紀年　魏紀》記，魏襄王七年（前312年）「四月，越王使公師隅來獻舟三百，箭五百萬，及犀角象齒」。另外，《國語　吳語》：「吳王夫差既殺申胥，不稔於歲，乃起師北征。闕為深溝，通於商魯之間，北屬之沂，西屬之濟，以會晉公午於黃池。於是越王勾踐乃命范蠡、文種，率師沿海溯淮以絕吳路。」可知，越國向魏國贈送三百隻船、五百萬隻箭以及其他貴重禮品，就利用了河淮間的水系

作為航運通道。當時越國至魏國的水運航線不超越這兩條航線：一條大抵上是走海道至淮河口，溯淮西上，再循鴻溝水系西北至魏都大梁；另一條是船隊由故吳都出發，經五湖涉江，走邗溝入淮，然後溯淮西上，再循鴻溝水系西北至魏都大梁。同時，在魏國的東西兩端，也有黃河諸水系可通秦、齊、魯、宋。尤其是在當時經商不受各諸侯國國界限制的情況下，魏都大梁通往各地的水陸交通，是頗為方便的。

但是，在楚立國都於陳之後，楚人主要是利用魏人所鑿的鴻溝去魏都大梁的。西元前268年，「齊楚相約而攻魏」，且「合於魏郊」[1]。在這場齊楚聯合與魏國發生的戰爭中，楚國的水師很顯然走的是陳與大梁間的鴻溝水路。據《水經注　渠水》記載，在戰國時，大梁已成為黃河流域的一大都會。《史記　貨殖列傳》說：「夫自鴻溝以東，芒、碭以北，屬巨野，此梁、宋也。陶、睢陽亦一都會也。」黃河流域的齊、魯以產桑麻著名，陳、夏以產漆著稱，當時這一地區的物產非常豐富。陳地水陸交通發達，「通魚鹽之貨，其民多賈」。不難看出，當時楚國的商人和政治使者，多往來於楚魏鴻溝運河間，並通過這條航線經黃河西溯可至周秦，東下可至衛趙。此外，在大梁中轉順丹水也可到達齊宋。由此可見，鴻溝不僅是楚國陳郢通往魏國國都的一條重要水道，而且也是楚國聯繫河北、河東諸國的一條重要水運交通線。

二、楚韓航線

韓國，姬姓，春秋時都於今山西臨汾，西元前375年，韓哀侯滅鄭，遷都於新鄭，後在西元前230年為秦國所滅。據史籍記載，在春秋時期，楚韓間的水陸交通十分方便。西元前317年（韓宣惠王五十六年），秦國伐楚，韓國畏懼，欲與秦和，楚國亦怕秦韓聯合攻楚，於

---

[1] 《史記　魏世家》。

是採用陳軫計，「乃警四境之內，興師言救韓。命戰車滿道路，發信臣，多其車，重其幣」①。從這段史料中可以看出，楚韓間是有道路可相互通達的。具體說來，楚國軍隊出方城（今河南魯山、方城一線）經今河南平頂山市、許昌市，即可到達戰國時的韓國國都新鄭。這條陸路交通線，文獻上稱之為「夏路」，是戰國早期荊州楚郢都通往楚國陳邑的道路。

　　戰國時期的韓國都先後建立在潁水和洧水兩岸。《水經注　潁水》記：「（潁水）又東南過陽翟縣北。」陽翟，酈氏在同書中說：「周末，韓景侯自新鄭徙都之。」②《史記　韓世家》說：「哀侯元年，與趙、魏分晉國。二年，滅鄭，因徙都鄭。」鄭，今新鄭。《水經注　洧水》說：「洧水又東逕新鄭縣故城中。」從《水經注》的〈潁水〉和〈洧水〉記載看，先秦時期的洧水在陽城西北注入潁水，而「潁水又東逕陳縣南，又東南左會交口者也。又東南至新陽縣北，蒗蕩渠水從西北來注之。」這說明，楚國都遷都於陳之前，韓國的水路基本上已成體系，通達各國頗為方便。但是，由於戰國中期楚國勢力強大，「楚兵十餘萬在方城之外」③，此時楚軍基本上已控制了陳邑以南的汝水和潁水流域航線。這就是說，當時韓國的水路交通線主要是憑藉黃河水道西溯抵秦，東去經濟水至齊、宋，然後再經淮水下游轉邗溝入吳越。若韓國的商人和軍隊入楚郢，結合當地諸水系的流向情況看，他們一般走的都是陸路，水路至荊州楚郢都是不大方便的。因此，在荊州楚郢都遷陳地以前，由水路至韓國國都新鄭，必須要在今河南南陽地區進行中轉。《鄂君啟節》中的〈舟節〉和

①　《史記　韓世家》。
②　陽翟為韓國都，按酈氏的說法，是「自新鄭徙都之」。但《史記　韓世家》記載，韓「哀侯二年，滅鄭，因徙都鄭」，這似乎可看出酈氏說韓國遷國都於陽翟的時間有誤，應當是韓滅鄭之後，韓自陽翟遷都於新鄭。見《中國歷史地圖集》第一冊楚越版圖。
③　《史記　韓世家》。

第八章　楚國的水運交通

〈車節〉記載，即可說明這個問題。楚國國都與韓國國都間的水路方便，這是在楚郢都東遷陳城之後了。

據文獻記載，陳郢在鴻溝的西岸，與南邊的潁水鄰近，並且鴻溝渠水在陳郢東南與潁水交匯。同時在潁水的上游，又有洧水與潁水相通。在陳郢的西部，隱水溝通汝水和潁水①。這些水系構成了戰國後半期陳郢通往韓國各地的水運交通網系。《史記 貨殖列傳》在描寫當時居於齊、楚、秦、趙等國中央的洛陽商人經商情形時說：「周人既纖，而師史尤甚，轉轂以百數，賈郡國，無所不至。洛陽街居在齊、秦、楚、趙之中，貧人學事富家，相矜以久賈，數過邑不入門。」又說：「洛陽東賈齊、魯，南賈梁、楚。」雖然以上文獻中沒有正面交代戰國中晚期的楚郢至韓國各地有水路相通，但它卻反映了當時楚韓兩國的商人往來頻繁。《戰國策 韓策》中多處記述楚韓間發生軍事衝突，亦可看出戰國後半期的楚韓間的水陸交通是十分方便的。尤其是當時韓都新鄭在洧水的北岸，楚都陳在鴻溝與潁水之間，洧、潁、溝渠又皆可相通，因此，楚韓兩國之間的政治、經濟往來，主要還是依靠這裡的水路交通。從這一地區的水系地圖看，當時楚郢都陳至韓國都新鄭以及韓國各地，一般有三條水路可走。一條是自陳郢出發，順鴻溝而下，在今河南項城附近入潁水，然後再溯潁水經洧水直達韓國新鄭。另一條是在項城附近入潁水之後，直溯潁水至故韓都陽翟。再一條水路是自楚陳郢出發，順鴻溝而下，在項城附近入潁，然後溯潁水在今河南商水縣東南轉入隱水，再經隱水入汝水而進入韓國西南各地。這三條楚韓航線，一般來說都是以潁水和汝水為主幹，其他河流為支系所組成的。因此，潁、汝二水的地位，在先秦時期也是顯得特別重要的。顧祖禹在《讀史方輿紀要》卷四十六河南一潁水條中分析潁水

---

① 參見《水經注》的〈潁水〉、〈汝水〉等。

形勢時說：「潁水歷郡三，行千五百里，自古用兵之地也。」他在同書中引宋劉敞說：「汝水遠淮，北拒潁懸瓠之險，為南北必爭之處。」在經濟往來方面，各國商人也十分注重利用這幾條楚韓間的航線，如當時著名的大商人呂不韋就居於陽翟。據文獻記載，陽翟在戰國時期也是韓國的一大商業都會，其人口至漢代仍有「戶四萬一千六百五十，口十萬九千」[1]，是屬韓國的水陸要衝之地[2]。《史記　呂不韋列傳》說呂氏在這裡「往來販賤賣貴，家累千金」，並且經常奔波於趙楚之間，經營珠玉[3]。這說明，楚韓間的水上交通方便，不僅對戰國後期的楚國陳郢經濟發展有著一定的影響，而且對當時楚韓聯盟抗秦，穩固楚郢都陳邑西北地方的安全，發揮了比較大的作用。

三、陳郢至城陽航線

城陽，戰國時期屬楚地，在今河南信陽市北。《水經注　淮水》說：「淮水又東北逕城陽縣故城南。漢高帝十二年，封定侯奚意為侯國，王莽之新利也，魏城陽郡治。」這說明城陽自戰國時期至漢魏，一直是淮水上游的一座水陸交通方便的軍事重鎮。《戰國策　楚策》在記述秦軍拔鄢、郢時說：「（楚）襄王流掩於城陽。」有人認為這裡的「城陽」，當是指史書中記楚王「東北保於陳城」的楚陳郢。但張琦認為，「城陽故城在今光州息縣西界，北距陳三百餘里。蓋自城陽而至陳，非城陽即陳也。[4]」結合秦將白起拔郢而東至竟陵、安陸的行軍路線，張琦否認城陽即陳的說法是正確的。因此，在戰國後期，城陽當是楚襄王東遷郢都至陳邑的必經之路。春秋時，吳楚之戰的水陸兩軍多次爭奪城陽及其附近區域，即可看出城陽一帶在當時已

---

① 《漢書　地理志》。
② 《讀史方輿紀要》卷四十七河南二禹州條。
③ 《戰國策　秦策》。
④ 褚祖耿：《戰國策集注匯考》，江蘇古籍出版社1985年版，第208頁。

第八章　楚國的水運交通

經有很重要的軍事地位。

　　白起拔郢之後，雖然楚在軍事上受到了很大的挫折，荊州楚郢都遭到毀滅性的破壞，但長江中游以南的遼闊土地，仍然還有相當一部分在楚人管轄之中。《睡虎地秦墓竹簡　編年紀》記載秦昭王二十七年攻鄧（在今湖北襄陽市西北），二十八年攻鄢（在今湖北宜城南），二十九年攻安陸（在今湖北雲夢、安陸一帶），三十二年攻啟封（今河南開封西），三十三年攻蔡、中陽（蔡，即上蔡，在今河南上蔡西南；中陽，在今河南中牟西），三十四年攻華陽（在今河南新鄭北）。當時儘管秦將白起拔郢之後，在湖北荊州「以郢為南郡」，又「定巫黔中郡」[1]，但在秦昭王三十年（前277年），楚「複西取秦所拔我江旁十五邑以為郡」[2]。這就是說，秦將白起拔郢之後，其軍事主力已轉移至中原，楚的江南地盤很快地又為楚國所有。這說明，楚人將政治、經濟中心東移至陳郢後，江南地區的各個城市仍然與陳郢有著很密切的聯繫。楚國陳郢至城陽的潁、汝、淮三水航線，正是當時楚國國都與江南地區即今湖北、湖南東部等地區之間的政治、經濟往來的重要水、陸通道。

　　據《水經注》相關記載分析，戰國後期的楚國陳郢至楚國的江南地區及黔中郡等西南地區，一般都是順鴻溝，沿潁水，然後舟溯淮水西上，在城陽中轉經陸路，過「義陽三關」，走今湖北廣水、安陸一線的南北道路至江夏地區的。然後再由江夏地區經長江、湘、資、沅、澧進入黔中郡。另外，當時淮水上游以南即今湖北東部地區的澴水、舉水、瀟水、倒水等水系，也是戰國時楚陳郢聯繫南方的重要航道。這幾條航道開發甚早，遠在商周時期，商人就曾沿著瀟水流域來到鄂東，並在今黃陂盤龍城建立了軍事城邑，控制了當時所謂的

---

① 《史記　白起王翦列傳》。
② 《史記　楚世家》。

南土①。近年來，考古工作者在湖北孝感草店坊發現東周時期古城遺址和在孝感花園澴水東岸發現漢魏時期軍事城堡遺址②，即可說明鄂東地區這些南北流向的水系，直至漢魏時期仍然被人們作為南方通往中原的重要水道。尤其是西元前301年，齊、韓、魏聯合戰勝楚軍，「取宛、葉以北」③，控制了夏路北段之後，陳郢聯繫南方的鄂東諸水系就顯得更為重要。黃盛璋先生在〈關於鄂君啟節地理考證與交通路線的復原問題〉一文中，考證〈舟節〉中「延江，庚木關，庚郢」時說：「延江，庚木關，仍為自鄂西出溯江而上，至古舉口（今團風鎮，舊名三江口）乃分兩支，一支溯舉水（歧亭河）北上，以木關為限，另一支仍溯江西出到郢，《元和郡縣志》麻城縣下說：『龜頭山在縣東南（北）八十里，舉水之所出地，春秋吳楚戰於柏舉，即此地也。』按柏舉為吳楚會戰關鍵之地，楚師敗，吳即自此長驅入郢，可見這一帶為楚國國防要塞，然木關古今當有變遷，古木關沿舉水，並為航運終點。」④結合湖北沙市在先秦時期是由長江中的幾個沙洲組合而成的地理環境看⑤，楚木關設在沙市確實是不可能的。黃先生認為楚木關在舉水，而不在今長江邊上的沙市，甚為精當。事實上，舉水中的木陵關，自古以來即是兵家、商人往來於中原淮水流域的水陸交通要道⑥。

　　戰國時期的城陽及其附近地區，土地肥沃，物產豐富，農業和手工業較為發達。1957年春，河南文物工作隊在今信陽北長臺關小劉莊西北崗上，發掘了戰國時期的一座楚墓。墓中出土有各種樂

① 宋煥文：《從盤龍城的考古發現試談商楚關係》，載《江漢考古》，1983年第2期。
② 見1988年湖北孝感地區博物館文物館藏資料。
③ 《戰國策　韓策》。
④ 黃盛璋：〈關於鄂君啟節地理考證與交通路線的復原問題〉，《歷史地理論集》，人民出版社1982年版，第276頁。
⑤ 袁純富：〈沙市歷史地貌及其演變過程〉，載《荊州師專學報》，1983年第3期。
⑥ 《新唐書　李道古傳》。

第八章　楚國的水運交通

器、漆木器、銅器、玉器、鐵器、陶器和絲織品、竹席、果核等800
餘件。[1] 可見，這一地帶在春秋戰國時期並不是一片荒野，而是楚
人活動頻繁、人口較為集中的地區。據民國《續修信陽縣志　城池》
記載：「楚王城在（信陽）縣北六十里，東臨平漢線，相傳楚王春秋
屯兵處。城東西約四十丈，南北略長，基址尚存，東南面城壕寬十餘
丈，深二丈許。」經考古工作者實地調查，楚王城比縣志所記載的要
大得多。東城牆長640公尺，西城牆長422公尺，南城牆長936公尺，北
城牆長770公尺，平面略成梯形，總面積約68萬平方公尺。城內出土有
戰國銅器、瓦當、陶片、蟻鼻錢、郢爰金幣等文物。據分析，楚王城
始建年代可以早到春秋，擴建於戰國，原為楚之城陽。白起拔郢後，
楚頃襄王曾以城陽作為臨時國都 [2]。事實證明，在春秋時期，今河南
信陽一帶「控據三關，為全楚之襟要，北接陳、汝，襟帶許、洛，南
連襄、郢，肘腋息、黃」[3]，是楚陳郢聯繫南方的水陸中轉要地。這就
是說楚陳郢和城陽間的潁、汝、淮這三條航線對戰國後期楚國南方經
濟的發展、政治局勢的穩定，都起到了不可低估的作用。

四、陳郢至下蔡航線

下蔡，春秋戰國時期屬楚地，西元前493年，蔡昭侯自新蔡遷都
於此，稱為下蔡，故址在今安徽鳳臺淮水的北岸。西元前447年，為
楚惠王所滅。據《水經注　淮水》記載，下蔡地區在春秋時期已被
人們所開發。《左傳　昭公九年》，楚公子棄疾遷許於淮夷，實城
父，取州來淮北之田以益之，即在此。至戰國時，下蔡被楚人控制
後，為楚國淮水流域的一大軍事重鎮。酈道元在談到這裡的地理形
勢時說：「宋人有取道者，其馬不進，投之雞水是也。雞水右會夏

---

① 河南文物工作第一隊：〈我國考古史上的空前發現——信陽長臺關發掘一座戰國大墓〉，載
《文物參考資料》，1957年第9期。
② 歐潭生：〈信陽楚王城是楚頃襄王之臨時國都〉，載《中原文物》（特刊），1983年版。
③ 《讀史方輿紀要》卷五十河南五信陽條。

肥水，而亂流東注，俱入於淮。淮水又北逕山硤中，謂之硤石。對岸山上，結二城以防津要。西岸山上有馬跡，世傳淮南王乘馬，升仙所在也。今山之東南石上，有大小馬足跡十餘處，仍今存焉。淮水又北逕下蔡縣故城東，本州來之城也。吳季劄始封延陵，後邑州來，故曰延州來矣。春秋哀公二年，蔡昭侯自新蔡遷於州來，謂之下蔡也。淮之東岸，又有一城，即下蔡新城也。二城對據，翼帶淮汶。」這段史料說明，下蔡地區在先秦時期，其地理位置是十分重要的。顧祖禹認為，「下蔡郡常以重兵戍宋」，即可看出該地區在古代具有水陸交通便利的優勢。

　　春秋戰國時期，淮北地區一般來說受黃河影響不大，水系破壞程度沒有像漢魏以來這麼嚴重。淮水左岸的下蔡一帶，在先秦時期，不僅植被情況良好，而且水系縱橫交錯，航道四通八達。下蔡城的西北面有潁水，北面有西肥河，東北面有渦水、瀙水，南面有淮水連貫東西，此城可以說在當時居於淮水流域之中，是春秋戰國時期楚聯繫東西南北各地的水陸交通樞紐[1]。西元前485年，「冬，楚子期伐陳。吳延州來季子救陳」[2]。西元前476年，「秋，楚沈諸梁伐東夷，三夷男女及楚師盟於敖」[3]。敖，按杜預解釋：「從越之夷三種。敖，東夷地。」《史記　陳杞世家》說：「吳王僚使公子光伐陳，取胡、沈而去。」胡、沈二地，司馬貞《索隱》引《系本》云：「胡，歸姓；沈，姬姓。沈國在汝南平輿，胡亦在汝南。」沈在今安徽臨泉，胡在今安徽阜陽，皆在故潁水流域的西南岸。這說明在春秋的晚期，吳楚雙方多次爭奪陳地。雙方水師多往

---

① 下蔡原為州來，古國名。西元前531年楚取州來，西元前529年為吳奪，其後屬楚，西元前519年又入吳。西元前493年，吳王夫差遷蔡昭侯於此，戰國時又屬楚。故本文取州來春秋戰國楚邑說。

② 《左傳　哀公十年》。

③ 《左傳　哀公十九年》。

第八章　楚國的水運交通

來於下蔡與陳邑之間，將楚沈諸梁攻伐東夷吳越，楚師盟於敖這一史料結合那裡水鄉澤國的地理環境看，淮水下游以及淮南諸水系，當是可供人們舟楫往來的重要水道。

戰國後期，楚國郢都遷徙到陳邑之後，楚人繼續將下蔡作為江淮地區的重要軍事門戶和水陸交通中轉港。當時楚國將江南所出的楠、梓、薑、桂、金、錫、連、丹砂、犀、瑇瑁、珠璣、齒革等物產貢奉楚王，一般都要走江淮水道經下蔡運至陳郢。《史記 河渠書》說：「滎陽下引河東南為鴻溝，以通宋、鄭、陳、蔡、曹、衛，與濟、汝、淮、泗會。」水運條件的改善和網路的形成，促進了古代城市的發展和商業的繁榮。《史記》在記述范蠡經商致富時說：

范蠡既雪會稽之恥，乃喟然而歎曰：「計然之策七，越用其五而得意。既已施於國，吾欲用之家。」乃乘扁舟浮於江湖，變名易姓，適齊為鴟夷子皮，號陶為朱公。朱公以為陶天下之中，諸侯四通，貨物所交易也。乃治產積居，與時逐而不責於人。故善治生者，能擇人而任時。十九年之中三致金千。[1]

由於當時經商致富甚快，於是，在全國範圍內出現了「富商大賈周遊天下，交易之物莫不通，得其所欲」[2]的局面。楚陳郢之民也不例外，他們當中大多數人都熱衷於經商。故《史記 貨殖列傳》中有「陳在楚夏之交，通魚鹽之貨，其民多賈」之說。在這樣的特定歷史條件下，楚國郢都陳至下蔡的水運航線，在東楚地區，就顯得特別重要。

據《水經注》相關記載分析，戰國時期楚陳郢至下蔡，必須沿

---

① 《史記 貨殖列傳》。
② 《史記 貨殖列傳》。

鴻溝而下，經楚項城（在今沈丘）順潁水入淮才能至下蔡。這條航線在戰國時，河道比今要寬闊，流量亦大，有利於當時大型船隻通航。船隻到了下蔡之後，也可一路順淮水入海或走邗溝水路至吳越，一路溯淮水至城陽，並中轉走水路可至楚南郡和黔中郡。另外，由下蔡出發，經壽春走肥水在今巢縣一帶入江，可至今江西、浙江等地。在淮北地區，楚陳郢的船隻到了下蔡之後，繼續沿淮水而下，經睢水、泗水可至魯、宋。解放後，在今鳳臺、淮南、巢縣、鳳陽、固始、信陽，以及山東的泰山腳下，皆發現有楚人活動過的遺物和遺跡[①]，即證明了當時上述地區的水陸交通是可互相通達的。尤其是在安徽淮南蔡家崗趙家孤堆發現蔡侯產墓，墓中出土有錯金絲鳥篆文「蔡侯產」劍三把，鑄文三十六字「吳王諸樊」劍和十字「吳王夫差」戈各一件，錯金絲鳥篆文十二字「越王者旨於賜」劍二把[②]。這些文物的發現，證實了楚、吳、越、蔡之間有過很密切的聯繫，而他們間政治、經濟、文化的往來，基本上是依靠和利用該地區水陸交通便利的自然地理條件。

事實證明，楚國陳郢通往下蔡的航線，實際上是當時楚國控制江淮東南各地政權的生命線。這條航線雖然不是楚人最早開發的，但自楚國的政治中心東移至陳郢後，楚國對它做了大量的疏浚和整治工作，是完全有可能的。楚國令尹春申君在當時就是一位很有影響的治水專家。總之，楚陳郢至下蔡航線不是孤立的航線，而是戰國時期楚國郢都陳水運網系的一個重要組成部分，對楚國後期政治、經濟的穩定和發展，起到了很大的作用。

---

① 參見文物出版社1979年出版的《文物考古工作三十年》安徽部分第233—234頁；河南部分第280—281頁；山東部分第192頁。
② 固始侯古堆一號墓發掘組：〈河南固始侯古堆1號墓發掘簡報〉，載《文物》，1981年第1期。

第八章 楚國的水運交通

第五節　戰國時期楚壽郢的水運交通

西元前254年，楚人由於受秦國勢力的壓迫，曾將國都遷徙至鉅陽 ①。爾後西元前241年，楚「與諸侯共伐秦，不利而去。楚東徙都壽春，命曰郢」②。楚王負芻五年（前223年），楚國終被秦滅。楚人在壽春立郢都的19年間，楚國的政治、經濟形勢江河日下。但是，楚國依然有一定實力，其在壽春營造的國都，比戰國時期荊州紀南城楚郢都、宜城楚皇城楚郢（鄢郢）都，以及淮陽陳郢都的規模還要大，其遺址面積和城內建築設施都超過了上述幾座楚國都城的規格 ③。

1989年10月，湖北沙市博物館與安徽省考古研究所的考古人員一起，到安徽壽縣進行實地勘探，在今壽縣城關鎮南東津鄉一帶找到了當年壽春楚郢都城遺址，並確定了東、西、南、北城垣和南城門、西城門遺址。城內總面積達20多平方公里，其形制、建築結構與荊州紀南城遺址絕大部分相同，建築臺基比紀南城內所分布的要多 ④。可見，壽春楚郢都雖然是在楚的後期建成，但它面積廣大，臺基密實，正好說明壽春楚郢都在當時是楚國境內最大的一座工商業城市。

楚國在壽春依託淮水中游控制長江以南的楚人堅持抗秦，江淮楚民肩負著沉重的賦稅任務。各國商人在當時動盪不安的政治局勢下，紛紛從事走私和物資販賣活動。在楚考烈王之後，楚國的經濟中心似乎有向楚東南即故吳地移動的趨勢。《史記　春申君列傳》所記春申君請封於吳，「行相事」，「以自為都邑」，似可提供這一資訊。因此，這一時期楚國的漕運以及軍事活動，都是以淮水流域和長江中下游流域為中心而展開的。下面，我們就以壽春楚郢都為中心，將當時

①　《資治通鑒　秦紀一》。
②　《史記　楚世家》。
③　安徽省文物考古研究所提供資料。
④　根據安徽省文物考古研究所提供的勘探資料。

楚國通往他國的水運路線，分別作一考述。

一、楚越航線

楚國的國都遷徙至壽春以前，吳越之地已經被楚國控制，其地在史書上稱為楚的「江東[①]」，屬戰國時期楚國的東楚地域。楚國自郢都東遷之後，對秦人勢力的恐懼心態日益加重。楚國令尹春申君出於某種考慮，要求君王將其封地改至邊遠的後方。當時，楚相春申君輔佐考烈王，改封故吳都「行相事」，即往來於江淮間的水陸要道上。《史記・春申君列傳》中還有這樣一段記載：「春申君既相楚，是時齊有孟嘗君，趙有平原君，魏有信陵君，方爭下士，招致賓客，以相傾奪，輔國持權。」天下名士皆往來於各國間，其中能者富可敵國。如同書記載，「趙平原君使人於春申君，春申君舍之於上舍。趙使欲誇楚，為瑇瑁簪，刀劍室以珠玉飾之，請命春申君客。春申君客三千餘人，其上客皆口躡珠履以見趙使，趙使大慚。」這段史料雖然說的是趙楚之間的使者、門客都想誇耀本國的富庶，但是從另一個方面則透露了當時趙國至楚國的江東故吳地，是有水陸道路相通的。

《水經注・淮水》說：

（淮水）又東北流，逕壽春縣故城西。縣即楚考烈王自陳徙此。秦始皇立九江郡，治此。兼得廬江、豫章之地，故以九江名郡。漢高帝四年，為淮南國。孝武元狩六年，複為九江焉。文曰：「《史記・貨殖列傳》曰，淮以北，沛、陳、汝南、南郡為西楚，彭城以東，東海、吳、廣陵為東楚者也。」……（淮水）又東過壽春縣北，肥水從縣東北流注之。淮水於壽陽縣西北，肥水從城西而北入於淮，謂之肥口……（淮水）又東過鍾離縣北……又東過淮陰縣北，中瀆水出白馬湖東北注之……中瀆水，首受江於廣陵郡之江都縣。縣城臨江。應劭

① 《史記・春申君列傳》。

《地理風俗紀》曰：「縣為一都之會，故曰江都也……昔吳將伐齊，北霸中國，自廣陵城東南築邗城，城下掘深溝，謂之韓江，亦早曰邗溟溝。自江東北通射陽湖。《地理志》所謂渠水也，西北至末口入淮……（淮北）又東至廣陵淮浦縣，入於海。」

從上述史料看出，春秋戰國時期楚壽春至吳越至少有三條水路可走：第一條水路即是自壽春出發，順淮水東下，在今江蘇鎮江市附近轉入邗溝，經廣陵（今江蘇揚州市北）過江，再入百尺瀆，至吳都[1]。第二條水路自壽春出發，順淮水而下，走海道，至越都。《史記 越王勾踐世家》記范蠡出走「乃裝其輕寶珠玉，自與其私徒屬乘舟浮海以行，終不反」，即表明當時楚齊兩國至越的海航線已經開闢。第三條水路也是從壽春出發，走肥水，入施水，經巢湖進入長江，然後在今安徽蕪湖市一帶入長江，經太湖至吳、越兩都。另外，楚國船隊進入長江之後，若繼續順江而下，並在今江蘇鎮江市附近入瀆水，也可抵達吳都。若船隊渡江，在今安徽蕪湖市南入滄水，同樣可進入楚國江南的東部地區。《史記 越王勾踐世家》在記述勾踐滅掉吳國時說，越王「乃以兵北渡淮，與齊、晉諸侯會於徐州，致貢於周。周元王使人賜勾踐胙，命為伯。勾踐已去，渡淮南，以淮上地與楚，歸吳所侵宋地於宋，與魯泗東方百里。當是時，越兵橫行於江、淮東，諸侯畢賀，號稱霸王。」這說明，在春秋戰國時期楚滅吳越以前，江、淮以東地區的水運交通是極為方便的。楚滅越之後，直至漢魏時期，江、淮地區的水路航線仍然保持暢通[2]。很顯然，楚人將政治、經濟中心轉移到安徽壽縣之後，他們對於江淮東部地區的故水道，是做了一些疏浚工程的。文獻說楚相春申君封於故吳都，在此開

---

① 《越絕書 吳地傳》。
② 參見《水經注》中〈淮水〉、〈肥水〉、〈施水〉等。

鑿和疏通故道，「以瀉西野」，即說明戰國後期楚人對東楚地區的水運事業十分重視[1]。

同時，在吳越之間，其水運交通亦十分通暢。《吳越春秋　勾踐歸國外傳》說：「越王乃使大夫種索葛布十萬，甘密九䵞，文笴七枚，狐皮五雙，晉竹十廋以複封禮……吳王得葛布之獻，乃複增越之封，賜羽毛之飾，機杖、諸侯之服。」吳越間的交通往來，一般來說都是行於水道。當時越至吳都，從會稽（在今浙江紹興）出發，走百尺瀆，經太湖，行程約100多公里即可抵達吳都。當時吳、越兩都皆設有水門。《越絕書》卷二說：

吳大城，週四十七里二百一十步二尺。陸門八，其二有樓。水門八。南面十里四十二步五尺，西面七里百一十二步三尺，北面八里二百二十六步三尺，東面十一里七十九步一尺。闔廬所造也。

又《越絕書》卷八說：

勾踐小城，山陰城也。週二里二百二十三步，陸門四，水門一。今倉庫是其宮臺處也。

可見，在春秋戰國時期，吳越間的水陸運輸均可直接進入兩國國都，在城內進行貨物裝卸。這樣便利的交通條件，一直延續到戰國後期。

楚相春申君封於吳地後，在故吳都「自為都邑」。他在這裡進行了一些城市市政和農田水利建設[2]。司馬遷當年至故吳都城內看到

---

① 《越絕書　吳地傳》。
② 《越絕書　吳地傳》。

第八章　楚國的水運交通

春申君所留下的一些建築遺址，就發出了「春申君故城，宮室盛矣哉！①」的感慨。當時春申君在此興築糧倉、擴建宮室，都少不了要利用這裡的水路和陸道。這說明，吳越地區的水運交通故道，直至楚人佔領這塊土地，仍然在發揮經濟效益。

在先秦時期，江淮以東是水多陸地少的水鄉澤國地區。在這樣的地理環境中，楚國郢都壽春至故吳越地，不僅水路四通八達，而且陸路交通亦十分方便。壽春郢都遺址發現有車路可通的城門遺址，吳都、越都、無錫城等皆有陸門數座，即可說明楚越之間和吳越之間，是有道路相通的。當時吳越人已能根據當時當地的氣候、季節以及河道流量情況的變化，採用「夏則資皮，冬則資絺，旱則資舟，水則資車」②的辦法，去從事經商活動。當時壽春楚郢都通往吳越，據有關史料記載，至少有兩條主幹道可通。第一條道路即從壽春楚郢都東門出發，經今長豐、羅集、肥東、拓皋、昭關一線，然後過長江，再經今馬鞍山、秣陵關、溧水、溧山、宜興、無錫，而至吳都。這條路線的江北段，《鄂君啟車節》中有「庚下蔡、庚居巢」的記載。其渡江後的一段，大體上即楚伍子胥避難奔吳的路線③。第二條道路自壽春楚郢都出發，經今長豐、定遠、張八嶺、滁州，在江浦一帶渡江，然後再經句容、丹陽、武進、無錫，進入吳都。在這條路線上，春秋中、晚期吳楚間曾多次發生軍事衝突和使者之間的往來④。《越絕書 吳地傳》中記：「吳古故陸道，出胥明（門），奏出土山……席陽下溪，過歷山陽、龍尾西大決，通安湖。」又說：「吳古故從由拳辟塞，度會夷，奏山陰。辟塞者，吳備侯塞也。」這說明，在春秋戰國時期吳楚之間水陸交通的便利對當時兩國政治、經濟、文化等方面的

---

① 《史記　春申君列傳》。
② 《國語　越語》。
③ 曹雲忠等：《中華名關》，解放軍出版社1988年版，第56頁。
④ 《史記　楚世家》。

往來和發展，都發揮了很大的作用。尤其是楚人控制吳越地區之後，楚越間的水陸交通，對於楚國政權的延續和穩定，其作用更是不可低估的。當時吳越地區的大量物資和兵員，都要經過楚越間的水陸路線運至楚國壽春郢都和淮北。

二、楚南昌航線

南昌位於今江西南昌縣西南贛江南岸，屬戰國時期楚國南楚地域。從史籍記載看，在楚郢都東徙至陳、壽春時期，秦軍尚未進發贛中南地區。秦軍平定嶺南攻擊百越的時間，按唐兆民先生考訂，「當在秦王政二十六年（前221年）統一六國後至三十三年之間」[①]。此說甚為精當。這說明戰國後期的南楚地域，當是楚國可靠的後方。

南昌在戰國時期，是楚國南越地區的一個軍事重鎮，贛粵水陸交通的咽喉。《隋書 地理志》說，贛粵地區的先民與江浙一帶的先民，習俗略同，都善於習水，依靠舟楫「以物相貿易」[②]。在先秦時期，南昌水資源豐富，水路交通方便。酈道元在《水經注 贛水》中分析這裡地理形勢說：「贛水出豫章南野縣西，北過贛縣東……班固稱南野縣，彭水所發，東入湖漢水。庾仲初謂大庾嶠水北入豫章，注於江者也。《地理志》曰，豫章水出贛縣西南而北入江。蓋控引眾流，總成一川。」當時楚南昌地區的各類物資運至壽春楚郢都，其水路主要是依靠南楚的贛江。贛江在先秦時期，流量比今大，河道寬闊，有利於大型船隻通行。〈鄂君啟舟節〉記：「逾江，庚彭蠡，庚松陽，內澮江，庚爰陵。」說的就是戰國時期鄂君啟船隊在贛江運行的情況 [③]。

至戰國晚期，楚國郢都遷壽春之後，因當時戰爭形勢和穩定政權

---

① 唐兆民：〈鑿渠〉，《靈渠文獻粹編》，中華書局1982年版，第126頁。

② 《史記 貨殖列傳》。

③ 「澮江」，郭氏以為今贛江，從郭氏說。參見郭沫若〈關於鄂君啟金的研究〉，載《文物參考資料》，1958年第4期。

的需要，南昌地區的物資和勞役都是要貢奉楚國的。當時豫章多產黃金，多產竹木、糧食，有很大一部分需要運往楚國各地。尤其是在戰國時期，楚國各地商業貿易都很活躍。《史記　貨殖列傳》說：「番禺亦其一都會也，珠璣、犀、瑇瑁、果、布之湊。」今廣州沿海一帶在戰國時期以至秦漢，商業貿易比較繁榮，許多貨物也需要運至北方。《鄂君啟舟節》中提到：「屯三舟為一舿，五十舿，歲罷返。」郭沫若先生說：「屯，集也，〈離騷〉『屯余車其千乘』，三舟為一舿，五十舿則為一百五十舟。」① 可見當時楚國南方商業水運規模已相當可觀。

據有關史籍記載，戰國晚期壽春楚郢都至南昌地區的水路中，有一條比較通暢，無需陸路轉運②。這條水路大體上是自壽春楚郢都出發，經肥水、施水入長江，然後再溯江至彭澤（今江西湖口東）入贛江，沿途所經城邑18座，行程1000多公里，自南向北航行時速較快，大部分航道都是順水而下。據當地交通部門提供的資料，江西贛州至安徽壽縣，在新中國成立初期，汛期木船行駛時間，大約為半個月。這段較長的航線，歷史上亦曾分為江淮線和江南線，即大體上以長江為劃分。江淮線是以淮水、肥水、施水為主，江南線則是以長江、贛江、余水、中江等水系為主，形成整個楚國的南方水運網路。

在長江以北的江淮航線上，肥水和施水是壽春楚郢都的咽喉要道。江南以及當時江東地區的大量物資都要經過這條要道運至楚郢都。《史記　貨殖列傳》記：「郢之後徙壽春，亦一都會也。而合肥受南北潮，皮革、鮑、木，輸會也。」即說明了肥、施二水是當時南北運輸的通道和物資集散地。這條航線直至漢魏及隋唐，仍然還在發揮作用。如西元209年春三月，曹操在譙（今安徽亳縣）作輕舟，治水

---

① 郭沫若：〈關於鄂君啟金的研究〉，載《文物參考資料》，1958年第4期。
② 陳懷荃，楊善富：《安徽古代航運發展概況》，1986年全國水利史學會年會論文。

軍,秋七月,自渦入淮,出肥水,軍合肥^①。又如孫吳在濱臨大江的濡須水口(在今安徽無為縣)築有大型的船塢和堅固的軍事碼頭,停泊著眾多的船艦,儲存著大量的軍需物資,即說明了肥水通施水的入江口處是古代江淮航線上的要隘^②。

同時在長江以南的航線中,長江、贛江航線最長。西元前221年,秦始皇「並天下,略定揚越,置桂林、南海、象郡,以謫徙民,與越雜處十三歲」^③。《史記集解》引徐廣曰:「秦並天下至二世元年(前209年),十三年。並天下八歲乃平越地,至二世元年,六年耳。」這裡不難看出,「並天下八歲乃平越地」,即是從始皇二十六年起至三十三年止,共為八年。在此期間,秦人在攻破壽春楚郢都之後,調其主力部隊揮師南下,去平定南越。當時秦軍平定南越的路線,主要是沿著江南水道和陸路。《淮南子 人間訓》在記述秦人征服南越時說:

(秦始皇)又利越之犀角、象齒、翡翠、珠璣,乃使尉屠睢發卒五十萬為五軍,一軍塞鐔城之嶺,一軍守九嶷之塞,一軍處番禺之都,一軍守南野之界,一軍結余干之水,三年不解甲弛弩。使監祿無以轉餉,又以卒鑿渠而通糧道,以與越人戰……莫肯為秦虜,相置桀駿以為將,而夜攻秦人,大破之,殺尉屠睢,伏屍流血數十萬。乃發適戍以備之。

至於秦尉屠睢在征伐南越時所使用的交通工具,《史記 主父偃列傳》作了這樣的交代:「嚴安上書曰:『及至秦王,蠶食天下,併吞六國,稱號皇帝,主海內之政……欲肆威海外,乃使蒙恬將兵

① 《三國志 魏書 武帝紀》。
② 《三吳志 吳書 吳王傳》。
③ 《史記 南越王趙陀傳》。

以北攻胡……又使尉睢將樓船之士南攻百越，使監祿鑿渠運糧，深入越。』」這說明，秦軍進入南越，其用兵路線主要走的是江淮以南的贛江水路。《史記　南越列傳》記西元前113年，漢武帝下赦曰：「今呂嘉、建德等反，自立晏如，令罪人及江淮以南樓船十萬師往討之。」裴駰《集解》引應劭曰：「時欲擊越，非水不至，故作大船。」說明當時壽春楚郢都至南越的肥、施、江、贛等水系，直至漢魏唐宋，仍是一條很重要的水運交通線。《元和郡縣志》卷五說：「自揚、益、湘南至交、廣、閩中等州，公家運漕，私行商旅，舳艫相繼。」即是對隋唐時期長江以南水運交通四通八達的寫照。

總之，在戰國後期，楚國失去江漢平原，江淮東楚和南楚的水陸交通成為楚發展各地間商業貿易，聯合抗秦，維持殘局的生命線。事實證明，以壽春楚郢都為中心的楚郢至南越南昌航線，對楚國後期的經濟發展和政權延續是發揮了重要作用的。當年秦將王翦攻破壽春楚郢，獲楚王負芻，並繼續「南征百越之君」[1]。即可看出楚江南地在秦國平定六國的大業中，具有十分重要的戰略地位。因此，戰國時期壽春楚郢至南昌水道，其運輸、排灌、蓄洪、養殖等多方面的作用，是不容忽視的。

三、楚長沙航線

長沙位於今湖南湘江的東岸，屬戰國時期楚國的南方。《讀史方興紀要》卷八十湖廣六長沙府長沙縣條引蘇林說：「古青陽也。秦始皇二十六年，荊王獻青陽以西是也。」其實在戰國時期，長沙作為地名即已有之。《史記　越王勾踐世家》有「複讎、龐、長沙，楚之粟也」的記載。《漢書　鄒陽傳》說：「越水長沙，還舟青陽。」即可看出在戰國時期，長沙、青陽當是兩地名，並且皆在湘江之上。

西元前279年，秦將白起拔郢，東至竟陵、冥阸，領兵北上中原，

---

① 《史記　白起王翦列傳》。

可能是因地理條件或地廣人稀的緣故，秦軍當時未進入楚之江南。長沙以南和以西，皆是楚國的大後方。《史記　秦始皇本紀》中有這樣的一段記載：

　　秦初並天下，令丞相、御史曰：「異日韓王納地效璽，請為藩臣，已而倍約，與趙、魏合從畔秦，故興兵誅之，虜其王。寡人以為善，庶幾息兵革。趙王使其相李牧來約盟，故歸其質子。已而倍盟，反我太原，故興兵誅之，得其王。趙公子嘉乃自立為代王，故舉兵擊滅之。魏王始約服入秦，已而與韓、趙謀襲秦，秦兵吏誅，遂破之。荊王獻青陽以西，已而畔約，擊我南郡，故發兵誅，得其王，遂定其荊地。」

　　可見，楚國失去荊州楚郢都，定都淮陽、壽縣這段時間，長沙一帶一直是屬楚人經營的地方。當年白起拔郢，楚人東遷，楚大夫屈原沿著江、夏來到湘江流域，並在汨羅居住了一段時間。這說明，戰國晚期的南楚湘江流域是楚國比較安定的地區。因此，長沙在戰國的中晚期就已成為楚國南方的物資集散地和一大商業城市[1]。

　　據考古資料透露，在長沙發現的戰國時期楚墓就有1800多座。在這些楚墓中，金屬器、琉璃器、漆器、陶器，以及絲織品出土甚多[2]。由此可知，戰國時期的長沙在楚國的經濟發展中，與東楚地區的吳越故都一樣，占有很重要的地位。〈鄂君啟舟節〉中記鄂君啟一次在湘江流域運行的船隻就有150艘，即說明了在當時長沙一帶，每年能進出貨物數百噸，這一數量是相當可觀的。事實證明，長沙的糧食、金、

①　顧鐵符：〈江南對楚的貢獻與楚國的開發江南〉，載《湖南考古輯刊》（第1輯），1982年版。
②　湖南省博物館：〈三十年來湖南文物考古工作〉，《文物考古工作三十年》，文物出版社1979年版。

第八章　楚國的水運交通

錫、丹砂、竹木等物資，都是要進貢於楚國的^①。現在湖南雖然不以產金聞名，但產沙金的地方仍然不少。如平江一帶，洪江附近，以及洞庭湖畔的常德、桃源等處，至今仍是沙金的產地^②。至於產銅，《元和郡縣志》卷二十九說長沙縣雲母山：「在縣北九十里……銅山，在縣北一百里。楚鑄銅處。」另外，在《水經注 湘水》中還有這樣的一段記載：

（湘水）又東北過泉陵縣西。營水出營陽泠道縣南流出，西流逕九巃山下……營水又西逕營道縣，馮水注之。水出臨賀郡馮乘縣東北馮風。其水導源馮溪，西北流，縣以託名焉。馮水帶約眾流，渾成一川，謂之北渚。歷縣北，西至關下。關下地名也，是商舟改裝之始。馮水又左合萌渚之水，水南出於萌渚之嶠，五嶺之第四嶺也。其山多錫，亦謂之錫方矣。

可見，在春秋戰國時期，楚國江南地區的礦產資源相當豐富。顧鐵符先生認為，楚國冶煉青銅所用的錫，尤其從春秋後期到戰國時代，主要來源可能就是江南的萌渚嶺一帶^③。此說是頗有見地的。

當時楚國江南地區的各類笨重物資運往壽春楚郢都，一般來說都要經過湘江、長江和施、肥二水。番禺沿海一帶的物資，主要經過今北江在今韶關市西北一帶轉陸路至湖南汝城，然後再沿古水入湘江而至壽春楚郢都，全程水路1500多公里。長沙東北航線基本上是順水行舟，糧食雜物運輸頗為方便。《鄂君啟舟節》記：「逾

---

① 《史記 越王勾踐世家》。
② 根據湖南省地礦局提供的資料。
③ 顧鐵符：〈江南對楚國的貢獻與楚國的開發江南〉，載《湖南考古輯刊》（第1輯），1982年版。

江，庚彭骄，庚松陽，內澮江，庚爰陵，让江，內湘，庚 臊，庚 溠
易，內潘，庚鄙，內資、沅、澧……」即可看出長江流域和湘江流
域在楚國的後期，仍然是楚人南來北往的水路交通航道。新中國成
立後，考古工作者在安徽合肥、壽縣、巢湖、望江等及長江沿岸發
現戰國時期流通的楚國貨幣，以及在湖南衡陽發現刻有「三年、大
梁左庫工師」的魏惠王時期銅戈，戰國時期的「越王州勾」銅劍，
漵浦出土的「中脯（府）王鼎」銘文銅鼎[1]，即說明了戰國時期的
楚國與江南地區政治、經濟、文化等方面的往來，是十分密切的。
同時，在粵、桂地區，新中國成立後也發現了不少戰國時期楚的器
物。如廣西灘江的平樂銀山嶺戰國中晚期墓葬中出土的「實莖劍、
扁鋬矛和戈、鋤、刮刀等，都是楚文化器物」[2]。廣東四會烏里山戰
國墓中出土的雙凸箍實莖劍、空莖劍、矛、削等與楚器相合[3]；德
慶落雁山的雙凸實莖銅劍，也當來自楚地[4]；肇慶北嶺松山戰國墓
中的虺紋鼎蓋、提梁壺、雙凸箍實莖兩色劍、矛、削刀、素鏡、琉
璃珠、玉帶鉤等，都可在湖南墓中找到類似的器物[5]。由此可見，
湖南在戰國時期仍然是楚文化傳入粵、桂地區的必經之地。通往廣
西有著名的「湘桂走廊」，通往廣東有「贛（江西）、湘（湖南）
咽喉韶關之路」，都是春秋戰國時期中原、江淮地區和嶺南之間的
交通要道。

《史記 越王勾踐世家》張守節《正義》說：

言今越北欲鬥晉楚，南複讎敵楚之四邑，龐、長沙、竟陵澤也。

① 參見〈安徽文物考古工作新收穫〉及〈三十年來湖南文物考古工作〉，《文物考古工作三十
　　年》，文物出版社1979年版。
② 蔣廷瑜：〈從銀山嶺戰國墓看西甌〉，載《考古》，1980年第2期。
③ 廣東省博物館：〈廣東四會烏旦山戰國墓〉，載《考古》，1975年第2期。
④ 廣東省博物館：〈廣東德慶發現戰國墓〉，載《文物》，1973年第9期。
⑤ 廣東省博物館等：〈廣東肇慶市北嶺松山古墓發掘報告〉，載《文物》，1974年第11期。

第八章 楚國的水運交通

龐、長沙出粟之地，竟陵澤出材木之地，此邑近長沙潭、衡之境，越若窺兵西通無假之關，則四邑不得北上貢於楚之郢都矣。

這說明楚國江南之地的長沙對楚後期的經濟發展和物資轉運，起到了很大的保障作用。《讀史方輿紀要》卷八十湖廣六長沙府條中，就曾對這裡的地理形勢作過這樣的一段描述：

長沙湖南襟要也，指顧伸縮皆足有為。是故南出則連、韶之項背可拊，東顧則章、貢之肘腑可扶；西下則黔、粵之咽喉可塞。爭南服者，不得長沙無以成席捲之勢，若拮据於滇黔、嶺嶠之間而不得長沙，雖欲執目龑犍於中原，馬首且安托哉？

可見，今湖南長沙在古代南北間的水陸交通上，是具有十分重要的戰略地位的。事實上，在楚國的後期，壽春楚郢都至江南長沙江湘航線，是楚人堅持抗秦、發展南方農業經濟、延續和穩定楚政權的重要水路交通線。近年來，在安徽的江、淮和湖南的江、湘沿岸，皆發現有戰國時期楚人在此活動過的遺址和遺物，即是最好的實物證據[1]。

四、楚齊航線

齊，都在營丘（今山東臨淄），《史記 齊太公世家》說：「太公至國，脩政，因其俗，簡其禮，通商工之業，便魚鹽之利，而人民多歸齊，齊為大國。」齊是春秋戰國時期各諸侯國中商業繁榮、經濟狀況較好的一個國家。管仲的經濟思想和孔丘的教育思想，是齊在完善政治體制、發展農耕經濟和教育事業等方面的最好體現[2]。

---

[1] 根據安徽、湖南省博物館提供的文物普查資料。

[2] 范文瀾：《中國通史簡編》（第1編），人民出版社1949年版，第156—222頁。

因此，在春秋時期，齊國即已成為我國東部沿海地區的一大商業國。後來由於奉行「事秦謹」的保守方針，齊國終於在西元前221年被秦所滅。齊楚在這漫長的數百年間，曾有過多次的軍事爭戰和頻繁的政治、經濟活動的往來。尤其是進入戰國的後期，楚國郢都遷徙壽春之後，齊楚間的政治、經濟、文化往來更為密切。《史記　貨殖列傳》、《戰國策　楚策》等文獻，多次記述齊楚間的外交使臣及商賈販卒的往來，即說明了這個問題。

　　在春秋戰國時期，齊人有好利經商的風習。《史記　貨殖列傳》說：

　　齊帶山海，膏壤千里，宜桑麻，人民多文采布帛魚鹽。臨淄亦海岱之間一都會也。其俗寬緩闊達，而足智好議論，地重難動搖，怯於眾鬥，勇於持刺，故多劫人者，大國之風也。其中具五民。

　　五民，《集解》引服虔曰：「士、農、商、工、賈也。」又說：「而鄒、魯濱洙、泗，猶有周公遺風，俗好儒，備於禮，故其民齪齪。頗有桑麻之業，無林澤之饒。地小人眾，儉嗇，畏罪遠邪。及其衰，好賈趨利，甚於周人。」當時在魯國，孔子弟子中有一個叫子貢的，曾利用拋售和囤積的方法，經商於曹魯之間，以達富貴[1]。

　　當時商人採用這種囤積居奇、待價而沽的經商方法，在各國中已經較為普遍。《戰國策　趙策》記：「夫良商不與人爭買賣之賈，而謹司時。時賤而買，雖貴已賤矣；時貴而賣，雖賤已貴矣。」這種經商方法只有在商品經濟比較活躍的情況下才可能出現。在當時「以粟易械器」和「以械器易粟」[2]的市場購置、物品交換情況下，齊國也

---

① 《史記　貨殖列傳》。
② 《孟子　滕文公上》。

同其他諸侯國一樣，十分重視本國的水陸交通建設。

齊國在戰國時期，其疆域東濱大海；南有泰山，與魯、宋為鄰（後來齊滅宋而占有其地）；西有清河（今河北省清河縣西），與趙國為鄰；北有渤海，與燕為鄰。在這廣大的地域內，濟水、膠水、濰水、沂水、沭水、泗水、淄水，是齊國通往他國的主要水運交通線。除此之外，齊國還占有得天獨厚的海航線。1972年12月曾在山東海陽縣小紀公社江格莊大隊發現用木箱存放的齊刀幣一千八百多枚。1975年5月，在該縣日照城關公社、兩城公社也都發現大量的齊刀幣[①]。這似乎可給人們提供這樣一個資訊，即臨海的今海陽地區，很可能是當時齊國東部的一個重要海上商業貿易中心。《史記　封禪書》說，燕昭王、齊威王和齊宣王都曾派人入海求蓬萊、方丈、瀛洲。據今人考證，此三地均在今日本。可見，我國海航線的開發歷史是久遠的。

在齊國的內陸航道中，通往西方秦、韓、魏主要是依靠齊水和黃河；通往南方的楚國壽春郢都則是依靠濟水、泗水、沂水和沭水。同時利用海航線經淮，亦可抵達壽春楚郢都。

齊國通往壽春楚郢都的內陸航線，據《水經注》分析，一般說來有三條水路可走。第一條是自齊都臨淄出發，經淄水入濟水，然後在定陶附近入菏水，經泗水，在今江蘇泗洪東南入淮水，然後再溯淮而至壽春楚郢都。據文獻記載，這條水路開發甚早。《尚書　禹貢》中有「浮於濟、漯，達於河」的記載。《史記　齊太公世家》說：「武王已平商而王天下，封師尚父於齊營丘。」營丘，按唐張守節《正義》引《括地志》云：「營丘在青州臨淄北百步外城中。」再者，「太公望呂尚者，東海上人。其先祖嘗為四岳，佐禹平水土甚有

---

① 中國社科院考古研究所編：〈東周時期金屬鑄幣的發現〉，《新中國的考古發現和研究》，文物出版社1984年版。

功。」^①齊地的水運水利建設是開發得比較早的。同時據考古資料表明，在淄、泗流域都發現有新石器時期以及商代的遺址和遺物，並且在臨淄發現有故齊都城。該城由東北、西南嵌築的大小二城組成。大城周長14公里，小城周長7公里，均呈縱向長方形。城的東西兩側緊靠淄河和系水（泥河）。城內有人工排水渠，寬約30公尺，分別注入北城壕和城西的天然河道。在城內，還有十條交通幹道，其中大城中的七條大道，寬10餘公尺以至20公尺，小城的兩條北道最窄，也在8至9公尺^②。這說明，春秋戰國時期齊的水陸交通是四通八達的。當年齊伐燕、宋伐齊、齊伐魯、楚攻齊，他們的軍隊大都活動在濟、泗流域。《韓詩外傳》卷十記齊宣王說：「吾臣有檀子者，使之守南城，則楚人不敢為寇，泗水上有十二諸侯皆來朝。」即說明了濟、泗水系在春秋戰國時期早已通航，並且是齊人向西南開拓疆域的重要交通水道。第二條水路是從齊都出發，溯淄水，經陸路轉運至汶水，然後再經菏水、泗水、淮水進入壽春楚郢都。但是，依據當地的地理環境看，這條水路是比較困難而不便利的。也就是說，雖然這條水路可至壽春楚郢都，但它並非齊都直接進入楚郢都的水運交通線。事實上，齊通過這條水運線至魏、魯、宋，是最為方便的。當時楚人一般來說都是乘車馬走陸路經魯過陽關而入齊的。文獻中即有：「齊人南面攻楚，泗上必舉，此皆平原四達膏腴之地。」^③意即淮北地區的水陸交通是方便的。尤其是楚人滅魯國之後，泗水流域就成為齊楚之間聯繫的重要水路通道。第三條水路是魯東的沂、沭二水系。這兩條水系雖然在當時的齊長城以南，不與齊都相連接，但齊人出長城之後，即可順水而

① 《史記　齊太公世家》。
② 中國社科院考古研究所編：〈東周各國都城遺址的勘察〉，《新中國的考古發現和研究》，文物出版社1984年版。
③ 《資治通鑒　周紀四》。

下，經淮水入壽春楚郢都。戰國時楚簡王元年北伐莒①，考烈王八年遷魯於莒，而取其地②，楚人的舟師大都是活動在淮北的泗、沂、沭等流域。有人認為莒地在古代是南控泗、沂，扼淮北之要衝，為青齊之屏障，南北相持，此地亦必備之險③。此說也不是沒有見地的。

縱觀齊楚間的幾條主要的水路交通航線，我們可以粗略地看到，在春秋戰國時期，齊楚兩國以各自國都為中心，水陸交通四通八達，基本形成了商業貿易網路。齊楚間的政治使臣和商人們在這些交通要道上往來不絕④。不僅如此，從當時全國的範圍來看，貿易交通亦是發達的。荀子說，北方特產的犬馬牲畜，南方特產的羽毛齒革丹青，東方特產的魚鹽海產，西方特產的皮革紋旄之屬，都可以運至中原，形成了「四海之內若一家」⑤的可觀局面。戰國時期各國交通事業的發展，必然促進當時經濟的繁榮和文化的融合。新中國成立後，在陝西、湖北、河南、安徽、江蘇、山東等省的許多地方都發現有楚國的貨幣，即可證實楚人與各國的經濟往來是密切的⑥。總之，齊楚之間的幾條主要水路交通線，當是楚國與各國間政治、經濟、文化聯繫的重要組成部分。尤其是在戰國後期，齊楚多次聯盟抗秦，爾後齊楚間又相互攻伐，從春申君因「淮北地邊於齊，其事急」而「請以為郡而封於江東」⑦，即可看出壽春楚郢都至齊國的水陸交通運輸線，對楚國的經濟發展和疆域的北拓發揮著重要的作用。

---

① 《史記 楚世家》。
② 《史記 春申君列傳》。
③ 《讀史方輿紀要》卷三十五山東六莒州條。
④ 分別參見《史記》的〈屈原列傳〉、〈齊太公世家〉、〈貨殖列傳〉和《戰國策》的〈楚策〉、〈齊策〉等。
⑤ 《荀子 王制》。
⑥ 中國社科院考古研究所編：〈東周時期金屬鑄幣的發現〉，《新中國的考古發現和研究》，文物出版社1984年版。
⑦ 《史記 春申君列傳》。

第九章　楚國水運港口碼頭與造船業的分布

在春秋戰國時期，隨著楚國政治、經濟、文化的發展，楚國的商埠港口、民間渡口逐漸增多，造船造車事業逐漸興盛起來。據不完全統計，楚國在春秋時，就擁有碼頭和渡口800餘處，至戰國時更是數以萬計。這些碼頭和渡口主要分布在楚國版圖中的江、漢、淮、浙、贛、湘、資、沅、澧以及潁、汝、沮、漳、施、肥等流域。從文獻記載看，春秋戰國時期楚國具有影響的城市，大都建設在臨江河可通舟楫的高埠上。因此，楚國的城市建設、發展與當地的水運港口和造船業的興盛是緊密聯繫的。

楚國在營造碼頭、港口的過程中，一般都要考察當地的水文地質條件、物產經濟資源，以及人口分布等因素。楚人在建造碼頭，設立造船網點時，十分注重經濟效益和政治效益。探討楚國的碼頭和造船業的分布，有助於加強人們對於楚國水運交通的全面認識。

第一節　東楚地區的水運港口碼頭與造船基地

《史記》中所說的東楚，其地域大體上包括今徐州以東的江蘇全

境、安徽東南部及浙江大部分地區。在這一地區，長江下游河段、施水、澮水、中江五湖、浙江、邗溝等流域，在戰國中晚期，皆屬楚國所轄。這些流域中的港口碼頭和造船基地，在楚疆域擴張至此之前，一般都屬吳越人創建和經營。楚國勢力進入之後，東楚雖然是屬楚疆，但仍然由吳越人實際經營管理，當地楚政權僅是做了一些宏觀上的控制。因此，東楚地區的港口建設和造船基地的設置，大都是在故吳越人開創的基礎上發展和延續下來的。很顯然，東楚地區的碼頭和造船基地的建設，與西楚江漢流域有著明顯差異。由於地理環境的不同，文化互相交流滲透的程度不一樣，才會形成各自的地方特點。

在東楚地區，據《水經注》和有關地方文獻分析，戰國時期的渡口、碼頭及造船基地有記載的已達1700多處，其中規模較大的有20餘處。吳越故都為當時東楚地區兩座最大的水運造船基地之一。下面，我們就將戰國時期東楚地區的主要碼頭、港口和造船基地，分別作一考述。

一、故吳都港口

吳都位於今江蘇蘇州市，為春秋時期吳王闔閭所建，戰國晚期為楚相春申君封地。吳都在春秋戰國時期，地處太湖流域水網地帶。《吳越春秋　闔閭內傳》記載：「城周迴四十五里三十步，小城八里六百六十步。陸門八以象天之八風，水門八以象地之八卦。」同時在「城郭以成，倉廩以具」的情況下，「闔閭複使子胥、屈蓋余、燭傭習術戰騎射御之巧」，在此建立了牢固的軍事基地。當時吳王闔閭與伍子胥就曾有過這樣的一段對話：

「敢問船運之備何如。」對曰：「船名大翼，小翼、突冒、樓船、橋船。令船軍之教比陵軍（陸軍）之法，乃可用之。大翼者當陵軍之重車，小翼者當陵軍之輕車，突冒者當陵車之沖車，樓船者當陵軍之

樓車，橋船者當陵軍之輕足驃騎也。」[1]

又《左傳 哀公十年》載：「齊人弒悼公，赴於師。吳子三日哭於軍門之外，徐承帥舟師，將自海入齊，齊人敗之，吳師乃還。」可見，吳國國都早在春秋時期，已初步形成為我國東部地區頗具規模的軍事港口。

春秋戰國時期，吳都在發展水運事業方面，是有許多有利的地理條件的。它除了有太湖水源之一的荊溪和長江支流水陽江的胥溪，以及擁有「西起太湖，東經澱山湖、泖湖而達浙江北部，用來與南方越國爭雄」[2]的胥浦和「東北通射陽湖，西北至末口入淮，通糧道也」[3]的邗溝等河流外，經濟物產亦是十分豐富的。吳都的西北部即今茅山丘陵地區，是吳國盛產木材和金、銀、銅等礦的地方。吳都大量的造船器材，一般都是由此地供給。吳都的東北部即今常熟、太倉地區，是吳國盛產糧食、桑麻的地方。吳都的西南，即是太湖，也是糧產與水產較豐富的地方。在人口方面，春秋時，「城雖大，無過三百丈者；人雖眾，無過三千家者」，至戰國時期，人口有了較大的發展，出現了「千丈之城，萬家之邑相望」[4]的大城。蘇州作為當時吳國的國都，其人口戶數自然十分豐實。據文獻記載，吳都城內有八條河流相通，船隻可直接至城內進行貨物裝卸。當時運輸船隻一般來說吃水量不深，船體亦不甚大，河道一般寬30公尺，深20公尺左右。新中國成立後，考古工作者在江蘇武進淹城河內發現三艘由樹幹挖空鑿成的木船，這些船長11公尺左右，寬1公尺多[5]。這說明，在春秋時

---

① 《太平御覽 舟部》。
② 單樹模等編：《江蘇省地理》，江蘇教育出版社1986年版，第100頁。
③ 《左傳 哀公九年》杜預注。
④ 《戰國策 趙策》。
⑤ 北京大學歷史系考古教研室殷周組編：《商周考古》，文物出版社1979年版，第254頁。

期，由於船體不甚大，船舶的停靠程式十分簡便，可直接通過船跳板登陸上岸，無需固定碼頭去裝卸貨物。

至於吳都在當時的運量情況，雖然今已無法確定其具體的資料，但從有關的文獻資料記載披露的資訊看，吳都內港的運輸量還是相當可觀的。《國語　吳語》記載：

吳王起師，軍於江北，越王軍於江南。越王乃中分其師以為左右軍，以其私卒君子六千人為中軍。明日將舟戰於江，及昏，乃令左軍銜枚溯江五里以涉，亦令右軍銜枚踰江五里以涉。夜中，乃命左軍、右軍涉江鳴鼓中水以涉。吳師聞之，大駭，曰：『越人分為二師，將以夾攻我師。』乃不待旦，亦中分其師，將以禦越。越王乃令其中軍銜枚潛涉，不鼓不噪以襲攻之，吳師大北。越之左軍、右軍乃遂涉而從之，又大敗之於沒，又郊敗之，三戰三北，乃至於吳。

郊，注云：「郭外。」這段史料雖然說的是吳越間一場大的軍戰，但通過這場軍戰亦可看出當時吳都港的軍需運輸量是相當大的。吳都成為楚春申君封地後，春申君在此疏浚河道，興建糧倉，轉運珠寶，使故吳都內河港口繼續保持著一定的貨物輸送量。可見，吳都無論是在春秋時期，還是在戰國，完全有建設良好港口的條件。

吳都的造船業，雖然先秦文獻未作詳細交代，但從有關史籍記載看，規模亦是較大的。當時吳國造船的地方甚多，這都是由吳地水多陸地少的地理環境所決定的。吳地在交通往來上一般都是「以船為車，以楫為馬」[1]。所以，吳都的造船事業是比較發達的。《越絕書　吳地傳》說：「欐溪城者，闔閭所置船宮也。闔閭所造。婁門

———————

[1] 《淮南子　道應訓》。

外力士者，闔閭所造，以備外越。巫欐城者，闔閭所置諸侯遠客離城也，去縣十五里。」據實地調查，欐溪城、婁門、巫欐城，皆位於故河畔，可與故吳都城內相通。吳王的修造和集結船隻的地方，稱為「船宮」。吳都婁門城外的婁江河面有吳人集結舟師抵禦越人的軍事基地。巫欐城是吳王專置用以迎送賓客的水陸驛站或離宮，同時相傳蘇州西長蕩湖，亦是吳人操練水師，聚集修造船舶的地方[①]。當年吳王夫差「興師伐越，敗兵檇李。大風發狂，日夜不止。車敗馬失，騎士墮死，大船陵居、小船沒水」[②]。於是越軍趁勢反擊，「焚其姑蘇，徙其大舟」[③]。這些史事，說明一個問題，即在春秋戰國時期，吳都的造船業是相當發達的。吳都蘇州被楚人控制之後，春申君在此苦心經營，「自以為都邑」，故吳都仍然沒有失去水運中心的地位和作用。這就是說，吳都蘇州在戰國時期是楚國東楚地區最大的商業軍事港口和造船基地。

二、故越都港口

春秋時越國國都在今浙江紹興。《讀史方輿紀要》卷九十二浙江四紹興府山陰縣山陰城條說：「即今府城，舊有子城，《吳越春秋》：勾踐築小城，週三里七十步，一圓三方，陸門四，水門一。」春秋時越國，「南至於句無（今諸暨縣南），北經於禦兒（今嘉興），東至於鄞（今鄞縣）、西至於姑蔑（今衢州），廣運百里」[④]，是周代我國東部沿海地區一個諸侯國，後來勢力強大滅吳，一度遊弋江淮之東，控制蘇、浙大部地區。直至戰國的中晚期，楚人滅越。

越都當時地處水鄉澤國，舟楫往來頗為便利。史書上記「越便於

① 《讀史方輿紀要》卷二十四江南六吳縣長蕩條。
② 《越絕書 紀策考》。
③ 《國語 吳語》。
④ 《讀史方輿紀要》卷九十二浙江四紹興府條。

第九章　楚國水運港口碼頭與造船業的分布

舟」①。舟行可謂是古代越人在交通往來中的主要活動方式。隨著當時越國政治、經濟的發展，范蠡在紹興又增築都邑，擴大範圍。《越絕書》記載他築城週二十里，南去湖百步，「陸門三、水門三」，使越都的城市建設具有一定的規模。

故越都港口在當時來說有其一定的運量。從文獻記載看，越都周邊地區土地肥沃，物產資源頗為豐富。沈約言：「會稽帶海傍湖，良疇數千萬頃，膏腴土地，畝直一金，蓋財賦所資也。」②看來越都近鄰平原地區所產糧食在越國占有一定的地位。《國語　越語》記越王勾踐從吳國回越後，為了使越國富強，召「四方之士來者，必廟禮之，勾踐載稻與脂於舟以行」，極力推行農耕。越王勾踐率先考慮的是「津梁之不通，勞軍紆吾糧道」③。他把運糧航道視作經濟脈管。在越都及其周圍不僅盛產糧食，而且盛產竹木和金屬礦產。對此，《越絕書　記地傳》所記甚多：「麻林山，一名多山，勾踐欲伐吳，種麻以為弓弦……去縣一十二里」；「葛山者，勾踐罷吳，種葛，使越女織治葛布，獻於吳王夫差，去縣七里」；「姑中山者，越銅官之山也，越人謂之銅姑瀆……去縣二十里二十二步」；「六山者，勾踐鑄銅處……去縣三十五里」；「朱余者，越鹽官也。越人謂鹽曰『余』，去縣三十五里」；「余塘者，勾踐時采錫山為炭，稱『炭聚』，載從炭瀆至練塘……去縣五十里」。這些史料足以說明，在當時越都附近的物資來源是十分豐富的。因此，越都當是這一地區多樣貨物的集散地。這就是說，春秋戰國時期越都港口的物資運量和因戰爭需要的軍運量，都是十分可觀的④。吳越楚三國間屢次發生水戰，

① 《越絕書　記地傳》。
② 《越絕書　記地傳》。
③ 《越絕書　計倪內經》。
④ 《史記　越王勾踐世家》云：「至明年春，吳王此會諸侯於黃池，吳國精兵從王，惟獨老弱與太子留守。勾踐複問范蠡，蠡曰：『可矣。』乃發習流二千人，教士四萬人，君子六千人，諸御千人，伐吳。」

即可說明這個問題。新中國成立後，在紹興城北西施山，出土了大批刀、削、鋸、鎌、斧、鑿等青銅或鐵制生產工具，並發現有冶煉工廠遺址。在紹興的富盛一帶，還發現有規模較大的手工業窯場遺址。這些都可證明，春秋戰國時期的越都，是我國東部地區發展較早的商業港口之一。

進入戰國時期，雖然越都曾遷徙至江蘇故吳都，但越都仍然沒有失去港口的作用。越都紹興在當時一度為越上將軍范蠡的封邑②。楚滅越後，越都紹興歸為楚有。其珠寶物資皆「朝服於楚」。從史籍記載看，越地的航運在戰國後期仍然是通暢的。《史記 秦始皇本紀》載：「三十七年十月癸丑，始皇出遊……浮江下，觀籍柯，渡海渚，過丹陽，至錢塘，臨浙江，水波惡，乃西百二十里從狹中渡，上會稽、祭大禹，望於南海，而立石刻頌秦德。」即可說明這個問題。因此，越都港口和造船業雖然是越人興建和創立的，且經營時間較長，但至戰國後期，楚人滅越後，越都港口和造船業在楚國的東楚地區仍然在發揮一定的經濟和社會作用。不然，楚懷王就不會派召滑在此經營③，秦始皇也不會於二十五年（前222年）在故越都置會稽郡④。由此可見，把故越都視為戰國晚期楚國東楚地區最大的商業港口和造船業基地，應該是沒有問題的。

越都在造船業方面，是比較發達的。《竹書紀年 魏紀》記載：「越王使公師隅來獻舟三百，箭五百萬及犀角、象齒。」這說明越地不僅資源豐富，而且造船業也是十分發達的。當年吳越之間曾多次發生水軍之戰，從越的水師活動情況看，越人的造船業是不低於

---

① 浙江省博物館：〈三十年來浙江文物考古工作〉，《文物考古工作三十年》，文物出版社1979年版。
② 《史記 越王勾踐世家》。
③ 《戰國策 楚策》。
④ 《史記 秦始皇本紀》。

吳國的。《越絕書　記地傳》言：「勾踐伐吳，霸關東，從琅琊起觀臺……以望東海，死士八千人，戈船三百艘。」又，《國語　吳語》：「越王勾踐乃命范蠡、舌庸率師沿海溯淮，以絕吳路，敗王子友於姑熊夷。越王勾踐乃率中軍溯江以襲吳，入其郛，焚其姑蘇，徙其大舟。」《史記　越王勾踐世家》也言范蠡輔佐勾踐滅吳稱霸後，「以為大名以下，難以久居……乃裝其輕寶珠玉，自與其私徒屬乘舟浮海以行，終不反，范蠡浮海出齊，變姓名，自謂鴟夷子皮，耕於海畔」。既然當年越人的船可在海上航行交戰，能抵擋一定的海潮風浪，那麼越人的造船技能及其船隻規模是不難想見的。從文獻記載吳越雙方的水師交戰情況看，越人的水師多是從越都會稽出發。會稽在當時「襟海帶江，為東南一都會」[1]。《水經注　浙江水》言其通震澤，達江海。《越絕書　計倪內經》亦說越都「西則迫江，東則薄海」，並指明其「故水道，出東郭，從郡陽春亭」[2]。可見，越都城內的河道與外郭水路是相通的，當時越王勾踐在城外設的「船宮」，是專門供越人修造集結船隻的地方。

在都城外築有防禦敵軍軍船的障礙設施。《越絕書　記地傳》記載：「射浦者，勾踐教習兵處也。今射浦去縣五里。」又云：「西城者，范蠡敦兵城也，其陵固可守，故謂之固陵，所以然者，以其大船軍所置也。」可見，越都在春秋戰國時期已經具備有修造大型船隻的能力和各種船舶停靠的水文地理條件。

三、海陽港口

《戰國策　楚策》引蘇秦對楚威王所說的話：「楚，天下之強國也。大王，天下之賢王也，楚地西有黔中、巫郡，東有夏州、海陽，南有洞庭、蒼梧，北有汾陘之塞郇陽。地方五千里，帶甲百萬、車千

---

① 《讀史方輿紀要》卷九十二浙江四紹興府條。
② 《越絕書　記地傳》。

乘、騎萬匹，粟支十年，此霸王之資也。」海陽地名的出現，最早是從這段史料中反映出來的。其位置，《戰國策》注云：「海之南耳，非遼西郡也，盧藏用云，海陽在廣陵東，今揚州海陵縣。劉氏云，楚之東境。」海陵縣，《讀史方輿紀要》卷二十三江南五泰州海陵廢縣條說在今江蘇泰州市。

今泰州市在先秦時期，南靠長江，北連湖澤，具有良好的水運交通條件。《史記　貨殖列傳》說楚：「東有海鹽之饒，章山之銅。」在古代，這裡主要是盛產海鹽的地方[①]，當時長江江面甚寬，江水自今江都東流，經今泰州市附近而東南流。隋唐以後，今泰州市遠離長江。這就是說，今泰州市在春秋戰國時期，曾為楚越的臨江港口。

西元前483年，衛與宋曾會於鄖。鄖，按杜預《左傳　哀公十二年》注云：「鄖，發陽也，廣陵海陵縣東南有發繇口。」發繇口，按明《泰州志》記載：「州東南入泰興縣界有發繇口，衛侯盟吳地也。」這說明，今泰州在春秋戰國時期，即已成為吳越人與中原各諸侯國往來的交通要道。尤其是進入戰國晚期，楚威王擁有海陽之後，這裡更是楚國攻擊吳越的江防要地和軍用碼頭。當時楚吳所造的船隻，皆有漂海過江的能力。因此，在春秋戰國時期今泰州一帶雖然江面很寬，但渡江之後就能進入吳人所開的百尺瀆運河，直達吳都。如從海上航行，數日即可進入吳都和越地。再從海陽的北面看，東北有吳鑿邗溝，北有湖澤相連，是一片水鄉澤國地貌，所以楚海陽北至淮泗各地諸侯國，水路亦是頗為便捷的。這就是說，今泰州在先秦時期，完全具備建造水運碼頭的地理條件。《史記　越王勾踐世家》記勾踐平吳，「當是時，越兵橫行於江、淮東，諸侯畢賀，號稱霸王」。可以想見，當時吳越人為了軍事上的需要，繼續在吳人的故盟會之地發展和建設水運港口是完全有可能的。事實上，楚人佔據

① 《讀史方輿紀要》卷二十三江南與泰州條。

第九章　楚國水運港口碼頭與造船業的分布

海陽之後，仍然將此地作為攻越的軍事基地和糧食、海鹽等物資的轉運口岸。《史記》中記楚人滅越，《元和郡縣志 淮南道》說海陵縣為故楚邑，似乎可提供這一資訊。有人認為，泰州在春秋戰國時期，「面江枕淮，川原沃衍，魚鹽繁殖，稱為奧區。若夫風帆便利，跨越吳會，聯絡青、齊，則海舟之利也」[①]。這種說法，基本上符合古代泰州在江河海運行業中的戰略地位。

四、廣陵港口與造船基地

廣陵位於今江蘇揚州市，是春秋戰國時期吳楚的重要軍事港口之一。西元前486年，「吳城邗，溝通江淮」。杜預《左傳 哀公九年》注云：「於邗江築城穿溝，通糧食道也。」邗城，陳達作在〈揚州古城變遷斷想二則〉一文中認為漢廣陵城，「是在蜀崗上邗城遺址上改築和發展起來的」[②]。這就是說，吳築邗城在今揚州市北蜀崗上。但是，據《史記 六國年表》記載，廣陵城不是漢代始築，廣陵作為城的出現，當是楚懷王十年（前319年）。文獻中有楚懷王五十年「城廣陵」語，即是明證。因此，廣陵在楚威王滅越之後，即是楚國東楚地區很重要的商業、軍事重鎮和南北物資的轉運港口。

據文獻記載，楚廣陵城南瀕長江，東靠邗溝，水陸交通十分方便，是春秋戰國時期吳越北進中原和楚人南攻吳越的重要水陸交通口岸[③]。《史記 越王勾踐世家》記：「勾踐已平吳，乃以兵北渡淮，與齊、晉諸侯會於徐州，致貢於周。」這說明在越滅吳後，邗溝仍然是吳越人聯絡中原的重要水道。至楚威王時，楚王興兵伐越，「殺王無彊，盡取故吳地至浙江。」結合當時地理形勢和楚的行軍路線分析，楚滅越時，當有一支水師是從今揚州蜀崗邗城遺址一帶出發的。當年蜀崗邗城（即楚廣陵城）緊靠長江，位於邗溝與

---

① 《讀史方輿紀要》卷二十三江南與泰州條。
② 陳達作：〈揚州古城變遷斷想二則〉，載《文物資料選輯》，1979年第3期。
③ 王煦樓，王庭槐：〈略論揚州歷史地理〉，載《南京博物院集刊》，1981年第3期。

長江交匯處。雖然這裡江面很寬，但楚軍渡江後即可順吳人所鑿的百尺瀆運河直趨越都蘇州，殺王無彊。《三國志 魏書》記魏黃初六年冬十月，文帝曹丕「行幸廣陵故城，臨江觀兵，戎卒十餘萬，旌旗數百里」。裴松之注云：「帝於馬上為詩曰：『觀兵臨江水，水流何湯湯，戈矛成山林，玄甲耀日光。猛將懷暴怒，膽氣正縱橫。誰云江水廣，一葦可以航。』」直至漢魏，故廣陵城在江東地區仍然有著不可忽視的戰略地位。

在春秋戰國時期，楚廣陵城一帶的經濟物產也是十分富足的。當時這裡盛產水稻、銅礦以及竹木。在廣陵城的西北幾十里地有大銅山、小銅山，盛產銅礦；廣陵城以西，丘陵綿亙20多公里，樹木茂盛出產木材；廣陵城北部7.5公里有「雷陂」灌漑良田，積公尺50萬斛。當年吳楚在此築城，開邗溝，以通糧運，以至隋煬帝在此大興土木，修築宮殿苑囿，即反映了今揚州市在古代具有得天獨厚的經濟資源和良好的水陸交通條件。因此，楚廣陵城作為戰國時通江淮吳越地的沿江港口和造船基地，完全是有可能的。不然，楚人不會繼續在此修建城防，聯絡吳越。事實上，楚相春申君封至故吳墟蘇州之後，百尺瀆運河和邗溝仍然是楚國東楚地區南北往來的水運交通孔道。這就是說，楚廣陵城位於當時的邗溝、百尺瀆與長江的交匯處，是由一個江埠碼頭發展起來的城邑。《越絕書》卷三記：「吳古故水道，出平門，上郭池，入瀆，出巢湖，上歷地，過梅亭，入楊湖，出漁浦，入大江，奏廣陵。」即說明了這個問題。因此，楚廣陵城當是戰國晚期東楚地區一個沿江且處於邗河流域的物資中轉港口。

五、檇李碼頭

檇李亦稱就李，在今浙江嘉興市西南20公里夾谷中。《左傳定公十年》記：「吳伐越，越子勾踐禦之，陳於檇李。」《史記 越王勾踐世家》裴駰《集解》引杜預說：「吳郡嘉興縣南有檇李城。」

《越絕書》卷八在解釋就李地名時說：「語兒鄉，故越界，名曰就李。吳疆越地以為戰地。」又云：「女陽亭者，勾踐入官於吳，夫人從，道產女此亭，養子李鄉，勾踐勝吳，更名女陽，更就李為語兒鄉。」這說明，春秋戰國時期的檇李在今嘉興一帶，屬春秋時期越國的北疆，是吳越間南北往來的關隘。

《越絕書 紀策考》云：「昔者，吳王夫差興師伐越，敗兵就李。大風發狂，日夜不止，車敗馬失，騎士墮死，大船陵居，小船沒水。」《水經注 浙江水》云：

　　浙江又東逕禦兒鄉……《國語》曰，勾踐之地，北至禦兒是也……韋昭曰，越北鄙在嘉興。浙江又東逕柴辟南，舊吳楚之戰地矣。備候於此，故謂之辟塞。是以《越絕》稱吳，故從由鑿辟塞渡會稽，湊山陰是也。又逕永興縣北，縣在會稽東北百二十里，故余暨縣也。應劭曰闔閭弟夫概之所邑。

　　結合這兩段史料分析，春秋戰國時期今嘉興、桐鄉既有水路可通太湖，又有陸路和水路通杭州。顧祖禹在《讀史方輿紀要》卷九十一浙江三嘉興府嘉興縣檇李城條中，對此說得比較明確：「秦始皇三十五年，於檇李置長水縣；三十七年，東游過長水，望氣者言有天子氣，因發囚十萬鑿之，改縣曰由鑿。」西元前476年，「越王興師伐吳，吳與越戰於檇李，吳師大敗 [①]」，雙方都動用了較大規模的水軍。因此，檇李在春秋戰國時期，當是吳越間爭奪的重要軍事碼頭。

　　春秋時期，檇李人口主要集中在故浙江河畔。當時這裡物產豐富，盛產水稻、陶瓷、竹木、葛布等，是越國北境經濟比較繁榮的城鎮。戰時，檇李又是抵禦吳人的重要軍事堡壘。《國語 吳語》

――――――――

① 《吳越春秋 夫差內傳》。

記吳越爭霸時越大夫文種對越王勾踐說：

　　夫吳之邊鄙遠者，罷而未至，吳王將恥不戰，必不須至之會也，而以中國之師與我戰。若事幸而從我，我遂踐其地，其至者亦將不能之會也已，我用禦兒臨之。

　　韋昭注云：「禦兒，越北鄙，在今嘉興。言吳邊兵若至，吾以禦兒之民臨敵之。」即已將此地的軍事地位說得十分明白。

　　在檇李的南邊，有條水道通今海鹽而入海，故曰長水。春秋時，吳人一度佔領檇李，吳王親至此地操練水師。伍子胥曾在其東約15公里的胥山築城，作為水師的軍需地[①]。可見，檇李在春秋時期不僅水陸交通四通八達，在軍事上亦有十分重要的戰略作用。

　　文獻中雖沒有正面記載戰國時期檇李在楚人手中的建設情況，但仍透露出這方面的點滴資訊。《史記　甘茂列傳》記范蜎對楚懷王說：「王前嘗用召滑於越而內行章義之難，越國亂，故楚南塞厲門而郡江東。」可見，楚人對東楚地區的浙江流域是做了一些治理的。因為這裡有較好的經濟發展基礎，楚人控制下的越人不會忽視這裡盛產水稻和作為南北物資中轉碼頭的經濟優勢。新中國成立後在杭嘉湖平原發現大量春秋戰國時期古文化遺址和遺物，即能證實這一地區人們的水運活動是極為頻繁的[②]。同時，在該平原西部山區安吉、德清發現有戰國時期楚國的貨幣「郢爰」，在紹興、寧波發現楚人墓葬，同樣也證實了楚國的政治、經濟勢力確實來到了浙江沿海[③]。春秋時期興起的檇李集鎮在這樣的歷史條件下，作為楚國東部沿海地區北通故吳都、西達故越地、南渡海灣至會稽的水運

①　《讀史方輿紀要》卷九十一浙江三嘉興府嘉興縣胥山條和長水塘條。
②　根據浙江省博物館提供的文物考古資料。
③　匡得鰲：〈浙江安吉發現「郢爰」〉，載《考古》，1982年第3期。

第九章　楚國水運港口碼頭與造船業的分布

中轉碼頭，是能與這裡近年來所出土的古遺物契合的[①]。

六、朱方碼頭

朱方位於今江蘇鎮江市，春秋時為吳王賜予慶封的封地。戰國後期，楚滅越，朱方便成為東楚地區的濱江碼頭。從文獻記載看，朱方首先是由吳人開發、經營起來的一座城邑。《左傳　襄公二十八年》記：「叔孫穆子食慶封，慶封氾祭。穆子不說，使工為之誦《茅鴟》，亦不知。既而齊人來讓，奔吳。吳句余予之朱方，聚其族焉而居之，富於其舊。」並且吳王余祭又「以女妻之」[②]，使慶封比在齊國更富裕。吳王在封慶封之前，朱方即已成為吳國的城邑[③]。慶封受封之後，朱方基本上成為吳禦楚人的江防要地和南北運輸的中轉碼頭。《左傳　昭公四年》記：「秋七月，楚子以諸侯伐吳，宋大子、鄭伯先歸，宋華元遂、鄭大夫從。使屈申圍朱方，八月甲申，克之，執齊慶封而盡滅其族。」同書又云：「冬，吳伐楚，入棘、櫟、麻，以報朱方之役。」可見，春秋時期的吳國朱方城邑在軍事上有著很重要的戰略地位。

據文籍記載，朱方當時北瀕長江，與楚廣陵城隔江相望，西溯長江可達楚地，東溯運河（故百尺瀆）可至吳都。並通過五湖水系可抵達檇李和會稽。《太平寰宇記》說其是「百越舟車之會」[④]的物資轉運碼頭，是其合這裡地理形勢的。

當時朱方一帶有山多水，自然環境優美，物產豐富。在其南郊諸山，岡巒起伏，森林茂密，盛產木材和玉石；城東南土地肥沃，水源富足，是古代盛產糧食的地方；故城西，有漕河通江，東南至今丹陽、呂城、武進、無錫，而達蘇州故吳都。這條漕河，過去有人認為

---

① 根據嘉興、海鹽博物館提供的文物考古資料。
② 《史記　吳太伯世家》。
③ 《史記　吳太伯世家》。
④ 《太平寰宇記　潤州　丹徒》。

是「秦鑿京峴東南以泄王氣，即漕渠之始」[①]。事實上，今呂城、武進一帶的考古發現表明，這條漕河在春秋時期即已存在。1958年在這一地區發現有春秋時期的木舟，即可證明。因此，朱方城邑在春秋時期北有臨江碼頭，南有內河埠岸，是當時江淮地區南北往來的水運咽喉。春秋時期吳楚之間多次發生戰爭，就可看出朱方在當時具有吳國西部軍港和江防要塞的作用。1955年在江蘇丹徒發現有西周時期的宜侯矢銅簋和大量西周時期的墓葬，即可看出今鎮江一帶早在西周時期已經有人從事以舟楫為主的社會活動[②]。因此，春秋時期朱方碼頭的形成，絕不是偶然的，它具有特殊的人文條件和得天獨厚的自然地理優勢。

戰國早期，越滅吳，越人舟師經常遊弋於江淮以東，並與齊、晉、宋、楚保持有政治、經濟等方面的聯繫。當時朱方仍然是作為越人通江淮、泗上諸侯國的水運交通重鎮而存在。《竹書紀年　魏紀》說：「越王使公師隅來獻舟三百，箭五百萬及犀角、象齒。」按《水經注　河水》引《竹書紀年》載，其事在「魏襄王七年四月」。楚威王滅越，「盡取故吳地至浙江」[③]，越國連同故吳國的領土，一併納入楚疆。楚懷王十八年（前311年），越地的物資運往魏國的大梁，仍然是沿朱方漕河（即吳人所鑿的百尺瀆運河）渡江，經江都邗溝入淮，然後轉濊水而至魏都。因此，朱方在楚人控制時期，仍然是吳越人往來於江淮間的重要水運中轉碼頭。近年來，在鎮江發現大量戰國時期的楚人墓葬，似可提供某些佐證[④]。

---

① 《讀史方輿紀要》卷二十五江南七鎮江府丹徒縣漕河條。
② 江蘇省文物管理委員會：〈江蘇丹徒縣煙墩山出土的古代銅簋〉，載《文物參考資料》，1955年第5期。
③ 《史記　越王勾踐世家》。
④ 鎮江市博物館：〈江蘇丹徒出土東周銅器〉，載《考古》，1981年第5期。

七、金陵碼頭

金陵古城位於今江蘇南京市石頭山西南的故長江邊上，春秋時期這裡有「吳頭楚尾」之稱。顧祖禹在《讀史方輿紀要》卷二十九江南二江寧府條中說：「春秋時吳地，戰國屬越，後屬楚，楚威王初，置金陵邑。相傳因地有王氣，埋金鎮之故名。」

考古資料表明，今南京地區早在新石器時期就有人們從事各種社會活動①。西元前472年，越王勾踐滅吳後，在今雨花路西側的高地上，建了一座越城。該城面積不大，大約有6萬平方公尺，是該地區目前發現的最早的一座古城。據實地調查，此城是與軍事有關的古城堡遺址。該城東北瀕臨秦淮河，西北靠近長江，南靠雨花岩，具有古代江防要地的戰略優勢。《左傳　襄公三年》說：「三年春，楚子重伐吳，為簡之師，克鳩茲，至於衡山。」杜預注云：「鳩茲，吳邑，在丹陽蕪湖縣東。衡山，在吳興烏程縣南。」但是，有人認為此衡山即橫山，「為當塗縣東北六十里之橫山」②。顧祖禹認為，橫山在江寧府「西南百八十里，高二百丈。《左傳　襄公三年》楚子重伐吳，取鳩茲於衡山。蓋謂此山」③。王煦楹先生在《中國六大古都　南京》中認為：「西元前570年楚伐吳，克鳩茲，至衡山，鳩茲即今蕪湖，衡山即今江寧南境的橫山，楚軍所到之地，已是吳的西境。」④ 與高士奇、顧祖禹所謂衡山在今南京市西南的大江右岸相同。因此，蔣贊初先生進一步考證說：「越王勾踐的主要謀士范蠡，曾經率領越國軍隊在這座城裡駐守過一段時期。」⑤ 此說是可信的。

進入戰國時期，楚國勢力逐漸強大，其舟師經常活動在江淮間，

---

① 蔣贊初：《南京史話》，江蘇人民出版社1980年版。
② 《春秋左傳注　襄公三年》引高士奇《地名略考》。
③ 《讀史方輿紀要》卷二十七江南二江寧府江寧縣橫山條。
④ 王煦楹：《中國六大古都》，中國青年出版社1983年版，第217頁。
⑤ 蔣贊初：《南京史話》，江蘇人民出版社1980年版，第29頁。

今南京一帶實際上已成為當時楚越雙方爭奪的主要目標。因為當時南京不僅在軍事上具有重要戰略地位，而且在經濟資源方面也負有盛名。據文獻記載，在南京市西南、東南一帶有銅礦，還有錫和鉛礦，相傳吳王夫差曾在南京城裡築冶城，為冶煉作坊[1]；在秦淮河兩岸，水源充足，支流眾多，是古代糧食生產的基地。同時，在南京市周圍，這裡山多水豐，竹木的出產在先秦時期也占有一定的數量[2]。因此，楚威王攻伐吳越，選擇這樣的地理環境在此興築金陵城，是頗有深意的。

從出土文物情況看，今金川河畔和秦淮流域，以及大江兩岸各支流的土地上，都較為密集地分布著東周時期人們活動的村落遺址。尤其是在大江北岸的浦鎮、大廠鎮一帶發現有戰國中晚期的村落遺址，足可證明今南京市至遲在東周時期已經有了渡江碼頭[3]。從這一地區的城邑與村落遺址的佈局看，越城、金陵城應是與大江北岸的居民點有著密切聯繫的。因此，結合有關史料分析，戰國時期的金陵城應是楚國東部地區貫通東西南北的軍事碼頭。直至東漢時期，孫權仍在此地築城「貯寶貨軍器」[4] 作為軍港。有人認為金陵石頭城一帶，在古代一直是舟船雲集的重要碼頭，此說是頗有道理的[5]。

八、長岸碼頭

長岸位於今安徽當塗縣大江南岸。其具體位置，顧棟高《春秋大事表》七之四說在今安徽當塗縣西南三十里有西梁山，與和縣南七十里東梁山夾江相對，如門之闕。顧祖禹認為，該地在春秋時屬吳地，

---

① 嘉慶《建康縣志》。
② 張寶瑜：〈略談南京古樹名木的普查〉，《南京市文物普查資料彙編》，南京市文管會1990年編印。
③ 根據南京市博物館提供的文物考古資料。
④ 《三國志　吳書　吳王傳》。
⑤ 劉明沽，秦嘉禾：〈試論秦淮河和南京城經濟的發展〉，載《中國古都研究》（第4輯），浙江人民出版社1989年版。

後屬越，戰國時屬楚[①]。王應麟在《通鑒地理通釋》中說：「太平，江津之要害也，左天門，右牛渚，鐵甕直其東，石頭枕其北，襟帶秦淮。自吳迄陳，常為巨屏。」這說明，今當塗縣沿江一帶，自古以來就是長江中下游和南北軍事交鋒的江防要地。

長岸地名的出現，始見於春秋時期。最初是由吳人經營，並設置了水師碼頭，目的是防禦楚人向東擴張和保護吳國江南西境的安全。長岸地名的得來，似乎與當時軍事上的佈局有關。這就是說，長岸一帶不僅是春秋時吳人水師沿江岸分布較為集中的地方，同時也是吳人聯絡江淮諸侯國的重要水陸交通孔道。《左傳 昭公十七年》記：「吳伐楚，陽匄為令尹，卜占，不吉。司馬子魚曰：『我得上流，何故不吉？且楚故，司馬令龜，我請改卜。』令曰：『鮒也以其屬死之，楚師繼之，尚大克之！』吉，戰於長岸，子魚先死，楚師繼之，大敗吳師，獲其乘舟余皇。」余皇，杜預注：「舟名。」這次吳楚之間的交戰，從雙方的運兵情況看，很顯然是一場激烈的水戰。同時，《左傳 昭公十七年》記楚軍得吳王舟余皇之後，吳公子光又「使長鬣者三人潛伏於舟側，曰：『我呼余皇，則對。師夜從之。』三呼，皆疊對。楚人從而殺之。楚師亂，吳人大敗之，取余皇以歸」。可見，當時吳國長岸碼頭的規模是相當大的。不然，專供國君乘坐規模甚大的王舟是不可能停靠在長岸碼頭邊上的。因此，長岸碼頭至遲在春秋時期就已成為吳國西部地區的重要軍事碼頭。

至戰國初期，越滅吳，越國的水師經常活動在今蕪湖以東的江面上。但是，由於楚的勢力在江、淮一帶比較強大，越滅吳後仍「不能正漢、淮北」[②]。越人的勢力和他們所經營的地盤，主要在今長江

① 《讀史方輿紀要》卷二十七江南九太平府條。

② 《史記 越王勾踐世家》。

下游以南的江浙一帶。這就是說，在戰國初期，長岸、當塗一帶當是越國欲圖西進伐楚的江防要地。楚威王滅越之後，今當塗仍為楚國東部地區重要的物資轉運碼頭。當時蘇州、紹興一帶的物資運至楚郢都壽春，主要有兩條水路可走：一條是從故吳都蘇州出發，經無錫、武進、丹陽、鎮江，渡江後經揚州、高郵、寶應、洪澤而入淮，再溯淮數百里至楚郢都壽春；另一條水路，從吳都出發，經太湖、宜興、溧陽、高淳、石臼湖，然後西北經當塗，並在此溯江數十里在安徽裕溪口一帶入故施水、巢湖、肥水，而至楚郢都壽春。這兩條水路，一直到隋唐時期都是江淮地區漕運的重要水道。因此，今安徽當塗在戰國時期，當是楚國壽春楚郢都聯繫故吳越地的重要水運樞紐。有人認為該地「自昔今渡處也」[1]。此說也不是沒有道理的。事實上，解放後在今當塗沿江一帶和大江北岸的和縣、全椒一線，皆發現有不少春秋戰國時期的文化遺址和墓葬[2]，即可對此作一印證。

九、鳩茲碼頭

鳩茲位於今安徽蕪湖市的長江南岸。其位置，杜預在《左傳》中注云：「鳩茲，吳邑，在丹陽蕪湖縣東，今皋夷也。」楊伯峻先生在《春秋左傳注　襄公三年》中說：「鳩茲，吳邑，當在今安徽蕪湖市東南二十五里。」鳩茲在春秋時期是吳國西境一座與軍事有關的城邑。當時這一帶長江北岸和南岸以西地區皆為楚國所佔領，鳩茲正處於吳楚間的邊境上，是楚吳舟師相互攻伐的必經之路。

據文獻記載，在鳩茲的西南有一條可通吳都的內河水系。這條水系，歷史上稱之為「中江」。《漢書　地理志》和《水經注》都說此江「東至會稽陽羨縣入於海」。這條河道，大體上是西連固城、石

---

① 《讀史方輿紀要》卷十九江南一採石條。
② 馬人權：〈安徽當塗洞陽鎮發現古墓葬與古遺址〉，載《考古通訊》，1956年第3期。又見近年來當塗、和縣、全椒等地文博單位的文物普查資料。

第九章　楚國水運港口碼頭與造船業的分布

臼、丹陽諸湖在今安徽蕪湖市通於長江，東接荊溪由江蘇宜興通於太湖。其河床形成年代，當在地質構造時期[①]。另外，在鳩茲的大江北岸，就是《水經注》所說的古施水入江處。可見，古鳩茲邑恰好位於東西南北水系的交匯處。這就是說，從古鳩茲邑北渡長江經施、肥二水可至中原；東沿長江或「中江」可抵吳越，西溯長江可達巴楚，水運交通四通八達。

據《左傳 襄公三年》記：「春，楚子重伐吳，為簡之師。克鳩茲，至於衡山。使鄧廖帥組甲三百、被練三千，以侵吳。吳人要而擊之，獲鄧廖⋯⋯子重歸，既飲至三日，吳人伐楚，取駕。駕良邑也。鄧廖，亦楚之良也。」駕，楊伯峻先生在《春秋左傳注》中云：「駕，今安徽無為縣境。」從當地的地理環境分析，吳楚這場戰爭當是一場水師之戰。同時，根據這段史料所提供的資訊看，當時不僅長江南岸有鳩茲碼頭存在，而且在大江北岸即今安徽無為縣裕溪口附近，亦當有楚人的軍用碼頭。因此，鳩茲邑早在春秋時期即已成為吳國西部地區至關重要的江防要地和南北物資的中轉碼頭。從我們實地調查的情況看，蕪湖一帶的江面在先秦時期要比今寬，水的流勢與當塗一帶相比較為平緩，具有建造碼頭和停泊眾多船隻的有利條件。

戰國時期，雖然先秦文獻沒有具體記載楚人在鳩茲進行政治、經濟方面的活動，但從文獻記楚人滅越，後又將其楚國都遷至安徽壽春，以及戰國後期江東由楚人控制、經營等情況看，今蕪湖仍是楚在江東地區的瀕江碼頭。西元前333年，楚威王克越，「北破齊於徐州」，並結合當時楚在江淮間的軍事力量和越地水多陸地少的地理特點看，楚威王伐越很顯然使用了大量的水師。從文獻說楚威王在今南京築金陵城[②]，即可看出當時由吳越人所興建的沿江碼頭，在戰國

---

① 景存義：〈固城湖的形成與演變〉，《1960年全國地理學術會議文集（地貌）》，科學出版社1960年版。

② 《建康實錄》卷一。

時期仍在發揮作用。《戰國策　楚策》載范環對楚王說：「王嘗用（召）滑於越而納句章昧之難，越亂，故楚南察瀨湖而野江東。」瀨湖，《太平寰宇記》卷九十引《滕公廟記》說：「古固城，吳瀨渚縣地。楚靈王與吳戰，遂陷此城，吳移瀨渚於溧陽十里，改陵平縣。」固城在今江蘇高淳縣南7.5公里的故「中江」的南岸。這說明，鳩茲邑在戰國時期不僅是楚國的水運碼頭，而且也是東楚地區所謂「中江」的水路咽喉。因此，顧祖禹在《讀史方輿紀要》卷二十七江南九蕪湖城條中說：「今縣東四十里有鳩茲港，實為要衝也。」此說是不無道理的。

十、鵲岸碼頭

鵲岸位於今安徽無為縣的大江北岸。其具體位置，杜預《左傳　昭公五年》注云：「廬江舒縣有鵲尾渚。」《中國古今地名大辭典》說：「鵲尾洲在安徽無為縣界，舊有鵲亭。」又說：「按鵲尾洲，與銅陵縣鵲頭山對面，在無為縣界。無為，舊屬舒城，故名。」但是，有人認為「鵲岸在今安徽無為縣南至銅陵市北沿長江北岸一帶」[1]。也有人認為今銅陵北鵲頭山，即是古鵲岸[2]。但是，根據文獻記載和這一地帶故長江河道中的沙洲變化情況分析，古鵲岸即鵲尾洲的位置在今無為縣的長江北岸的說法可能性較大。當時在今無為縣的大江北岸，即已形成許多江心洲，有江水自該縣西南而南北分流。因此，杜預說廬江舒縣有鵲尾洲，說的當是這一帶江上有沙洲的地貌情況。當地水利堤防部門認為直至東漢時期，無為縣沿江一帶的洲灘尚在發育，這種看法是完全可靠的[3]。同時，據《左傳　昭公五年》記：「冬十月，楚子以諸侯及東夷伐吳，以報

---

① 楊伯峻：《春秋左傳注》，中華書局1981年版。
② 《讀史方輿紀要》卷二十七江南九銅陵縣鵲頭山條。
③ 安徽省水利局長江修防處：〈無為大堤的形成和發展〉，載《長江水利發展史》（第4輯），1976年版。

棘、櫟、麻之役。薳射以繁揚之師會於夏汭①。越大夫常壽過帥師會楚子於瑣②。聞吳師出，薳啟強帥師從之，遽不設備，吳人敗諸鵲岸。楚子以馴至於羅汭。」③這段史料表明，當時楚的勢力基本上在長江以北的江淮間，而長江以南的今江西九江至南昌以東地區，皆屬吳的版圖。因此，當時鵲岸當屬楚國東疆之門戶。西元前574年即楚共王五十七年，楚子滅舒庸（今安徽舒城縣東）、龍舒（今安徽舒城縣西南）、舒鮑（今安徽舒城縣西南），即可說明這個問題④。

結合當地的地理環境和雙方運兵情況分析，當時吳楚間鵲岸之戰，吳人使用的是水軍，楚人動用的也是東夷諸侯國的水軍。吳師可能溯江而上至今銅陵江面，欲圖在其彼岸登陸，恰好與沿今巢湖水系而來的楚師相遇，於是雙方在此交戰。由此可以清楚地看出，今銅陵及其對岸無為一帶，在春秋時即有吳楚的重要軍事據點。新中國成立後，在安徽銅陵市發現有春秋時期的兵器和銅甗、銅鼎數件，即可證實這一帶在當時具有很重要的地位⑤。

銅陵市的江北岸素有水鄉澤國之稱，群舒之民多往來於其間。鵲岸的得名，當是因此地江洲形似鵲尾，群舒人的舟楫常聚集停泊於此。《左傳 成公十七年》記：「舒庸人以楚師之敗也，道吳人圍巢，伐駕，圍釐、虺。」可看出今安徽無為縣西南故長江邊上是有水運碼頭的，當年吳人伐駕、圍釐，必須要經銅陵北岸的鵲岸一帶登陸才能至駕、釐二邑。因此，今安徽無為縣西南一帶，至遲在春秋早期即已形成群舒及吳人活動的碼頭。此地大江南岸一帶的高

---

① 夏汭，在今安徽肥水入淮一帶。
② 瑣，在今安徽霍丘東。
③ 羅汭，《地名考略》卷九云：「在河南羅山縣。」
④ 《左傳 成公十七年》。
⑤ 安徽省展覽博物館：〈無產階級「文化大革命」以來出土的歷史文物〉，載《安徽日報》，1972年2月25日。

岡上，不僅盛產竹木，而且銅礦資源十分豐富。古人在此從事舟楫活動，是有自然物資條件作基礎的，尤其在楚滅舒庸之後，鵲岸作為其東征吳越的水師基地和軍用碼頭，是完全有可能的。當時無為西南江中沙洲甚多，形成許多可供船隻停泊的江灣。這樣的地理條件，對早期群舒和吳人來說，在長江邊上設置碼頭和軍港是最為適宜的。因此，文獻中鵲岸當是春秋戰國時期楚國的軍事據點和長江中下游物資運輸的中轉碼頭。

十一、桐汭碼頭

桐汭位於今江蘇高淳縣西的桐水下游和古代「中江」的上段。其因桐水入「中江」而得名。此地與春秋時期瀨渚邑相距不遠，兩者皆係吳國西部地區內河水系的重要水運碼頭，後為楚所用。

《左傳　哀公十五年》載：「夏，楚子西、子期伐吳，及桐汭。」杜預注云：「宣城廣德縣西南有桐水，出白石山西北，入丹陽湖。」丹陽湖，按《中國古今地名大辭典》說：「在江蘇高淳縣西，接安徽當塗縣界，舊曰南湖。郭璞〈江賦〉：『帝有朱滣丹漅。』丹即此也。」結合這裡的地貌情況分析，春秋時期桐汭地處水鄉澤國，經濟資源十分豐富。在其東部數十里外的山岡上，出產大量的竹木和銅礦。這裡的礦產物資和農副產品，一般都要經桐汭碼頭運至吳都[①]。當時桐汭在航運中處於很重要的地位：東經「中江」可至太湖、吳都，南溯桐水經陸路可至越地；西北經今石臼湖水系可至當塗入長江，並與楚昭關隔江相望。西南經故丹陽湖水系可至今蕪湖市南而入長江，並與今裕溪口古渡口相連。文獻說，「中江」的作用在於以通吳地之糧運，看來是完全符合這裡水系分布情況的。

桐汭碼頭不僅在春秋戰國時期創造了經濟效益，而且在當時吳楚

---

① 《吳中水利書》。

第九章　楚國水運港口碼頭與造船業的分布

兩國的水戰中，也發揮了不可忽視的作用。當年無論是吳伐楚，還是楚伐吳，「中江」當是雙方水師的重要通道。尤其是楚勢力擴張到江淮地區之後，瀨渚邑（今高淳縣南）和桐汭，皆是楚人志在必得的目標。有人認為，「春秋時吳王闔閭伐楚，用伍員計，開河以運糧，今尚名胥溪河，及傍有伍牙山云。《左氏》襄三年，楚伐吳，克鳩茲，至於衡山；哀公十五年，楚子西子期伐吳，至於桐汭，蓋由此道。鎮西有固城邑遺址，則是吳所築以拒楚者也。自是河流相通，東則連兩溧，西入大江，舟行無阻矣。[①]」雖然此河為楚伍子胥所開的這一見解尚有爭議，但他認為楚人伐吳和吳人伐楚蓋取此道，則是可取的。因此，桐汭被吳楚當做水陸交通樞紐，是有可能的。同時，桐汭地區分布有許多森林、湖泊、河道，加之吳人善於水戰，這裡設有修造船處，也是極有可能的。《左傳　昭公十三年》記：「因群喪職之族，啟越大夫常壽過作亂，圍固城，克息舟城而居之。」即提供了這一資訊。不然，吳人是不會以「息舟」二字為地名的[②]。因此，我們認為在春秋戰國時期，凡是在湖泊、江河畔上建有城邑的地方，一般都應設有可供舟楫息居的碼頭和修造船處。這一點，應當是符合早期古人在水邊營造城邑的活動規律的。

第二節　南楚地區的水運港口碼頭與造船基地

據《水經注》記載，楚國南楚地區在先秦時期也是多水之地，此處人們善使舟楫。從文獻記載看，揚越、淮夷等民族率先在此活動。有些渡口存在的時間甚至可上溯到最早的人類活動時期。然而，進入

---

① 《光緒高淳縣志》卷二十一引《廣通鎮壩考》。
② 楊伯峻：《春秋左傳注》，中華書局1981年版。

春秋戰國時期後，由於社會生產力的發展和諸侯列國軍事戰爭的需要，江、淮、湘、贛等流域先後被楚人和當地土著人開發，南楚地區水運碼頭的建設和造船業也因之有了長足發展。

據《水經注》和地方文獻記載以及考古資料分析，春秋戰國時期，今安徽省中部和西南部、河南省東南部、湖北大部、湖南省東部及江西、廣東省的大部，有渡口、碼頭和修造船場所達2600餘處（含山區製作竹木水排的場地），其中規模較大的有長沙、九江、合肥、壽春、巢、鍾離、期思、松陽、下蔡、舒城、桐城、汨羅、南昌、余干、夏浦、清江、息縣、潢川、信陽、肇慶、德慶、四會、增城、縛婁、番禺、無假關等30餘處。今長沙、廣州、大冶、壽縣等為當時南楚地區規模較大的商業港口和造船基地。下面擇其要者予以考述。

一、壽春港口與造船基地

壽春在今安徽壽縣，春秋早期為群舒轄地，戰國晚期為楚國都。其地勢平坦，南部水系眾多，東北靠近八公山，西北瀕臨故淮河，素有水鄉澤國之稱。據文獻記載，今壽縣附近城邑建設的年代可上溯到春秋時期。《左傳　成公七年》記：「馬陵之會，吳入州來。」《左傳　昭公四年》：「然丹城州來。」州來，按《讀史方輿紀要》卷二十一江南三壽州蔡城條云：「州北三十里，古州來也。」至戰國時期，楚人受秦國勢力的壓迫，於西元前241年將楚郢都徙到壽春，並在今壽縣西南修築了一座面積較大的城郭作為楚國都，史稱壽郢。據考古部門提供的資訊，在該城址東南部發現有水門遺址，可與東南瓦埠湖水系相接，並且經城內出北門往西即八公山西南腳下通淮水。據實地調查，瓦埠湖當係故河道壅塞湖泊。在古代，這裡應是《水經注》中所說的肥水故道。城址的西北即故肥水入淮處，自古以來為這一地區南北物資轉運的水陸碼頭[①]。因此，楚人在此建立國都，發展

---

① 《讀史方輿紀要》卷二十一江南三壽州碼頭條。

水運事業，是有地理條件的。

在經濟資源方面，壽春楚郢都的東部地區即今鳳陽西南山地，盛產銅礦和鐵礦，為戰國時楚人冶煉處。壽春的東北即八公山一帶，盛產竹木和桑麻。其西南即今安豐塘一帶，主要盛產糧食和其他農副產品。這些情況表明，楚人在壽春城內外設立的港口碼頭是有一定的物資輸送量的。在此設置造船基地，其木料來源亦有保障。從這一地區所出土的春秋戰國時的棺槨即可看出，當時這裡木材豐富。《史記　貨殖列傳》說：「合肥受南北潮，皮革、鮑、木輸會也。」即說明了當時這一地區除運輸皮革、木材之外，其他農副產品也是主要水運物資。

另外，目前考古資料表明，在壽春城址中不僅有楚王宮殿區、市民居住區，而且還有冶煉和其他手工業作坊遺址 [1]。這說明，作為楚的國都，其人口戶數也是相當可觀的。因此，人員的往來也是港口運輸中不可忽視的一部分。

在碼頭所處的河道水文方面，從實地調查看，淮水至壽春西北即八公山腳下，因受岡地節點的約束，在此形成一個較大的江灣。水勢平緩，有利於大量船隻停泊。壽春城東南和東面，肥水在城垣腳下經過，這裡河床不是很寬，風浪甚小，加之屬肥水下游段，水勢亦十分平緩，來往船隻停靠於此頗為安全和便捷。因此，我們認為楚國壽春郢都的港口主要分布在今壽縣郢都城遺址的肥水和淮水的東西兩岸以及淮水的南岸，其船舶的修造處亦當設置在這一範圍內。總之，壽春楚郢都無論是從當時的地理位置還是從水文地質條件、客貨的運量以及物產資源等方面看，在戰國時期應當具備有港口的功能。

二、鄂港與造船基地

春秋戰國時期鄂王都邑位於今湖北大冶市金牛鎮西南7.5公里

---

[1]　根據安徽省考古研究所提供的文物考古資料。

處。該城東面是一片開闊的平畈，有水路自南而北經梁子湖在今鄂城樊口注入長江。其城西、南、北面均為幕阜山餘脈的丘陵岡地。這是古代一座礦產資源豐富，盛產糧食、竹木，且水陸交通方便的城邑。

據地貌分析，今鄂王城遺址的東北部高河在當時河床要比今寬，流量亦比今大，護城河皆引此水。從當年鄂君被封於此並允許其擁有大量的貨物運輸船隻看，鄂王城附近有規模相當可觀的水運港口。水運碼頭位於今城址的何地，文獻中缺乏明確記載。但是，根據大冶博物館在1982年對鄂王城遺址調查的情況分析，當年鄂君船隻停泊港口當在該城址的東邊高河一帶。這裡地勢平坦，僅距東城垣約80公尺，與高河相連，有貨物轉運和裝卸的地理條件，而其西、南、北面地勢較高，且與外界無河道可通。因此，該城的水運碼頭只有設置在鄉人所謂「大東門」外，才能與這裡的水系分布情況相合。

另外，該城邑建設規模也十分可觀。目前已確認城門兩處，窯遺址兩處，城邑居民主要分布在城內的西部，而中南部為主要建築群所在地，可能是王室貴族居住的地方。城西部以及西南、西北岡地上發現有成群的封土堆。據初步統計，共有117座，其中大塚有18座。這說明，鄂王城遺址在當時具有很重要的地位。

在鄂君的封地中，除了鄂王城有水運港口外，在梁子湖的東岸和湖水入江口處亦當有不少鄂君的專用碼頭，因為梁子湖東岸不僅盛產銅、鐵礦，而且還有大片森林出產木材。這些物資主要依靠湖水經長江而運至外地。《水經注　江水》記：

江水右得樊口。庾仲雍〈江水記〉云：『谷裡袁口，江津南入，歷樊山上下三百里，通新興、馬頭二治。』樊口之北有灣，昔孫權裝大船，名之曰長安，亦曰大舶。載坐直之士三千人，與群臣泛舟江津。

第九章　楚國水運港口碼頭與造船業的分布

257

這說明了梁子湖區內的軍用和民用物資外運必須要途經樊口。因此，從水運角度看，鄂王城與外界聯繫亦必須由鄂王城出發，經過今鄂州、江夏間的吳塘、梁子、牛山等一系列湖泊進入長江，然後再經其他水系，進入湖南、安徽、河南等地。〈鄂君啟舟節〉中首先提到「自鄂往，逾沽（湖）」，即可為證。

在造船業方面，鄂王城及其湖泊周圍和湖水的入江口處，都可以設置造船基地。首先從鄂王城遺址大東門外的地理環境看，其地勢開闊，屬古河道洲灘性質，在沿河兩岸設置修造船場地很有可能。這條河道（即今高河）發源於咸寧山地，夏季水漲，河水寬廣，只要掌握水汛規律，修造大型船隻是較為適合的。〈鄂君啟舟節〉記鄂君啟一次行駛的舟數為150艘，即可看出他在此設置的修造船場地不止一處。由此可見，戰國時期鄂君受封的都邑當是楚國南方江湖地區的重要港口和造船基地之一。

三、巢港與造船基地

《水經注　沔水》說：「巢，群舒國也。」為偃姓。其位置，楊伯峻先生說：「今安徽省巢縣東北五里有居巢故城址，當即古巢國。」[1]《書　序》云：「巢伯來朝，芮伯作旅巢命。」巢為殷商時期之古國。春秋時的巢邑為吳、楚拉鋸戰之地，時得時失。但是，進入戰國的中晚期，巢地已屬楚國所轄。這裡的水運建設當有楚人的心血，也有吳人和當地土著人的功勞。

據《水經注　沔水》記載，巢邑地處水鄉澤國，其南靠近長江，西面瀕臨巢澤，東北和東南岡地起伏，地勢險要，設有古關。古道分東北、東兩路直抵長江邊，與今馬鞍山、蕪湖一帶隔江相望。同時，在巢澤西岸和西南岸一帶，分布有舒庸、龍舒、舒鮑等殷商之舊國。他們之間的往來主要靠舟楫和車馬。這說明，這一地區的水運活動開

---

① 楊伯峻：《春秋左傳注》，中華書局1981年版。

展得比較早。

　　進入春秋戰國時期，隨著吳、楚勢力的發展，巢邑已是雙方活動的重要地區。西元前538年至西元前517年，楚人數次在此增築巢邑，即可看出此邑在當時具有很重要的戰略地位。結合這裡水系分布情況看，在巢邑瀕湖臨江的地方當有不少的軍用港口和民間碼頭。春秋時期吳楚間多次在此發生水戰，即可說明這個問題。

　　先秦時期巢邑的水運碼頭，史無記載。但根據這裡的地貌分析和後世文獻的追述，春秋戰國時期的巢邑港口應主要分布在今巢湖東岸的中埠一帶和長江北岸的裕溪口一帶。當時中埠一帶靠近巢邑，城內的物資輸送南北，主要在這裡起運和轉輸。裕溪口一帶的港口主要是巢邑物資進出的水路咽喉。文獻說其重險東關，即濡須水水口，亦謂柵江口。水出巢湖，東流經濡須山、七寶山之間，兩山對峙，中有石樑，鑿石通流至為險阻，即東關口。濡須水出關口，東流注於江，相傳夏禹所鑿[1]。濡須口即今裕溪口，古人利用這樣的地理環境在濡須水入江口的上游一帶設置水運碼頭是最適合不過了。另外，據當地水文部門提供的資訊，濡須口入江處係二壩與西梁山間的回水地段，水勢平緩，有利於大量船隻在此停泊，三國時孫吳在此發展水運碼頭，即可證明這一地段在先秦時期有建造碼頭的水文地理條件[2]。

　　巢邑的東北、東南和南部屬丘陵地區，當時的竹木出產量很大。船隻修造所用的材料多取於此地。至於巢邑的修造船場地，一般來說應設置在巢湖的東岸。雖然當時湖水面積較大，但由於受該地區河流源近流短、地勢起伏不平的影響，湖水時大時小，為這裡的航運和造船業都創造了較好的條件，此即民間所謂：水漲好行舟，水落宜造船。湖泊東岸是洲灘水灣之地，在此停舟造船皆很方便。種種情況表

---

① 《讀史方輿紀要》卷六十九江南一東關條。
② 《三國志　吳書　呂蒙傳》。

明，在先秦時期的巢國所轄範圍內是有造船場地和水運港口的。《左傳　昭公二十四年》記：「楚子為舟師以略吳疆……越大夫胥犴勞王於豫章之汭，越公子倉歸王乘舟。倉及壽夢帥師從王，王及圉陽而還。」圉陽，顧棟高《春秋大事表》七之四說在今安徽巢湖市南，上述文獻已透露了這一資訊。

四、鍾離碼頭

鍾離，周初侯國，《水經注　淮水》與《世本》說鍾離為嬴姓，而《通志略　氏族》說是姬姓，前者較為可信。其位置，《讀史方輿紀要》卷二十一江南三鳳陽府臨淮縣鍾離城條說，在今安徽省鳳陽縣東，淮水的南岸。杜預《左傳　成公十五年》注云：「鍾離，楚邑。」《史記　楚世家》記：「初，吳之邊邑卑梁與楚之邊邑鍾離小童爭桑，兩家交怒相攻，滅卑梁人，卑梁大夫怒，發邑兵攻鍾離。」這說明，鍾離在春秋時處在吳楚兩國的交界處，是楚地通向吳地的重要水陸交通門戶。西元前518年，楚以舟師伐吳，吳師迎戰，且趁「邊人不備，遂滅巢及鍾離而還」[1]。由此可看出，當時吳楚雙方的水師主要活動在長江下游和《水經注》所說的施、肥二水間。西元前486年，吳人在今揚州以北鑿邗溝，「溝通江淮」[2]，即可為證。另外據《水經注　淮水》記載，當時鍾離西有渦水通魏都大梁，東有泗水通齊、魯，也是古代淮南與淮北地區之間舟楫活動頻繁的重要地區之一。這就是說，春秋戰國時期鍾離城邑是重要的水運交通樞紐。

在經濟資源方面，鍾離地區開發甚早，主要盛產水稻、小麥、桑、麻，其南部山地竹木出產量亦十分可觀。文獻說鍾離東南七十里有鐘乳山，出產鐵礦，南八十里有鏌鋣山，相傳為昔人冶煉處。[3]這

---

① 《左傳　昭公二十四年》。
② 《左傳　哀公九年》。
③ 《廣輿記》卷二鳳陽府山川條。

些都可說明瀕臨淮水的鍾離在當時是有一定的物資基礎的。《左傳昭公四年》載：「箴尹宜咎城鍾離。」可看出當時在鍾離城內及周圍，人口比較集中。由於當時生產力的發展、人員交通的往來和商業貿易的興起，顯然這裡最初是以水運碼頭和城鎮面貌出現的。有人認為，「鍾離常為重鎮，蓋控扼淮濱，防守要地也」[①]。此說也不是沒有道理的。

《水經注　淮水》記：「淮水於荊山北，水東南注之。又東過鍾離縣北，水出陰陵縣之陽亭北。濠水東北流，逕其縣西。又屈而南，轉東，逕其城南。又北歷其城東，逕小城而北流，注於淮。」結合這段史料分析，春秋戰國時期的鍾離水運碼頭當在今鳳陽縣東的板橋一帶。當時這裡是濠水入淮的江灣處，水勢平緩，亦可避風，且淮中沙洲甚多，形成的主泓在洲北，支沱在其南，來往船隻停泊於此頗為安全方便。《資治通鑒　齊紀六》記明帝建武二年（495年），「魏久攻鍾離不克，士卒多死。三月，戊寅，魏主如邵陽，築城於洲上，柵斷水路，夾築二城」。《梁書　裴邃傳》記：「五年，征邵陽洲，魏人為長橋斷淮以濟。邃築壘逼橋，每戰輒克，於是密作沒突艦。會甚雨，淮水暴溢，邃乘艦徑造橋側，魏眾驚潰，邃乘勝追擊，大破之，進克羊石、霍丘城，平小峴，攻合肥。」邵陽洲，胡三省注云：「在鍾離城北淮水中。」這說明，直至魏晉時期，鍾離城岸邊仍然具有停靠船隻的水文地理條件。因此，春秋時期吳、楚人先後在鍾離城北即濠水入淮的江灣處設置軍用碼頭和修造船場地，是完全可能的。西元前519年，吳人水師伐州來，「楚薳越帥師及諸侯之師奔命救州來。吳人禦諸鍾離」[②]。州來，雷學淇《介菴經說》卷七說，在今安徽鳳臺縣。說明當時的鍾離城邑是楚國水陸之師的重要軍事集結地和淮水中

---

① 《資治通鑒　梁紀》。
② 《左傳　昭公二十三年》。

游的江防碼頭。

五、息邑碼頭

息，侯國，《釋文》作「鄎」。《世本》：「息國姬姓。」其位置當有始址和後遷址之分。錢坫由《左傳 隱公十一年》中「息侯伐鄭」一語，推定息的初封地在當時鄭國以西的天息山。隱公十一年（前712年），息大敗，為避鄭患，不久即向東南方遷徙。《元和郡縣志》：「今蔡州新息縣，本春秋時息國……故城在今縣西南十里。」《大清一統志》：「新息故城，在今光州息縣東。《縣志》云：『今為新息里。又有古息里，在縣西南十五里，即息侯國。』」按今河南息縣與漢至清時新息、息縣地域略同，故息城當在今縣西部偏南的淮水北岸①。西元前684年至西元前682年間，息被楚所滅②。息邑碼頭是春秋時期楚國北上中原的水陸交通孔道之一，並與申縣（河南南陽）遙相呼應，共同起著「北大門」的作用。《左傳 僖公二十五年》記：「秋，秦、晉伐鄀。楚鬥克、屈御寇以申、息之師戍商密。」即可為證。

西元前611年，楚國大饑，戎人伐其西南，至於阜山，兵至大林（今湖北當陽市東南）。又伐其東南，至於陽丘，以侵訾枝。庸人帥群蠻以叛楚，麇人率百濮聚於選，將伐楚。楚國境內發生動亂，「於是申、息之北門不啟」③。可見，息邑在春秋時具有重要的戰略地位。《左傳 成公六年》記：「晉欒書救鄭，與楚師遇於繞角。楚師還，晉師遂侵蔡。楚公子申、公子成以申、息之師救蔡，禦諸桑隧。」繞角，在今河南魯山縣東南。桑隧，在今河南確山縣東。又，《左傳 定公四年》記：「冬，蔡侯、吳子、唐侯伐楚。舍舟於淮汭，自豫章與楚夾漢。左司馬戌謂子常曰：『子沿漢而與之上下，我悉方城外以

① 參見《中國歷史地圖集》第1冊春秋楚吳版圖。
② 宋公文：〈春秋前期楚北上中原滅國考〉，《楚史新探》，河南大學出版社1988年版。
③ 《左傳 文公十六年》。

毀其舟，還塞大隧、直轅、冥阨。子濟漢而伐之，我自後擊之，必大敗之。』」這說明，當時息邑水陸交通四通八達，其北經陸路可至鄭、宋，南經大隧、直轅、冥阨三關可至楚、隨，東走水路沿淮可至淮夷、吳越，西溯淮水可至江、漢，是春秋時期楚國北部淮水上游地區的江防要地。

　　同時，據這裡的地理環境分析，今息縣地處淮汝沖積平原，先秦時期屬水鄉澤國。其西北有鴻隙陂之饒，西南、東南有舟楫之利。自息邑溯淮經今溮河可入城陽（今河南信陽），東西沿淮溯潢水可至春秋時黃國（今河南潢川）和絃國（今河南光山）。這說明，息邑在春秋時期不僅通過水陸兩路可達江、淮南北各地，而且與諸侯國的往來也頗為便捷。近年來，在今信陽、潢川、光山等地發現不少楚國、黃國、江國在此活動的遺址和遺物，即可證明上述諸國間的政治、經濟往來十分頻繁[1]。因此，春秋時期的息邑當有水運碼頭。

　　此外，水文資料表明，今息縣及其周圍的南北水系至今仍可通航。今息縣淮水段雖然河面不甚寬闊，但運行百噸木船是毫無問題的。從地貌上分析，先秦時期息邑淮水水面比今要寬闊，息邑故城地勢頗高，淮水靠近息邑城南東行，其下游有陽山頂托，於是這裡的水勢平緩，有利於船隻停泊和擺渡。三國時，魏在息縣設置汝南郡治，即可看出這裡的港運發展是有其歷史淵源的。雖然春秋時的息邑古渡碼頭今已難尋，但從今息縣西南有諸水系入淮的情況看，息邑碼頭當在今息縣西南即《水經注　淮水》所說的谷水東北入於淮處的南北兩岸。李吉甫在《元和郡縣志》卷九中說，在古息城東南五步，有瑤玉坑，其玉顏色潔白，堪為器物，隋唐官用，為蔡州貢奉之首，也可看出這裡在古代已是故息城的貨物轉運碼頭。直至元明時期，息縣附近尚保留著許多渡口和碼頭的名稱，也可看出這裡設置水運碼頭是有地

---

[1]　信陽地區文物管理委員會編：《豫南史話》(第2輯)，1982年版，第5、11、21頁。

理條件的 [①] 。諸多情況表明，故息國城外有水運碼頭。

六、黃邑碼頭

黃，侯國。廖道南《楚紀》說：「嬴姓，顓頊之裔，受封於黃，以國為氏。」其位置在今河南潢川。《左傳　桓公八年》記：「楚子合諸侯於沈鹿，黃隨不會。」杜注：「黃國，今弋陽縣。」《史記楚世家》司馬貞《索隱》說：「汝南弋陽縣，故黃國。」《大清一統志》：「黃國故城，在光州西十二里。」光州，即今河南潢川縣。按《中國歷史地圖集》第一冊春秋楚吳版圖標示，黃國在河南潢川縣潢水的西岸，此說可從。其被楚滅的時間是西元前648年。《左傳　僖公十二年》記：「黃人恃諸侯之睦於齊也，不共楚職，曰：『自郢及我九百里，焉能害我？』夏，楚滅黃。」即可為證。

《左傳　桓公八年》載：「夏，楚子合諸侯於沈鹿。黃、隨不會。使薳章讓黃。楚子伐隨，軍於漢、淮之間。」《左傳　莊公十九年》記：「春，楚子禦之，大敗於津。還，鬻拳弗納。遂伐黃，敗黃師於踖陵。還，及湫，有疾。夏，六月，庚申，卒。鬻拳葬諸夕室。」又《左傳　僖公五年》記：「楚鬬穀於菟滅弦，弦子奔黃。於是江、黃、道、柏方睦於齊，皆弦姻也，弦子恃之而不事楚，又不設備，故亡。」沈鹿，在今湖北鍾祥東30公里。津，在今湖北沙市偏北。踖陵，在今河南潢川西南。湫，在今湖北宜城縣東南。結合這些史料分析，春秋時期黃國的水陸交通是通達的。從黃國沿潢水而下入淮可至吳越，北溯潁、汝、沂、泗可達鄭、蔡、齊、魯諸國，南下經陸路或潢水轉倒水、澴水，可抵楚、隨地。根據春秋時江、弦、息、柏、蔣等諸侯國的分布情況看，黃國與它們間的來往一般多取水道。因此，水路在其政治、經濟、文化活動中占有很重要的地位。這就是說，黃國在當時淮水流域具有十分重要的戰略地位。有人認為，此地在春秋

---

① 《河南通志　光州　息縣》。

時期為楚之咽喉要道，此說是頗有見地的 ①。《穀梁傳 僖公十二年》說黃國是「楚為利之國」，即可看出楚人在此有所經營，而且楚國在欲圖中原的過程中，黃邑的戰略地位亦是不可忽視的。因此，黃邑當是春秋戰國時期楚國重要的軍事碼頭之一。

據《水經注 淮水》記載，潢水是淮水的支流，源於今湖北麻城市與河南新縣交界的大別山分水嶺，東北流入淮，全長100多公里。故黃國都城位於潢水中下游西岸，當時水流量很大，河面比今寬，可行舟楫。當年黃國與淮北江、息諸侯國的往來，若取水路都要經淮、潢。這就是說，黃國的水運活動主要是在淮、潢、潁、汝等水系上，而陸路主要是在經信陽「義陽三關」的楚隨間。1966年在故黃國西高稻場出土的「蔡公子義工」銘文青銅器，以及在近郊的羅山縣高店出土的「奚君單」和潢川縣城附近出土的「侯季宿車」等青銅器 ②，即可說明春秋時期的黃國在水陸交通方面是有驛站、碼頭設施的。

當年黃國的水運碼頭在今何處，文獻尚未作明確交代。但是，根據近年來這裡的考古調查分析，故黃邑的主要水運碼頭當在今潢川縣西12里的隆古鎮黃城遺址東面的潢水邊上。1979年，在隆古集附近發現一座南北長約1500公尺、東西寬約1300公尺的春秋至秦漢時期的古城遺址。該城址西部是一處密集的古墓葬區，地勢頗高，城東近郊潢水，且有車路和支流通達城內，即可看出城址東的潢水邊上和城內有水運碼頭。此城的護城河故道與潢水可以溝通，亦可證實上述推論 ③。另外，根據當時黃國的政治地位、城邑的規模以及戰國時期春申君曾在此經營等情況看，這裡也當是楚國的一處修造船基地。這裡大量出產竹木，水系縱橫交錯，水運活動頻繁，均從不同方面提供這一資訊。可以說，春秋時期楚滅黃後，黃邑長期作為

① 《讀史方輿紀要》卷五十河南五光州條。
② 李學勤：〈論漢淮間的春秋青銅器〉，載《文物》，1980年第1期。
③ 據信陽地區文管會、潢川縣文化館提供的資料。

楚的漢淮門戶而存在，是沒有問題的。漢魏時期，封建統治者繼續把這裡設為弋陽郡治，即可說明此邑的水陸交通設施和戰略地位一直為人們所重視。

七、長沙碼頭

長沙位於今湖南湘江的東岸，《通典　州郡》說其「古三苗國之地，自春秋以來為黔中地，楚國之南境」。長沙地名的產生至遲在戰國時期，並且長沙在當時以楚國的產糧基地著稱於世。《史記　越王勾踐世家》記：「長沙，楚之粟也。」即可為證。根據新中國成立後在長沙附近發掘出大量戰國時期楚墓的情況看[1]，長沙當是楚國南部地區的重要城邑之一。《鄂君啟舟節》中規定的鄂君運輸船隊的西南路線說明春秋戰國時期湖南湘、資、沅、澧等水系皆可通航，而且當時長沙必然是楚國一個很重要的水運碼頭。

據《水經注　湘水》記載，長沙在先秦時期的物產資源是十分豐富的。此篇中所描繪的山川河流以及有關地名皆以礦物名命名，可提供這一資訊。另外，在長沙附近的楚墓中，出土有大量的銅器、鐵器、漆器、絲織品，完全證實了楚地長沙的經濟發展有著得天獨厚的地理條件和經濟基礎。因此，在戰國時期，長沙地區的商業和水運交通是有很大發展的。顧鐵符先生認為：「從江南的自然地理來看，除洞庭湖平原外，到處是崇山峻嶺。古代交通主要靠湘、資、沅、澧四水，以及它們的主要支流。」[2]此說十分確切地指明了這一地區在先秦時期發展農耕經濟、促進楚越文化的交流以及民間商業貿易的往來大都依靠舟楫。根據考古調查，楚的遺址大

---

[1]　湖南省博物館：〈三十年來湖南文物考古工作〉，《文物考古工作三十年》，文物出版社1979年版。

[2]　顧鐵符：〈江南對楚國的貢獻與楚國的江南開發〉，載《湖南考古輯刊》（第1輯），嶽麓書社1982年版。

部分在河流兩旁的臺地上[1]，即可證實這一問題。

　　楚國的勢力進入湖南之後，長沙一直作為楚人聯繫桂、粵地區古越人的重要水陸門戶和南北物資運輸的中轉站。當時南方湘水流域貢奉物資，一般都要經此出洞庭上江或下江入施水運至楚郢都。文獻中載齊國的使臣曾對越王勾踐說：「讎、龐、長沙，楚之粟也。竟澤陵，楚之材也。越窺兵通無假之關，此四邑者不上貢事於郢久矣。」這說明了戰國時楚國糧食等物資的供應很大程度上依賴於湖南長沙及其鄰近地區。可見，當時長沙的水路貨物運量是很大的。《水經注　湘水》在描述長沙地區的山川河流以及水運交通情形時說：

　　湘水又北逕南津城西，西對橘洲，或作吉字，為南津洲尾。水西有橘洲子戍，故郭尚存。湘水又北，左會瓦官水口，湘浦也。又逕船官西，湘州商舟之所次也。北對長沙郡。郡在水東州城南，舊治在城中，後乃移此。湘水左逕麓山東，上有故城，山北有白露水口，湘浦也。

　　這說明，長沙在我國古代南方的水運交通事業發展中始終佔據著很重要的地位。同時，根據《水經注　湘水》中談到的長沙附近多「浦」多「城」且有「船官」一地看，長沙在戰國時期已具備有港口的功能。當年長沙的人口較集中，截至1960年，在長沙已發現戰國時期楚墓達1800餘座[2]，即可為證。根據歷史文獻記載和這裡的考古資料可看出，長沙在戰國時期基本上已具備作為港口的基本條件。文獻中記齊國的使臣說長沙是向楚國貢奉物資的重鎮，看來

---

[1]　根據湖南省博物館提供的考古資料。
[2]　高至喜：〈湖南古代墓葬概況〉，載《文物》，1960年第3期。

符合今天這一地區的考古發現。

　　至於楚國長沙碼頭的分布情況，今已不見經傳，但是，根據這裡的地理環境以及考古資料提供的資訊看，今長沙附近水運碼頭應當是比較多的。當時長沙城邑位置按《水經注》記載分析，在今長沙東北撈刀河下游和瀏陽河入湘的三角洲地帶，有古時撈刀河即瓦官水，其下游河道較寬，是當時長沙停泊船隻的主要地方。今長沙市區，在當時尚是一片荒丘，為楚長沙城外的一片墓區。新中國成立後在長沙6.7平方公里的舊城區內發掘了近2000座春秋戰國時期的楚墓，即可為證[1]。因此，楚長沙邑的水運碼頭應主要分布在今長沙市東北撈刀河、瀏陽河下游兩岸和湘江東、西兩岸。《水經注　湘水》說：「（湘水）又右逕臨湘縣故城西，縣治湘水，濱臨川側，故即名……城之西北有故市，北對臨湘縣之新縣治，西北有北津城。」北津城，清嘉慶《長沙縣志古跡》說：「有土城，在三汊磯，圍八九里，高五六丈或三四丈不等。即古北津城。」通過調查，現存城牆係夯築，長1750公尺，高10公尺，最高處高15公尺，一般面寬8公尺，底寬20公尺，築城年代為漢代。但是，在城垣的夯土中發現有戰國時期的青銅器[2]，似可證實今長沙市湘江西岸三汊礬附近在戰國時期已經有人居住。因此，長沙湘江東、西兩岸民間的往來主要依靠舟楫。從這裡的地貌和古遺址、古墓葬的分布情況看，長沙古渡碼頭當在今長沙市北湘江東岸和西岸的撈刀河鎮、穀山鎮一帶。瀏陽河的下游即今長沙市東的東岸鎮以及撈刀河下游的水塘鎮、望新鎮，也當是楚長沙邑的水運碼頭。這些地方在古代都是「商舟泊

①　《中國歷史文化名城詞典》編委會：《中國歷史文化名城詞典》，上海辭書出版社1985年版，第581、584頁。
②　《中國歷史文化名城詞典》編委會：《中國歷史文化名城詞典》，上海辭書出版社1985年版，第581、584頁。

焉」的水上交通往來的必經之地 [1]。事實證明，今長沙市是由歷史上若干個碼頭組合而發展起來的。它的城市發展特點，可以說是因水而興。

八、郴陽碼頭

郴陽位於今廣西全州東北，湘江上游的西北岸，戰國時期為楚國西南重鎮，秦漢時在此設洮陽縣 [2]。《鄂君啟舟節》中說：「延江、內湘、庚賥、庚郴陽。」其中「庚郴陽」即是船隊入湘的最後一站 [3]。因此，文獻中的郴陽當是戰國時期楚國南方湘江上游入雲、桂的重要水陸通道。

《韓非子 內儲說上》說：「荊南之地，麗水之中生金，人多竊採金。採金之禁，得而輒辜磔於市，甚眾，壅塞其水也；而人竊金不止。」戰國中期，楚國的勢力已來到雲、桂地區，且開始在雲南楚雄等地置官吏，管理麗水黃金的開採 [4]。解放後，在廣西、雲南境內發現春秋戰國時期具有楚人風格的青銅器、陶器，即證明楚在此地進行了大量的經濟開發活動 [5]。

郴陽在春秋戰國時期，不僅地理位置十分重要，而且物產資源頗為豐富。文獻記載該地區盛產竹木、水稻、丹砂、皮革和美玉，這裡的水運交通亦十分方便。按《水經注 湘水》記載，自郴陽順湘江向北可至長沙；逆湘江向南經今海洋河或嚴關陸路轉至灕江，可達梧州和廣東的廣州；西去經興安、桂林、永福，由陸路轉水路沿清江、紅水和雲南的南水等水系，可至雲南昆明和楚雄。這反映出郴陽在古

---

① 《讀史方輿紀要》卷八十湖廣六長沙撈塘河條。

② 《漢書 地理志》。

③ 喻宗漢：〈從鄂君啟舟節來看楚國水路交通〉，載《公路交通編史研究》，1988年第2期。

④ 汪寧生：〈試論中國古代的銅鼓〉，載《考古學報》，1978年第2期。

⑤ 文物編輯委員會編：《文物考古工作三十年》，文物出版社1979年版，第341、372頁。

第
九
章

楚
國
水
運
港
口
碼
頭
與
造
船
業
的
分
布

代已具備有「北連永、邵，南蔽桂林，舟車絡繹，號為孔道」的水陸交通樞紐的地理條件。因此，郴陽在戰國時期應是楚國南方的一個水運中轉碼頭。雖然當時這裡的河流不寬，山高水急，大船行駛較為困難，但此地越人善習舟楫，多用竹或木並排編紮成筏而從事水運活動。可見，在先秦時期，郴陽當是越人和楚人水運活動頻繁的地區。在桂東即臨近於興安、靈川、灌陽等地發掘出大量的戰國時期楚墓，可推斷出這些地區的楚人大部分是沿著湘江流域經郴陽而來的。〈鄂君啟舟節〉中的「庚郴陽」和《楚辭 涉江》中的「哀南夷之莫吾知兮，且余濟乎江湘」，即為此提供了可靠證據。

據考古工作者實地調查，郴陽故城在今廣西全州市永歲鎮梅沄村背後洮水北岸的陡壁上。從地理環境看，此城是一座山城。城址高出水面約20公尺，依山勢夯築，東西長約300公尺，南北寬約100公尺。其中所出土的筒瓦、板瓦以及席紋、方格印紋硬陶罐壇之類的殘片，火候很高，胎色不一。城內未發現漢以後的遺物，可能漢以後這座古城已被廢棄[1]。此城址距全州市17.5公里，與《讀史方輿紀要》卷一百七廣西二全州洮陽廢縣條所說的「（全）州北三十五里」相合。這說明，郴陽故城位於當時洮水入湘江處。《水經注 湘水》說：「（湘水）又東北過洮陽縣東。洮水出縣西南大山，東北逕其縣南，即洮水以之稱矣。」即可為證。因此，當時楚郴陽邑的水運碼頭很可能就設置在故城址的東門外。此處城腳下屬湘水、洮水的沖積地帶，洲灘較多，水勢較為平緩，便於船隻停泊和修造。而南城垣處雖然有洮水經過，但地勢陡峭，不利於貨物堆放和裝卸。因此，從該城址的地理形勢看，楚人在郴陽城址南設水運碼頭是不可能的，而只有將碼頭設置在洮水「東流注於湘水」的拐彎處，才能與這裡的地貌狀況和水文情況相吻合。《讀史方輿紀要》說「洮水在全州西十里，源出文

---

① 周世榮：〈長沙出土西漢印章及其有關問題研究〉，載《考古》，1978年第4期。

山。《志》云，山下出泉，噴嗽有聲因名」，由此可看出洮陽故城南的洮水是一條源近流短，具有山溪特性的小河道。所以，在古代的洮水南北岸設有渡口是可能的，但要設置一次能停150艘船隊的碼頭的話，此處就不及洮水下游的湘江河流寬闊便利了。總之，種種情況表明，楚郴陽邑是一座具有山城地貌特徵的與軍事有關的城邑。〈鄂君啟舟節〉中有入湘「庚郴陽」的記載，就說明了楚郴陽邑是楚人聯絡桂東地區越人的一個很重要的政治、經濟網點。因此，郴陽邑的設置對這一地區古代經濟的開發發揮了很大作用。

九、新淦碼頭

《漢書　地理志》豫章郡說，新淦「都尉治，莽曰偶亭。應劭曰：淦水所出，西入湖漢也」。《水經注　贛水》云：「（贛水）又東北過石陽縣西，又東北過漢平縣南，又東北過新淦縣西。袁水西出宜春縣。袁水又東逕吳平縣。袁水又東逕新淦縣，而注於豫章水。湖漢及贛，並通稱也。又淦水出其縣，下注於贛。」其位置，按《讀史方輿紀要》卷八十七江西五臨江府清江縣樟樹鎮條云：「鎮即故新淦縣址也，西北面江，其左側紫淦水會蛇溪水入焉，有湖繞其後，曰瓦窯湖。鎮周迴十里許，為門者四。北出曰大德門，迤北而東曰菜市門，正東曰東門，正西曰秀江門，有小溪江水灌入，與瓦窯湖相通。」1974年，在今江西清江縣東距贛江9公里的地方發現一座古城址，考古工作者稱之為築衛城遺址。該城址東西寬410公尺，南北長360公尺。今土城牆尚存，有六個缺口可供進出。西面城垣高約17公尺，基寬14公尺左右；東面高約8公尺，基寬16公尺左右。城址中部偏西南有一條南北向的大土溝，寬38公尺，深約13公尺，把城址分為東西兩部分。城址年代的上限不會早至春秋，下限不會晚於漢代，是一座戰國至秦漢時期的古城[①]。這說明，雖然無文獻說新淦縣是楚國所置的縣邑，

---

① 江西省博物館等：〈清江築衛城遺址發掘簡報〉，載《考古》，1976年第6期。

但從考古和文獻資料看，秦漢時期新淦縣治當是在這座戰國時期舊城基礎上設置的。因此，從古代地名的命名規律看，戰國時此城因淦水得名，也是說得過去的[①]。

春秋戰國時期，楚人的勢力已進入贛江流域，江西九江、南昌、新淦、清江、修水等地是楚人活動最頻繁的地區。新中國成立後在這些地區發現大量的楚人墓葬，即是證據。因此，清江築衛城城址（即文獻中說的「淦邑」）當是楚人和越人共同興築、經營的產物。該城址中出土的一些陶器與湖北紅安金盆遺址和湖南長沙楚墓所出的陶器有近似的地方[②]，就證實了這一點。

新淦邑故城的地理位置為其經濟發展提供了很大優勢。在其故城東有閣皂山、紫淦山，東北有夏山、雲谷山，北有銀嶂山，這些地方在古代都是盛產竹木、桑麻、藥材、白石的地方。故城西、西南和西北，屬贛袁二水沖積平原，土地肥沃，可供人們耕種和從事漁獵活動。在其周圍的丘陵平原地區，當時也盛產糧食。在新淦故城西南即新淦縣的界埠發現有戰國時期糧倉遺址[③]，給我們提供了這一資訊。這就是說，今清江在春秋戰國時期是一個比較富裕的地區。當然，它的經濟發展和其當時水陸交通四通八達分不開。楚越人不僅利用淦水作築衛城的護城河，而且將淦水引入城內作為此城向外聯繫的重要水運通道。《水經注》說：「淦水出其縣，下注於贛。」考古資料顯示：築衛城中部偏西南有一條南北向的大土溝把遺址分為東西兩部分，即可看出當時這座城邑的建設者是十分注重當地水運事業的。因此，築衛城當是戰國時期楚國南部地區贛江中下游的一座江城。當時船隻由此出發，經城內淦水河道入贛江，北去入長江可往巴蜀、吳越和淮南，向南溯贛江可抵贛州、南康，西北經贛袁二水可至宜春、萍

① 《讀史方輿紀要》卷八十七江西五淦水條。
② 江西省博物館等：〈清江築衛城遺址發掘簡報〉，載《考古》，1976年第6期。
③ 江西省博物館：〈江西考古三十年〉，《文物考古工作三十年》，文物出版社1979年版。

鄉，東去經贛撫二水可至撫州、南城。這說明，築衛城在當時已具有水運交通中樞的功能。南來北往的貨運物資，一般都要在此轉運。1973年，在今清江縣城西南35公里吳城村發現一座土城，古稱吳城，城內所發掘的一些陶器和青銅器與中原商代遺址的同類器物在風格上較為接近。同時在築衛城遺址內的下層，也出土有類似中原文化風格的商代陶器和青銅器^①。這說明，贛江流城的清江地區早在殷商時期就與中原地區有了文化交往。因此，築衛城的先民們重視水運、發展當地的農耕經濟，絕非是偶然的。事實證明，贛江諸水系當是南方越人向外活動和北方文化向南滲透的主要水路通道。當年築衛城的建設選擇在內有淦水、外通贛江的地理環境中，就反映出了水運在當時整個交通事業中占有舉足輕重的地位。

從實地調查的情況看，當年築衛城內已具備設置水運碼頭的地理和水文方面的條件。城內的淦水發源於今清江縣東南茂林鄉之離嶺，經紫淦山出洋湖，至清江鎮會蛇溪入贛江。這條水系下段即築衛城附近的河道，今大部已淤塞或變為溝渠，但其河床遺跡依稀可辨。分析築衛城內外水系故道可推測，該城址外西北與贛江可通的河道（今已為溝渠）當是此城供往來船隻停泊的地方，而城內的南北向大土溝亦可供船隻停泊。城址西北即大土溝的東北岸有一面積較大的土臺，很可能是與水運有關的建築物所在地，若是衙臺，這裡的官員出巡就更為方便。從築衛城的建築格局看，當是楚國南方一座外通贛江、內有營運、舟車四會的水運城市。

十、番禺碼頭

《史記　貨殖列傳》說：「番禺亦其一都會也，珠璣、犀、瑇瑁、果、布之湊也。」《讀史方輿紀要》卷一百一廣東二廣州府廣州城條云：

---

① 　江西省博物館：〈江西清江吳城商代遺址發掘簡報〉，載《文物》，1975年第7期。

楚伐揚越，自是南海事楚，有楚亭。舊《圖經》：廣州州城，始築自越人公師隅，號曰南武。《吳越春秋》：閣閭子孫避越嶺外，築南武城。後楚滅越，越王子孫避入，始興令師隅修吳故南武城是也。秦以任囂為南海尉，初居瀧口西岸，俗名萬人城，在今城西二十七里，既成，乃入治番山隅，因楚亭之舊，其治在今城東二百步，俗謂之任囂城。又相傳南海人高固為楚威王相時，有五羊銜穀，萃於楚亭，遂增築南武，城周十里，號五羊城。

　　番禺的位置，《中國古今地名大辭典》引《廣州記》說：「五羊城即廣東省城。昔高固為楚相，五羊銜穀萃於楚庭。其城舊日稱羊城，亦稱穗垣。」可見，「吳起相悼王，南並蠻越，遂有洞庭、蒼梧」①之後，楚人在今廣州進行了一些政治、經濟、文化方面的建設活動。新中國成立後在廣東發現的戰國時期的青銅文化受楚國的影響最為明顯，就是最好的實物證據②。因此，楚人滅越之後，番禺已是楚國南疆對外通商的重要城邑。

　　番禺地區在先秦時期，氣候適宜，物產豐富，具有良好的水陸交通條件。在物產方面，廣南以盛產明珠、玳瑁、端石、英石、竹木、桑麻、果類著稱於世。《廣志繹》卷四說，廣南物產「名品其甚多，不可枚計」。在交通方面，番禺南瀕南海，西接西江，東通東江，北連北江，處於江海之樞。當時番禺的物品貢奉於楚，一般採取水陸聯運的方式。第一條路自番禺出發，溯北江，經連江口入連江，然後在連縣轉陸路至湖南臨武、郴州，再沿耒水或舂陵水入湘江，進入江淮楚郢都。《山海經　海內東經》說：「肆水出臨武西南，而東南注海，入番禺西。」《水經注　溱水》：「溱水出

---

① 《後漢書　南蠻傳》。
② 廣東省博物館：〈廣東考古結碩果，嶺南歷史開新篇〉，《文物考古工作三十年》，文物出版社1979年版。

桂陽臨武縣南，繞城西北屈東流。」酈道元注云：「水蓋溱水之別名也，武溪水出臨武縣西北桐柏山，東南流右合溱水，亂流東南逕臨武縣西，謂之武溪。縣臨側溪東，因曰臨武縣。」《戰國策　楚策》：「趙使魏加見楚春申君曰：『君有將乎？』曰：『有矣，僕欲將臨武君。』」同治《臨武縣志》卷首稱：「楚南郡邑之最古者莫如臨武。」嘉慶《大清一統志》在臨武縣下明確標出：「戰國楚臨武邑。」可見，今湖南臨武在春秋戰國時期當是番禺通往北方、聯絡楚人的其中一路的必經要邑。第二條路由番禺出發溯西江，經封開入賀江，至賀縣轉陸路，然後在湖南道縣入瀟水至零陵進入湘江，而抵達江、淮各地。第三條路也是從番禺出發，溯北江至韶關入湞水，然後在南雄東北轉陸路經梅嶺關，再在江西大余入贛江而進入江、淮和中原地區。《史記　南越列傳》記元鼎五年，呂嘉等人反叛，「衛尉路博多為伏波將軍，出桂陽，下匯水；主爵都尉楊僕為樓船將軍，出豫章，下橫浦；故歸義越侯二人為戈船下厲將軍，出零陵，或下漓水，或抵蒼梧；使馳義侯因巴蜀罪人，發夜郎兵，下牂牁江，咸會番禺」。這段文獻雖說的是西漢初年的事，但卻給人們提供了楚人入粵和番禺越人進貢楚王物資的交通路線。《廣東新語》在描述廣南地區古代交通狀況時指出：「梅嶺之旁，連峰疊嶂間，小陘紛紜，束馬懸車，縱橫可度，雖使千夫扦關，萬人乘塞，而潛襲之師已至雄州城下，又況郴之臘嶺，與連之星子、朱崗，皆可以聯鑣徑入乎？」這說明，春秋戰國時期的番禺在水上交通建設方面已經初具規模。1983年在廣州象崗山發現了第二代南越王趙眜的墓，出土了1000多件珍貴文物。「除部分帶有地方特色以外，多數器物的器形、紋飾與中原內地同時期的同類器物基本一致，表明漢初嶺南地區與中原內地（主要是原楚地）的文化交流是頻繁的。南越王墓中的這些器物顯然是在中原內地的影響下仿製或輸入的。一般來說，陶銅器皿可能是在本地仿製的，漆器、絲

織衣物和玉器則可能是從內地輸入的。由於仿製和輸入，有些器物的器形或紋飾在這裡流行的時間一般要比中原內地有所推遲，例如南越王墓的禮樂器，其器形特徵在戰國晚期的楚墓中就經常能夠見到」[1]。同時從墓中出土的大象牙、象牙器、銀器、玻璃器以及瑪瑙、水晶、玻璃等珠飾，初步可以判斷其中一部分應是從中亞或南亞等地輸入的。事實上，上述玻璃等物不僅在廣州發掘的兩漢墓中出現過，在湖南楚墓中也多見。結合上述考古資料和文獻記載對越人在春秋時就已有海上通航能力的情況分析，我們可看出當年番禺邑的越人與內地楚人的關係更多是商業貿易方面的關係。這種關係的建立除有政治上的原因外，更主要的還是由於番禺位於南海之濱，在楚人與海外建立某種政治、文化和經濟貿易聯繫上能夠發揮橋樑作用。這就是說，無論是從考古發掘資料還是從文獻記載來看，春秋戰國時期的番禺地區水陸交通是四通八達的。有人認為，戰國時期楚人以南海為中轉站與海外建立了某種貿易關係，此說是頗有見地的[2]。1974年底在廣州發現規模較大的秦漢時期造船工廠遺址[3]，1956年在廣州西郊西漢墓中出土有木船模型[4]，說明這裡在古代水運交通比較發達，是我國對外通商的最早港口城市。

第三節　西楚地區的水運港口碼頭與造船基地

從文獻記載看，西楚地區與東楚、南楚地區比較起來，是楚人從事政治、經濟、文化、軍事等活動最早的地方。楚人自山區走向

---

① 廣州象崗漢墓發掘隊：〈西漢南越王墓發掘初步報告〉，載《考古》，1984年第3期。
② 郭仁城，戴亞東：〈楚越通道綜合考察〉，載《求索》，1985年第4期。
③ 中國社科院考古研究所：《新中國的考古發現和研究》，文物出版社1984年版。
④ 廣州市博物館：《廣州漢墓》，文物出版社1981年版。

江漢平原之後，不僅繼續發揮所擅長的造車技能，而且在造舟習水方面也不落後於當時江南的越人。文獻中說「楚越同俗」，是指楚人與越人在交流中相互影響，楚越文化在碰撞中相互交融，以至形成某些相近甚或相同的文化風習，而習水擅舟就是其重要表徵之一。不過，楚人在水運方面不遜於越人，與其所處的地理環境也有重要的關係。正是當時楚國西楚地區有長江、漢水、沮水、漳水、夏水、溳水、澴水、丹水、汝水、潁水、淮水等幾大河流，楚人才得以在此進行水運活動，發展了造船事業，從而為促進當時各國商業貿易的往來作出了貢獻。

據文獻記載和對考古資料的不完全統計，春秋戰國時在西楚地區，楚國擁有的水運港口碼頭和民間渡口就已達1400多座，其中頗有影響的有：荊州紀南城楚郢都、宜城楚皇城鄢郢、淮陽楚郢都、當陽季家湖古城。國都規格以下的重要水運港口碼頭有：夔（今秭歸）、魚復（今奉節）、夏首（今沙市東）、竟陵（今潛江西北）、鄧（今襄陽市西北）、穰（今鄧縣）、郇陽（今旬陽縣）、隨（今隨州）、唐（今隨州西北）、那處（今荊門東南）、州陵（今監利東）、安陸（今安陸）、北津（今襄陽市）等30餘座。這些碼頭有的是由楚人早期開發並延續到戰國，有的是由他國建立而至楚國吞併這些國家後加以利用。下面擇要予以考述。

一、郢都港口與造船基地

文獻記載和考古資料表明，春秋至戰國中期的楚郢都曾先後設置在江漢地區的荊州紀南城和宜城楚皇城。這兩座古城又分別被稱為紀郢和鄢郢。從文獻記載看，紀郢在前，鄢郢在後，它們都是春秋中晚期至戰國早中期楚國極為重要的城市 [1]。

---

[1] 湖北省博物館：〈楚都紀南城的勘查與發掘〉，載《考古學報》，1982年第3期；楚皇城考古發掘隊：〈湖北宜城楚皇城勘查簡報〉，載《考古》，1980年第2期。

荊州紀郢地處長江中游的北岸，宜城鄢郢地居漢水中下游的西岸，兩城皆因地理位置而具有良好的水陸交通條件和豐富的經濟資源優勢。楚人自來到荊州紀南城建都以來，十分注重水運事業。從目前在紀郢調查的情況看，城址內有古河道四條，並成「斤」形分布。其古河道一般寬40至60公尺，兩岸分布著密集的古井和窯址。水上建有三座城門，一座在城北，一座在城南，一座在城東[1]。城南河道可通長江故道的沱江，城東河道可通揚水（即今長湖）、夏水（今已淤塞）和漢江[2]。再從這些古河道的寬度和深度看，當時上百噸的船隻應當可以直接進入城內。這說明，楚人在此建國立都，首先考慮的是國都及其周圍地區的水陸交通條件。酈道元在《水經注 沔水》中兩次提及楚人在其城西南和東面開鑿人工運河，即可看出楚人對郢都的水運事業是極為重視的。因此，諸葛亮與劉備在談到荊州一帶的地理形勢時說「荊州北據漢沔，利盡南海，東連吳會，西通巴蜀」[3]，這也說明了楚人能在此發展為雄踞南方的一大強國，無疑與其在地理位置上占有得天獨厚的水陸交通優勢不無關係。

楚國為了北進中原、南並吳越、西征巴蜀，不僅建立了強大的陸軍，而且也建立了精幹的水師。從荊州紀南城楚郢都在先秦時期河網湖泊縱橫交錯的地理環境看，楚人在國都周圍建立水師基地和水運碼頭是完全可能的。據實地調查，今紀南城北即襄沙公路磚橋至棗林鋪偏西處，尚存有一處南北寬200公尺、東西望不到邊的大水面。其源於城址西北紀山岡地，城址內朱河（即古河道）與其相通，而且這裡水面比較平靜，位置也較隱蔽。楚人在此操練水師，設置水師基地，是最適合不過了。楚人在紀南城建都時，在其北門

---

① 湖北省博物館：〈紀南城考古勘探簡報〉，《楚都紀南城考古資料彙編》，1980年版。

② 袁純富：〈先秦時期江陵附近長江注入漢水河道復原〉，載《荊州師專學報》，1984年第1期。

③ 《三國志 蜀書 諸葛亮傳》。

築水門就可能與這裡的水師基地有著密切的關係。不然，楚在城北門設置規模較大的水門，是毫無意義的。因為城址北的朱河水系是一條河短源近而沒有通達北方各地交通能力的水道。當時出紀南城郢都北門通達北方，主要依靠的還是車騎陸路。在城址北的西邊城門發現有寬10公尺的黑灰土路，即可為證[1]。

紀南郢都在商業貿易方面是南北物資往來的中心。城址內發現鑄造遺址和多處窯址、水井遺址，城外西部和南部發現多處戰國時期市民居住遺址，即說明了當時紀南城楚郢都人口非常稠密，市區十分繁華。桓譚在《新論》中說：「楚之郢都，車轂擊，人肩摩，市路相排突，號為朝衣鮮而暮衣敝。」[2]《漢書　地理志》稱：「江陵故郢都，西通巫巴，東有雲夢之饒，亦一都會也。」這些記載進一步說明了紀南城楚郢都是一座商業薈萃、連接東西南北水陸交通的樞紐城市。當時商船進出楚郢都，一般都經由楚東門。《楚辭哀郢》說：「出國門而軫懷兮，甲之鼂吾以行。發郢都而去閭兮，荒忽其焉極？楫齊揚以容與兮，哀見君而不再得。望長楸而太息兮，涕淫淫其若霰。過夏首而西浮兮，顧龍門而不見。」龍門，洪興祖注云：「楚東門也。言已從西浮而東行，過夏水之口，望楚東門。」這就是說，屈原離開楚郢都而沿江、夏水東行，是從今紀南城東門出發的[3]。這裡尚存的水系分布是與文獻記載契合的。因此，紀南城楚郢都城內和東門外的河道兩岸都是可供當時各地商船往來停泊和裝卸貨物的地方。從紀南城楚郢都遺址的城內外皆發現有楚人居住過的遺址，即可為證。

除紀南城楚郢都城內外的河道有航行並停靠船隻的能力外，在紀郢東南約4.5公里的今荊州沙市也是春秋戰國時期楚國通往東西

①　湖北省博物館：〈紀南城考古勘探簡報〉，《楚都紀南城考古資料彙編》，1980年版。
②　《北堂書鈔》。
③　袁純富：〈屈原出生地考〉，載《荊州師專學報》，1985年第1期。

南北的重要水運外港。《水經注 江水》說：「江水又東逕江陵縣故城南，《禹貢》荊及衡陽惟荊州，蓋即荊山之稱而荊州名矣。故楚也。子革曰：我先君僻處荊山，以供王事，遂遷紀郢。今城楚船官地也，春秋之渚宮矣。」渚宮，《湖北通志 江陵縣》說：「江陵故城，今荊州府治，本春秋楚渚宮地。」近年來，在荊州古江陵城內三國公園發現有大面積的東周至漢魏時期古人居住區遺址[①]，即可看出今荊州城至遲在戰國時期已屬於楚郢都南郊瀕臨長江的一個很重要的港口集鎮。紀南城楚郢都遺址東南的沙市，文獻稱之為「商賈輻集之處，相傳楚故城也」[②]。經實地調查，在今沙市北、荊州城東、郢城遺址南，發現有一條寬約300公尺、可與故長江相通的故河道[③]。文獻稱之為「江津灣」[④]。在此灣的南北兩岸，都發現有東周時期的古遺址和古墓葬[⑤]。當年商公「沿漢溯江，將入郢。王在渚宮，下見之」[⑥]，當是順著漢水溯今沙市北的「江津灣」即故「沱江」而入紀南城楚郢都的。因此，《世說新語》引盛弘之《荊州記》說：「荊州城臨漢、江，臨江王所治。」這就是說，這一地帶直至漢魏時期仍然保持著水路四通八達的局面，商船往來極為方便[⑦]。有人提出，沙市在春秋戰國時期是楚國郢都一座很重要的進行軍事活動和商業貿易往來的外港[⑧]，此說是頗有見地的。事實上，近年來沙市地區出土的歷史文物和地質探測資料表明，這一地區在春秋戰國時期呈古代長江中的沙洲地貌，而且當是楚國東連吳越、

① 根據湖北荊州文物局提供的文物普查資料。
② 《讀史方輿紀要》。
③ 沙市博物館館藏文物考古普查資料。
④ 《樂府詩集 石城東》。
⑤ 沙市博物館館藏文物考古普查資料。
⑥ 《左傳 文公十年》。
⑦ 陳國燦：〈古代荊沙地區的經濟發展及演變〉，《古代長江中游的經濟開發》，武漢出版社1990年版。
⑧ 荊州地區水運志編纂委員會：《荊州地區水運志》，廣西人民出版社1989年版，第111頁。

西入巴蜀、北至申呂、南達湘澧的水運門戶①。

　　在造船業方面，雖然紀南城遺址內目前沒有發現這方面的遺址和遺物，但從《左傳　昭公十九年》載「楚子為舟師以伐濮」即可看出，楚平王在荊州「城郢」後在此建立了造船場。當年楚都的造船場，根據有關文獻資料和實地調查的情況分析，當在今荊州城西門外的故長江江灣處和沙市故江津西南通江的地方。這一帶在先秦時期水勢平緩，沙洲連綿，相當於今荊州城西城面積的一半凸於江心，形成上下兩處江灣，在此造船既可避風又適宜船隻出入長江和內河諸水系。1967年，當地交通部門在此疏通故河道時，發現大量古代修造船所留下的竹、木、麻等殘雜遺物，即可證實今荊州城西和沙市西南瀕臨故長江的地方是楚人造船的場地②。因此，酈氏在《水經注》中說「今城楚船官地」是可信的。《史記　淮南衡山列傳》說：「上取江陵木以為船，一船之載，當中國數十兩車。」《南史　沈攸之傳》記沈攸之在江陵一次就「裝戰艦數百千艘」，說明直到漢魏南北朝時期，荊州城至沙市一帶的造船業仍然相延不衰。由此可見，荊州紀南城楚郢都當是春秋戰國時期楚國的水運中心和最大的商業港口城市。

二、鄢郢港口

　　《漢書　地理志》說南郡宜城為故鄢。《左傳　昭公十三年》記：「王沿夏，將欲入鄢。」《水經注　沔水》：「（沔水）又南過宜城縣東，夷水出自房陵，東流注之……城故鄢郢之舊都，秦以為縣。漢惠帝三年，改曰宜城。」其位置，在今湖北宜城東南7.5公里的漢水西岸，楚皇城遺址為其故址。雖然在〈湖北宜城楚皇城勘查簡報〉中未涉及城址內古代河道分布情況，但據有關文獻記載，楚皇城遺址內有

① 沙市地方志編纂委員會編：《沙市市地理志》，1985年版。
② 根據沙市博物館提供的館藏考古資料。

故河道通至漢水是確切無疑的。《水經注　河水》說：

（宜）城西陂謂之新陂，覆地數十頃，西北又為土門陂，從平路渠以北，木蘭橋以南，西極土門山，東跨大道，水流周通。其水自新陂東入城……其水歷大城中，逕漢南城太守秦頡墓北……其水又逕金城前，縣南門有古碑猶存。其水又東出城，東注臭池。

臭池，酈氏解釋為：「夷水又東注於沔，昔白起攻楚，引西山長谷水……百姓隨水流，死於城東者數十萬，城東皆臭，因名其陂為臭池。」這說明，楚皇城內的水系和城外四周的護城河，皆源於今宜城西山谷水。這就是說，東周時楚人在此營城，大抵是自西北往東南挖了一條便於城內水運交通的河道。這條河道是東出城，東注臭池，然後東流入沔。同時宜城附近的臭池、西陂、朱湖陂、熨斗陂等，皆是東周早期這一地區西部諸水入沔的故河道。後來由於這一地帶漢水洲灘不斷發育、擴展，自然堤逐漸形成，再加上人們不斷地從事各種經濟、軍事等方面的活動，大抵在戰國晚期或漢魏時期，這裡便出現了一些大大小小的壅塞湖泊。事實上，今宜城楚皇城始築城時，其周圍沒有酈氏所說的那麼多湖泊。《水經注　沔水》說：

沔水又南，得木里水會。楚時於宜城東，穿渠上口，去城三里。漢南郡太守王寵又鑿之，引蠻水灌田，謂之木里溝，逕宜城東而東北入於沔，謂之木里水口也。又南過宜城縣東，夷水出自房陵縣，東流注之。夷水，蠻水也。桓溫父名夷，改曰蠻水。夷水導源中廬縣界康狼山，其水東南流，歷宜城西山，謂之夷溪。又東南逕羅川城，又謂之鄢水。夷水又東南流，與零水合。零水即泭水也，上通梁州沒陽縣之默城山，其水東逕新城郡之泭鄉縣，謂之泭水。又東歷軩鄉，謂之

斡水。淯水又東歷宜城西山，謂之淯溪。東流合於夷水，謂之淯口也，與夷水亂流東出，謂之淇水，逕鄢城南。夷水又東注於沔。

不僅說明當時宜城西部山地有豐富的水資源，而且反映了諸水系的下游地區即宜城楚皇城一帶在先秦時期是一個河網交錯的水鄉之國。〈鄂君啟舟節〉有關於從鄂至鄢的水路的記載，就說明了鄢邑是當時楚國漢水邊上一座很重要的港口城市。

據〈湖北宜城楚皇城勘查簡報〉提供的資訊，楚皇城遺址內的地勢是東北高而西南低，並且在地勢低的地方發現有制陶作坊，採集了不少陶坯和燒壞的陶器，在城址東城垣南端發現有一個寬60餘公尺的大缺口，相傳為白起引水灌城的出水口[1]。鑒於此，再結合西城垣南端有一長約600公尺、寬約300公尺的水庫看，當時城內西南至東南一帶當有一條可供舟楫往來和民間制陶取水的河道。《水經注》中記楚時於宜城東穿渠，渠水可入沔，城西水可經城中又東出城，說明春秋戰國時期鄢城中有供從漢水而來的南北船隻停靠的港口。同時，根據文獻記載，當時鄢城東距漢水僅1.5公里，又有木里水和夷水注入漢水[2]，由此推測這些水系注入漢水口處也是適宜船隻停泊修造的地方。具體來說，今宜城鄭集以東的下南河、郭海營偏西一線，當是楚國鄢郢的水運外港區。這一地帶的地貌、地質和故河道遺跡的分布情況可提供這一資訊。因此，鄢邑在春秋戰國時期，無疑是楚國漢水流域一座水運繁忙、人口稠密的大都會。

三、北津港口與造船基地

北津位於今湖北襄陽漢水的南岸。《水經注 沔水》說：

---

① 楚皇城考古發掘隊：〈湖北宜城楚皇城勘查簡報〉，載《考古》，1980年第2期。
② 《水經注 沔水》。

（沔水）又東過襄陽縣北，沔水又東逕萬山北……沔水又東合檀溪水。水出縣西柳子山下。東為鴨湖，湖在馬鞍山東北……溪水傍城北注……西去城里餘，北流注於沔。一水東南出。應劭曰，城在襄水之陽，故曰襄陽，是水當即襄水也。城北枕沔水，即襄陽縣之故城也。王莽之相陽矣，楚之北津戍也，今大城西壘是也。其土古鄀、郢、盧、羅之地。

楚文王時，該地皆為楚有，並一直是春秋早期楚國北上中原的門戶。北津，東漢許慎《說文解字》云：「津，水渡也。」這說明，今襄陽曾以楚之港口而命名。

春秋戰國時期，襄陽居水陸交通要衝之地。《荊州記》說：「從襄陽渡江，經南陽出方關（即楚方城），是周、鄭、晉、衛之道。其東津經江夏出平靖關（楚冥阨關），是通陳、蔡、齊、宋之道。」[1]其南有「江陵去襄陽步道五百，勢如唇齒」[2]。其西有水路可至秦地漢中。東南沿漢浮江，可達江南、吳越。當年楚文王伐申，過鄧，「十六年，楚複伐鄧，滅之」[3]。楚人數次往返於襄陽附近漢水之上，正說明了文獻中所說的襄陽北津在楚國有著十分重要的戰略地位。

在楚北津漢水的北岸，即今襄陽市西北余崗鄉鄧城村有一座古城，經考證屬古鄧國遺址。新中國成立後，在鄧城遺址北約4公里地的山灣，發現春秋中期至戰國晚期楚人墓33座[4]；在山灣東約500公尺的蔡坡土岡上，發現戰國時期大、中、小型楚墓12座[5]。這些楚墓

① 《讀史方輿紀要》。
② 《南齊書　州郡志》。
③ 《左傳　莊公六年》。
④ 湖北省博物館：〈襄陽山灣東國墓發掘報告〉，載《江漢考古》，1983年第2期。
⑤ 楚文化研究會編：《楚文化考古大事記》，文物出版社1984年版，第70頁。

中，除了出土一些日常生活器具和著名的吳王夫差劍外，還出土了一些當時陸路交通所用的轅鐏、車轡、馬銜、馬鑣、馬飾等物。從這些出土文物仍可看出，春秋戰國時期楚北津是楚人北進中原和周、秦、魏、韓等國，南至楚郢都的重要津隘關渡。《襄陽記　城邑》說「襄陽城，本楚之下邑，檀溪帶其西，峴山互其南，為楚國之北津也」，又說「襄陽、沔北，為戰伐之地」，證之以考古發現，上述說法是可信的。《左傳　桓公九年》記：「巴子使韓服告於楚，請與鄧為好。楚子使道朔將巴客以聘於鄧。鄧南鄙鄾人攻而奪之幣。殺道朔及巴行人。」即說明在楚滅鄾、鄧之前，北津港口碼頭已經形成。

楚北津南北兩岸土地肥沃，適宜耕種水稻、小麥。在今襄陽北岸山灣楚墓中出土有收割農作物所用的鐮刀兩把[1]，即可反映出該地區在春秋戰國時期，糧食作物和其他經濟作物的生產是較為普遍的。因此，楚人在此設置港口不僅有軍事上的重要意義，而且在促進漢水兩岸的經濟發展和南北各諸侯國間的文化交流上起到了不可低估的作用。在其他自然資源方面，這裡不僅出產大量的竹木、桑麻，而且還出產一定數量可經人工雕鑿製成樂器的石灰岩石。1979年，湖北省博物館工作人員與地質專家在襄陽城南選定峴山之石用來複製成曾侯乙墓出土的一套編鐘，其效果與原物一樣，聲音激越、清脆，即可為證。這就是說，當時楚人在今襄陽附近設置北津港口是有著豐富的經濟資源和優越的地理條件作基礎的。

據實地調查，漢水自西而來，過襄陽故城，流經張家灣，再經東津灣、老營，於峴山東側向東南流入宜城市境。由於漢水受峴山頂托，在襄陽峴山東北側形成了一塊三面環水、一面依山的沖積灘地。《襄陽府志》卷之二記載：「魚梁洲，亦曰槎頭，在峴津上，水落時洲人攝竹木為梁，以捕魚。」結合《水經注　沔水》記載分

---

① 　湖北省博物館：〈襄陽山灣東周墓發掘報告〉，載《江漢考古》，1983年第2期。

析，當今的魚梁洲與漢魏時期的魚梁洲方位大體上是一致的。從這裡的地貌情況看，今萬山（即峴山）東北寵公陶家灣一帶當是古代舟楫往來聚集停泊的場所。《荊州記》有「龐德公居漢之陰，司馬德操宅州之陽，望衡對宇，歡情自接，泛舟襄裳，率爾休暢」的記載，唐代孟浩然〈夜歸鹿門山歌〉有「魚梁渡頭爭渡喧」的詩句，即說明此處自古以來是襄陽南北交通的重要津梁和水運港口。《襄陽記　城邑》說：「楚有二津，謂從襄陽渡沔，自南陽界出方城關是也。」而此處很可能就是當年楚人渡沔進入中原的其中一津。文獻說襄陽城東5公里有東津渡關，為控漢江之險[1]，即表明這裡在古代是一處官船碼頭和水師集結地。至於楚的北津造船場地在今何處，文獻中無明確記載。但是，根據實地調查和有關文獻記載，很可能在今襄陽東北漢水北岸的張灣和故檀溪入河口處。《梁書　武帝紀》記：

弘策還，高祖乃啟迎弟偉及憺，是歲至襄陽。於是潛造器械，多伐竹木，沉於檀溪，密為舟裝之備……永元二年冬……收集得甲士萬餘人，馬千餘匹，船三千，出檀溪竹木裝艦。

《元和郡縣志　山南道》說：

鄧塞故城。在縣（唐代臨漢縣）東南二十二里。南臨宛水（即今唐白河），阻一小山，號曰鄧塞。昔孫權破黃祖於此山下，魏常於此裝治舟艦，以伐吳，陸士衡表稱：『下江，漢之卒，浮鄧塞之舟。』謂此也。

___

① 《讀史方輿紀要》。

這說明，故襄陽漢水南北兩岸都是很適宜人們修造船隻的[1]。再結合今襄陽南北兩岸在春秋時分布有樊、鄧、鄅等諸侯小國看，在漢水邊上設置修造船場地和軍用港口是完全有可能的。

四、竟陵碼頭

竟陵是戰國時期楚國的一個重要城邑，其位置有三說：一說在今湖北鍾祥附近；二說在今湖北天門境內；三說在今湖北潛江西之東荊河兩岸[2]。根據《水經注 沔水》分析，後一種說法可從。這就是說，楚竟陵邑當在故揚水的西岸，而東岸則可能為秦置的新邑。《水經注 沔水》記：

揚水又北逕竟陵縣西，又北納巾吐柘。柘水即下揚水也……巾水又西逕竟陵縣北，西注揚水，謂之巾口。水西有古竟陵大城，古鄅國也。鄅公辛所治，所謂鄅鄉矣。昔白起拔郢，東至竟陵即此也，秦以為縣……揚水又北注入沔，謂之揚口、中夏口也。

加之《中國歷史地圖集》第一冊戰國楚越版圖將竟陵標示在今潛江西的故揚水西岸，不無道理。

竟陵之為楚邑，始見於《戰國策》和《史記 白起列傳》。楚懷王十八年即西元前311年，張儀為秦破縱連橫，說楚王曰：「秦西有巴蜀，方船積粟，起於汶山，循江而下……不至十日而拒扞關。扞關驚，則從竟陵以東，盡城守矣，黔中、巫郡非王之有已。」[3]《史記 白起列傳》記：「白起……攻楚，拔郢，燒夷陵，遂東至

---

① 《讀史方輿紀要》。

② 楚竟陵在今湖北鍾祥說見於《後漢書 劉雲傳》卷四十一唐李賢注；天門說，見於《後漢書 劉焉傳》唐李賢注；潛江市西說見王先明、王仁湘的〈竟陵地理沿革考略〉，載《武漢師範學院學報》（哲學社會科學版），1982年第4期。

③ 《戰國策 楚策》。

竟陵。」秦拔郢後，頃襄王棄郢東遷而不敢西向，極可能自江陵楚郢都出發，經竟陵北渡漢水而至今河南淮陽陳城。根據文獻記載，漢水東南流，「至潛江縣北境之大澤口西北，有支津，西南流，西通荊州府，南通監利，東南通沔陽州」①，楚竟陵邑在戰國時實際上是一個外通長江，內連夏、沔，水陸交通方便的城邑。當時從漢水上、下游而來的船隻都必須經過竟陵邑走揚水，方能至郢都。然後再通過郢都附近的內河水系入長江，即可抵達巴蜀和楚江南的西部各邑。由此可見，楚竟陵邑在戰國時當是楚郢都內河水系通往漢水的咽喉。文獻說秦軍一旦控制了楚郢都以西的長江上游，「則從竟陵以東，盡城守矣」，即反映出竟陵在楚時具有十分重要的戰略地位。

竟陵在春秋時為鄖子國地。潘新藻先生認為「安陸縣城，古鄖子國」，並引易本烺《春秋楚地答問》說：

左僖二十年，即周襄王十三年，西元前639年，鄖國尚存。成公七年，即周簡王三年，西元前583年，始有鄖公鍾儀。是鄖之被滅為楚縣，至遲不後於簡王三年。儀在安陸，辛在竟陵……楚遷之於竟陵，亦猶遷權、遷羅之比。楚王念子文治楚之功，謂：『子文無後，何以勸善？』遂以辛為鄖公。實居潛江縣左右的竟陵大城。②

當時楚竟陵縣的範圍，東至今天門河以北，北至今鍾祥長灘，西至今荊州東觀音壋一線，南至今潛江南熊口一線，再南就是《水經注》所說的「遷於容城」中故許子國的地盤。在這樣一個較大的範圍內，經濟物產是十分豐富的。因為楚竟陵縣地基本上是處於

---

① 《水道提綱》。
② 潘新藻：《湖北省建制沿革》，湖北人民出版社1987年版，第61、128頁。

古雲夢區內。這裡出產的物資一般都要集中起來貢奉於楚郢都。於是，我們可以想見，當年的楚竟陵邑當是江漢平原最早的物資集散地和漢水流域水陸運輸的中轉碼頭。漢魏時期人們數次在此疏浚揚水河道[1]，並不斷疏通長江與漢水的聯繫，即可反證這條水系對於當時楚郢都的商業貿易繁榮和農耕經濟的發展，有著極為重要的地位。楚人有發展商業集市的歷史傳統[2]，1987年在潛江西北紅旗碼頭發現有東周時期文化遺址，潛江西南龍灣即故中夏水河畔也發現有楚章華臺遺址[3]，這說明了楚竟陵縣地在春秋時期已成為舟楫往來頻繁的民間水運碼頭。總之，竟陵邑在春秋戰國時期，是楚國漢水流域一座很重要的水運碼頭和軍事據點。

五、冶父碼頭

冶父地名始見於《左傳 桓公十三年》：「莫敖使徇於師曰：『諫者有刑。』及鄢，亂次以濟，遂無次。且不設備。及羅，羅與盧戎兩軍之。大敗之。莫敖縊於荒谷。群帥囚於冶父，以聽刑。」其位置，楊伯峻先生《春秋左傳注》云：「冶父在今江陵縣南。」事實上這種說法並不可取。《水經注 沔水》說：

陂水又逕郢城（即今荊州城東郢城遺址）南，東北流，渭之揚水。又東北，露白湖水注之。湖在大港北，港南曰中湖，南堤下曰昏官湖。三湖合為一水，東通荒谷。荒谷東岸有冶父城。《春秋傳》曰，莫敖縊於荒谷，群帥囚於冶父，謂此處也。

---

① 《水經注 沔水》。
② 《世本》：「祝融作幣。」祝融，楚人奉其為始祖。
③ 筆者根據潛江博物館羅仲全館長提供的考古資訊，於1987年至紅旗碼頭實地考察，發現這裡確有一處面積較大的東周時期古文化遺址。同時根據清《潛江縣志》記：「餘潭城在縣西七十里棠林崗。」我們至該地考察，也發現這裡有古文化遺物的殘片，至於其所屬時代，尚有待於考古發掘證實。

《讀史方輿紀要》卷七十八湖廣四江陵縣紀南城條說：「冶父城在府東。」又引《荊州記》說：「州東三里餘，有三湖，湖東有水名荒谷。又西北有小城，曰冶父。」三湖即今荊州城東長湖，歷史上亦曾稱為「三海」[①]。其面積達157.5平方公里，全長約45公里。在先秦時期，這裡水陸交通便利。之後，大抵是因江漢堤防始築，長湖區以南的自然堤形成，以及長江在江陵以東繼續通過夏水、湧水分流分沙把上荊江東岸的陸上三角洲進一步向東向南推進的緣故，長湖北即荊門一帶諸水散流不能迅速地泄入漢江而在此匯積，漫溢成大大小小的壅塞湖泊。這就是說，今長湖在先秦時期當是文獻中所說的揚水入沔的故河道[②]。因此，根據《水經注》有關記載分析，荒谷當在今荊州城以東的高陽、觀音壋、高嶺、文崗一帶，而冶父城當在此以北的長湖中即江陵天星觀長湖對岸的謝家臺附近[③]。這裡曾發現有東周時期古文化遺物、墓葬以及古城遺址，與文獻記載相吻合。這就是說，《中國歷史地圖集》第一冊春秋楚吳越版圖將楚冶父城標示在今荊州長湖中是可信的。

　　冶父西距紀南城遺址約20公里水路，東距故湖水入沔處約70公里水路。從中可看出，當時冶父城位於戰國時江陵楚郢都與楚竟陵城之間，是一座南靠揚水河道的碼頭集鎮。當年商公「沿漢溯江，將入郢。王在渚宮，下見之」[④]。商公當是順著漢水然後再溯揚水而至楚渚宮的。由於古代揚水與長江、漢水相通，故亦可稱之為「江」或「漢」。如果將此段史料中的「江」解釋為今長江，是極不適合的。因此，冶父城所在地可稱為「江」的故揚水中段，對於江陵楚郢都東部地區水運交通的發展和故雲夢區的經濟開發有一定

①　《宋史　吳獵傳》。
②　袁純富：〈長湖的變遷及其綜合治理〉，載《沙市縱橫》，1989年第3期。
③　袁純富：〈長湖的變遷及其綜合治理〉，載《沙市縱橫》，1989年第3期。
④　《左傳　文公十年》。

的積極意義。目前以我們對長湖兩岸的調查可知，長湖中的謝家臺南北兩岸都分布有東周時期的古遺址和古墓葬。在伸向湖心的孫家山一帶，至今尚分布著數座高大雄偉的墓塚。宋王象之在《輿地紀勝》中認為此乃楚令尹孫叔敖祖輩之墓地。在長湖的北岸，已發掘出楚墓554座 [1]，其南岸與海子湖的西岸，也分布著大量尚未發掘的楚墓。尤其是在其對岸的天星觀、文崗、二龍崗一線均有東周時期的古文化遺址和古墓葬 [2]，以上這些說明今長湖中段的南北兩岸在春秋戰國時期人口相當稠密。這就給人們一個啟示：長湖中疑似冶父的遺址，在當時除了有西通楚都、東連竟陵、鄢郢及漢水下游各地的作用外，還溝通了故揚水南北兩岸民間的商業貿易往來。所以，我們認為冶父城在當時既是揚水北岸的一個軍事據點，也是一座具有水運功能的中轉碼頭。

六、容城碼頭

《水經注　夏水》記：「夏水出江津於江陵縣東南。江津豫章口東有中夏江，是夏水之首，江之汜也。又東過華容縣南，縣故容城矣，北臨中夏水。」酈道元注云：「《春秋》魯定公四年，許遷於容城是也。」按酈氏解釋，許子國最後一次的遷徙是由今河南南部魯山、方城一帶來到湖北江漢平原。但是，顧祖禹在《讀史方輿紀要》卷七十八湖廣四監利縣華容城條中則認為：「應劭以為春秋時之容城，即楚遷許處，誤也。」楊伯峻先生在《春秋左傳注　定公四年》中說「許遷於容城」，並認為容城在今河南魯山縣南稍東約三十里，而不在漢魏時華容縣地。雖然後一種說法在史學界頗為流行，但這並不意味著《後漢書　郡國志》所說的「華容侯國」不在雲夢澤之南。至於此地在春秋時為何國，尚有待進一步討論。

---

① 　荊州地區博物館：〈江陵雨臺山楚墓發掘簡報〉，載《考古》，1980年第5期。

② 　根據湖北江陵縣文物局提供的文物普查資料和我們實地考察的記錄材料。

但是，故華容城在春秋戰國時期是楚國雲夢地區一處很重要的活動場地，則是毋庸置疑的。《左傳　昭公七年》記，楚靈王六年二月，「成章華之臺，願與諸侯落之」。杜注：「臺在華容城內。」華容，韋昭認為是地名 ①。其位置，《括地志》說章華臺在荊州安興縣東八十里。從地望上看，唐安興縣的方位與今湖北潛江西南龍灣放鷹臺遺址相吻合 ②。有人依據這裡出土大量楚人活動的遺跡和遺物，提出：「潛江龍灣一帶，正是楚王常來田獵的場所，田獵之餘，需要休息、進食、住宿或其他娛樂議事場所。」③ 此說是可以成立的。而楚王在此修建行宮，必然要設置一些與水運有關的交通設施。開漕河，建碼頭，以溝通行宮與外界的聯繫，這應當是當時建設者們的首要之事。不然，「闕為石郭」的石料以及各種建築器材從何而來呢？今放鷹臺北面有故河道遺跡，東西有古水道，至今可通漢水，即說明該遺址與古水道有著密切關係。因此，有人根據這裡的地貌和考古調查認為，東西長約2公里、南北寬約1公里、面積為2平方公里的章華臺遺址是一座地理環境優越、水陸交通便利的楚國大型行宮 ④，是有一定道理的。

至於當年楚章華臺宮殿區的水運碼頭在今何處，文獻雖無明確記載，但卻還是透露了些許資訊：《水經注　沔水》記「又有子胥瀆……此瀆，靈王立臺之日，漕運所由也」，以及〈夏水〉說「（容城）北臨中夏水」。由此可推測，楚章華臺宮殿區的水運碼頭當在今潛江放鷹臺遺址的西南和東北角。據實地調查，該遺址南

---

① 《國語　楚語》。
② 張正明：〈章華臺遺址瑣議〉，《楚章華臺學術討論會議文集》，武漢大學出版社1988年版。
③ 郭德維：〈潛江龍灣遺址與章華臺〉，《楚章華臺學術討論會論文集》，武漢大學出版社1988年版。
④ 阮文清：〈湖北潛江龍灣遺址的年代及性質〉，《楚章華臺學術討論會論文集》，武漢大學出版社1988年版。

有馬場（長）湖，西有鄭家湖，北有廖家碑湖，東有楚家湖。這些湖水均環繞章華臺遺址，是當年楚宮或漢魏時期華容城的護城河遺跡[1]。遺址東的楚家湖水可經東荊河入漢水，南邊的馬場湖水可從西南角馬場注入老河，即《水經注》中所說的夏水河道[2]。這就是說，該遺址的西南和東北處當是楚宮西通江陵楚郢都、東北入漢至鄂郢、東南沿夏揚水入州邑的水路通道[3]。鑒於此，楚人在宮殿城區外水陸通衢的地方設置舟楫碼頭是很有可能的。在章華臺遺址範圍內的東北處即主體宮殿遺址的東側和南側，發現有兩條人工砌成的貝殼路。其中一條保存良好，與主體宮殿建築東側門呈一條南北直線。路的東邊和東北邊約10公尺處經鑽探發現是一條寬30多公尺的古河道[4]。該貝殼路很顯然與此古河道有關。潛江章華臺主體宮殿遺址即今放鷹臺的東北和東面當是楚王後宮嬪妃以及僕人舟楫往來停泊的地方。總之，這裡古河道交錯、地理環境優越，應是春秋戰國時期楚王室達官貴人游獵、議事的地方。因此，文獻中的「故容城」當是楚國一座極為重要的水運碼頭。

七、夔邑碼頭

《左傳　僖公二十六年》記：

夔子不祀祝融與鬻熊，楚人讓之，對曰：『我先王熊摯有疾，鬼神弗赦，而自竄於夔。吾是以失楚，又何祀焉？』秋，楚成得臣、鬪宜申帥師滅夔，以夔子歸。

---

① 文必貴，袁純富：〈潛江龍灣放鷹臺遺址及其相關問題〉，《楚章華臺學術討論會論文集》，武漢大學出版社1988年版。
② 《水經注　沔水》。
③ 《水經注　沔水》；又同書〈江水〉。
④ 陳躍均：〈潛江龍灣章華臺遺址的調查與試掘〉，《楚章華臺學術討論會論文集》，武漢大學出版社1988年版。

這說明，夔在西周中晚期已成為楚人活動的地方。其位置，酈道元在《水經注·江水》中說：

（江水）又東過秭歸縣之南，縣故歸鄉。《地理志》曰歸子國也。《樂緯》曰，昔歸典叶聲律。宋忠曰：「歸即夔，歸鄉蓋夔鄉矣。」古楚王嫡嗣，有熊摯者，以廢疾不立而居於夔，為楚附庸。後王命為夔子。

同書又說：

江水又東南逕夔城南，據山跨阜，周迴一里百一十八步，西北背枕深谷，東帶鄉口溪，南側大江。城內西北角有金城；東北角有圓土獄；西南角有石井，口徑五尺。熊摯始治巫城，後疾移此，蓋夔徙也，《春秋左傳》僖公二十六年，楚令尹子玉城夔者也。

考古人員於1979年進行的實地調查情況與酈氏的夔邑在今湖北秭歸縣大江北岸的說法是符合的[①]。

近年來，在今湖北秭歸縣沿江一線，曾發現多處春秋早期楚人活動的遺址[②]。結合這裡的地理環境分析，秭歸應是適合早期楚人生息、發展的地方，雖然山高地窄，但自然資源是極為豐富的。早期楚人人口不多、耗量不大，楚夔地不失為一個理想的所在。不然，熊摯「自竄於夔」後，楚令尹子玉就不會再次在夔築城了。

在水陸交通方面，楚夔邑與外界的聯繫是通達的。當時夔邑南臨長江，東近香溪。若走長江，東去可至吳越，南可下湘、桂，西

① 文必貴：〈秭歸鰱魚山與楚都丹陽〉，載《江漢論壇》，1982年第3期。
② 中國科學院考古研究長江隊三峽工作組：〈長江西陵峽考古調查與試掘〉，載《考古》，1961年第5期。

去可至巴蜀。若行香溪水路，北可直達今興山以北的荆山腳下，再由漢水入江，東行可至江陵楚郢都①。這說明，當年夔邑在春秋戰國時期同樣也是楚國西部地區一座具有重要戰略地位的城邑②。《水經注　江水》記：「弱關在建平秭歸界，昔巴楚數相攻伐，籍險置關，以相防扞。」即可為證。

《水經注》中的記載和這裡的考古資料表明，楚夔邑在長江邊上置有水運碼頭是沒有問題的。酈氏《水經注　江水》說：「江水又東逕一城北，其城憑嶺作固，二百一十步，夾溪臨谷，據江枕山，北對丹陽城。城據山跨阜，周八里二百八十步。」經調查，「江水又東逕一城北」中的「一城」當在今秭歸鰱魚山遺址的大江南岸，即秭歸龔家大溝遺址。該遺址屬東周楚文化範疇③。雖然對秭歸鰱魚山遺址的文化屬性近期有人提出新的看法，說它與巴蜀文化有關④，但這卻反映了在東周時期確有人在此築城居住。因此，在春秋戰國時期今秭歸附近的大江兩岸皆設有民間往來的渡口，也是極有可能的。如果說秭歸鰱魚山遺址屬巴蜀文化，那麼川江的通航時間就要推溯到商周時期。有人提出西元前611年巴才打開了由三峽通向楚的門戶，這種說法是值得懷疑的。長江三峽早在殷商以前就已是古人舟楫活動的地區，三峽沿江兩岸發現大量新石器時代至東周、秦漢時期的古文化遺址，即是最好的實物證據。因此，至春秋戰國時期，這裡應當是水運交通比較發達、港口碼頭設施比較完備的地方。戰國時，楚人在渝東地區置巫郡，郡治設在今巫山東。由此可見，春秋戰國時期的夔邑當是楚國西部地區川江流域一座十分重要的港口城市和水陸兩軍據點。

① 袁純富，王耀明：〈試論春秋時期的楚國道路〉，載《公路交通編史研究》，1989年第3期。
② 湖北省交通廳公路管理局：《湖北公路史》，人民交通出版社1990年版。
③ 湖北省博物館：〈秭歸龔家大灣遺址的調查與試掘〉，載《江漢考古》，1984年第1期。
④ 楊權喜，陳振裕：〈秭歸鰱魚山與楚丹陽〉，載《江漢考古》，1987年第3期。

八、州邑碼頭

州邑是西周時為周武王所封的偃姓侯國 ①。其被滅的時間雖無從考證，但這一事件的真實性則是無疑的。其位置，《水經注江水》說：「江水又東北逕石子岡。岡上有故城，即州陵縣之故城也。莊辛所言，左州侯國矣。」《中國古今地名大辭典》云：「《左傳 桓公十一年》，鄖人軍於蒲騷，將與隨、絞、州、蓼伐楚師。杜注：『州國在南郡華容縣東南。』即今湖北監利縣東之州陵城。」譚其驤先生說古州國在今湖北洪湖市東北新灘口附近，大致不誤②。但若結合考古資料和《沔陽州志》推斷，古州國位置在今洪湖東北黃蓬山一帶也有可能。1980年，在今洪湖市東北黃蓬山一帶，曾出土有東周時期遺址和遺物 ③，恰好與文獻所說契合。潘新藻先生在《湖北省建制沿革》一書中說，州國「以地望測之，當為黃蓬之支阜矣」。此說亦是可取的。這就是說，今湖北監利、洪湖在周代早期當是古州國的地盤。

　　《左傳 桓公十一年》記：「楚屈瑕將盟貳、軫。鄖人軍於蒲騷，將與隨、絞、州、蓼伐楚師。」《左傳 哀公十七年》說：「觀丁父，鄀俘也，武王以為軍率，是以克州、蓼，服隨、唐，大啟群蠻。」可見，春秋早期州國與各諸侯國間已經有了水陸交通往來。據有關資料分析，在水路方面，州人至楚可從今洪湖黃蓬山一帶出發，經今東荊河水系即《水經注》所說的夏揚水系入漢水，然後再溯漢可至中原周畿，經漢水、溯溳水，亦可至隨國。由於州國位於長江邊上，溯江西上可至巴楚，沿江東去可達吳越，渡江經水陸兩路可入嶺南百越。州邑在當時是一個地理環境優美、水陸交通便利的國都。楚人大約在楚武王克州之後開始對州邑進行治理

---

① 《路史 國名紀》。
② 譚其驤：〈雲夢與雲夢澤〉，載《復旦學報》（社會科學版），1980年增刊。
③ 湖北省地方誌編纂委員會編：《湖北省市縣概況》，1980年版。

和控制。直至戰國時期，此邑在楚國的版圖中仍然占有十分重要的地位。《戰國策　楚策》記江乙說：「州侯相楚，貴甚矣。」又記莊辛對楚襄王曰：「君王左州侯，右夏侯，輦從鄢陵君與壽陵君，專淫逸侈靡，不顧國政，郢都必危矣。」說明在戰國的晚期仍由一個楚國的封君經營。因此，州邑在春秋戰國時期當是楚國外通長江、內連夏揚水系的一座物資轉運重鎮。《史記　楚世家》記載：「考烈王元年，納州於秦以平。」即可看出位於楚雲夢區的州邑之地在當時也是物產最豐饒的地方之一。無論是從州邑的政治、經濟、軍事地位，還是從其地理環境分析，州邑在當時應是楚國的一大商港。從實地考察情況看，今洪湖黃蓬山一帶在古代不僅有築城的地理條件，而且有發展水運、建設碼頭的地理環境和水文方面的條件。近年來在洪湖市沿長江邊上的螺山、烏林、青山、黃蓬山等地，發現有新石器至東周、秦漢時期的遺址和遺物，即給我們提供了這方面的實物證據[①]。

在先秦時期，今監利、洪湖是長江一線擁有眾多沙洲、沿江兩岸港汊縱橫交錯、舟楫往來最為活躍的河段。《水經注　江水》說：

江之右岸，有城陵山（即今湖南岳陽城陵磯），山有故城……江水左逕上烏林南，村居地名也。又東逕烏黎口，江浦也，即中烏林矣。又東逕下烏林南，吳黃蓋敗魏武於烏林即是處也。江水又東，左得子練口，北通練浦。又東合練口，江浦也。南直練洲，練名所以生也。江之右岸，得浦磯口，即陸口（即今赤壁西黃蓋湖入江處）也。水出下雋縣（在今通城縣偏西）西三山溪……江之右岸有雍口[②]，亦謂之港口。東北流為長洋港。又東北逕石子岡。岡上有故城，即州陵縣

---

① 根據湖北省洪湖市博物館提供的文物普查資料。
② 《水經注　江水》：「江之右岸有雍口。」、「右」字，當有誤，應為「左」字，即今江之北岸。雍口，當在洪湖黃蓬山南偏西一帶。

之故城也……港水東南流,注於江,謂之洋口。南對龍穴洲(在今嘉魚縣城北)、沙洋洲之下尾也。洲裡有駕部口。宋景平二年,迎文帝於江陵,法駕頓此,因以為名。

　　通過分析這段文獻,古州邑一帶凡帶有「浦」、「口」和「港」的地名,一般來說都與古人在此從事舟楫活動有著密切的關係。《史記　楚世家》說,「當周夷王之時」,熊渠所封三子「皆在江上楚蠻之地」,即說明了楚人在西周時期就曾利用長江這條天然河流作為控制其封地、擴張其疆域的重要交通航道。因此,長江邊上的州邑對楚國早期長江中游一帶的水運開發乃至江漢平原的經濟建設發揮了極其重要的作用。

九、安陸碼頭

　　安陸,戰國時楚邑。《睡虎地秦墓竹簡　編年紀》中有秦昭襄王「廿九年,攻安陸」的記載。其位置,《中國歷史地名辭典》說:「安陸縣,秦置,治所在今湖北安陸縣西北。東晉時遷治今安陸縣。」《辭海》歷史地理分冊說:「安陸,縣名,秦置。治所在今湖北,東晉末移治今安陸縣。西漢時為江夏郡治所。」其依據皆來自於《水經注　溳水》,酈氏曰,溳水「又南進江夏安陸縣西。隨水出隨郡永陽縣東石龍山,西北流,南迴迤永陽縣西,歷橫尾山,即《禹貢》之障尾山也。隨水又西南至安陸縣故城西,入於溳。故鄖城也。因岡為墉,峻不假築」。但是,黃盛璋先生認為,位於今湖北雲夢城關東郊的楚王城遺址是秦安陸縣城,漢以後安陸確已遷到今安陸縣北,其時間最早當在三國吳魏爭奪安陸之際。同時根據實地考察提出:「(楚王城)西外城的東城牆的舊基與夯土內隨地都可以撿到陶紡緰、鬲足、鼎足等,足以證明其地至少在殷周時就為一聚落址。傳統記載都說安陸來自春秋時古鄖國,那麼西外城與內城即利用古鄖城的基礎加以改造,也不

是不可能的。」[①] 因此，黃先生的古安陸在今湖北雲夢的說法是可取的。

安陸在先秦時期屬古雲夢範圍，其境內地勢平緩，無高山大川，北部稍高多丘陵，南部偏低多湖泊，土地肥沃，物產豐富，且有大片原始森林，尤適宜古人生產生活。新中國成立後，在今安陸、雲夢、漢川等地發現大量的新石器時期、商周及至秦漢時期的古文化遺址和遺物，即是最好的實物證據。因此，先秦時期的安陸雲夢地並非人們所想像的一片荒涼的沼澤。

《左傳　桓公十一年》記：

楚屈瑕將盟貳、軫。鄖人軍於蒲騷，將與隨、絞、州、蓼伐楚師。莫敖患之。鬬廉曰：「鄖人軍其郊，必不誡。且日虞四邑之至也。君次於郊郢，以禦四邑，我以銳師宵加於鄖。鄖有虞心而恃其城，莫有鬬志，若敗鄖師，四邑必離。」

蒲騷，楊伯峻先生認為：「鄖國地名，在今湖北省應城縣西北三十五里。」[②] 這說明，此時鄖不僅勢力強大，而且占有一定範圍的疆域。這就是說，春秋早期的鄖國在今雲夢是沒有問題的。但是，楚滅鄖後，鄖即已遷徙至楚竟陵。有人提出鄖公鍾儀在安陸，而鄖公鬬辛在古竟陵，這種看法也不是沒有道理的[③]。

《管子　乘馬》說：「凡立國都，非於大山之下，必於廣川之上。高毋近旱而水足用，下毋近水而溝防省。因天材，就地利，故城郭不必中規矩，道路不必中準繩。」從實地考古調查情況看，我

---

① 黃盛璋：〈雲夢秦墓出土的兩封家信與歷史地理問題〉，《歷史地理論集》，人民出版社1982年版。
② 楊伯峻：《春秋左傳注》，中華書局1981年版。
③ 潘新藻：《湖北省建制沿革》，湖北人民出版社1987年版，第128頁。

國古代築城立國大都遵循了管仲所說的這個營造準則。古人基本上都「因天材、就地利」，在河流附近修築國都城堡。1979年，在湖北雲夢城關東側發現一座楚王城遺址，就是西臨溳水、東靠曲陽湖、南近漢水、北連隨棗走廊。通過調查，我們發現該城遺址由大小兩城組成。現存小城南北長約1公里，東西寬約0.7公里；大城南北長約1公里，東西寬約0.9公里。城址總面積約5.5平方公里。現存夯土城牆高約2.7公尺。城外有護城河，寬29至33公尺。並且在古城址北側發現有水門，河流可直接經此通至城內 [1]。結合這裡四號秦墓所出土的兩封秦木牘家信和十一號秦墓所出土陶器上的「安陸市亭」戳記分析，今雲夢楚王城遺址很有可能是《編年紀》中提到的楚安陸邑。因此，根據楚王城遺址所在地理環境和此城址的考古調查分析，它應當是一座兼有水運和陸運功能的城市。楚王城遺址的護城河在當時與城南的今縣河水系相通。縣河與護城河均為故楚王城的主要水運航道。當時長江中下游的船至楚安陸和隨邑，一般是經今武漢市北灄口歷後湖、白水湖，再經府河在簡家河口入縣河而至雲夢楚王城，然後可繼續溯縣河入溳水北上至隨邑。另外，亦可從楚王城北門經今義堂、倒店、殷家花園、毛家灣一線入安陸，然後再經安陸入溳水至隨縣。由此可見，故安陸邑是楚國一座北連申、隨，南通漢、夏，東達江、贛，西抵楚郢都的重要水陸中轉碼頭。西元前701年，鄖與隨、絞、州、蓼四邑聯合伐楚，西元前280年秦將白起拔郢之後東至竟陵，攻安陸，即可看出楚安陸地區的水陸交通是四通八達的。《三國志 魏書 王基傳》說：「安陸左右，陂池沃衍，若水陸並農，以實軍資，然後引兵詣江陵、夷陵，分據夏口。」這說明直至漢魏時期故安陸地區的水陸交通路線仍然發揮著很重要的作用。因此，安陸邑在春秋戰國時期當是楚國西部

---

① 張澤棟：〈雲夢「楚王城」遺址簡記〉，載《江漢考古》，1983年第2期。

地區一座水陸交通方便、經濟活躍的重鎮。

十、隨邑碼頭

隨，姬姓，是西周至春秋早期江漢流域眾多諸侯國中的強國，亦是「漢陽諸姬」中的最大諸侯國。據史籍記載，楚武王曾三次率兵伐隨。後來由於楚勢力的強大，隨國終於在戰國早期被楚國滅掉，成為楚的附庸[1]。隨都位置，《漢書　地理志》以及《左傳　桓公六年》杜預注都說在故隨縣，唐以後的文獻如《元和郡縣志》卷二十一、《隨州志　城池》等皆以為今隨州是春秋戰國時期的隨國都。但是，近年來有人依據這裡的考古資料和歷史文獻，提出春秋時的隨國都城當在今隨縣西北約20公里的厲山店西南、安居鎮西北之溠水東岸[2]。《水經注　溳水》：

溠水又東南，經隨縣故城西。《春秋》魯莊公四年，楚武王伐隨，令尹鬬祁、莫敖屈重除道梁溠，軍臨於隨，謂此水也。其水又南，與義井水合。水出隨城東南……下流合溠，溠水又南流……溳水又逕隨縣南，隨城山北，而東南注。

結合上述分析，隨都當在今隨州西北。

隨都地處丘陵與平川相間之地，水資源豐富，自古以來就是盛產稻麥、竹木、桑麻、皮革等農副產品的地方。隨人在此選擇了西瀕溠水、南靠溳水、舟楫往來方便的地方建立王城。新中國成立後，在河南新野縣城關鎮發現有春秋早期曾國器物[3]，湖北穀城東南漢水北岸

---

① 石泉：〈古代曾國─隨國地望初探〉，載《武漢大學學報》（哲學社會科學版），1979年第1期。
② 石泉：〈古代曾國─隨國地望初探〉，載《武漢大學學報》（哲學社會科學版），1979年第1期。
③ 鄭傑譯：〈河南新野發現的曾國銅器〉，載《文物》，1973年第5期。

出土有西周晚期至春秋早期曾國銅器[①]，湖北棗陽城南滾河南岸出土有鼎[②]，湖北十堰、京山和隨州城郊、均川等地均出土有曾國的青銅器[③]，尤其是2011年在隨州淅河發現了西周早期曾國貴族墓地，出土了大量青銅器，其中包括部分銘文銅器，這說明西周早期的隨（曾）都或許在漂水流域[④]，西周中晚期才遷至溳水流域。因此，至遲在春秋戰國時期，隨邑已具備良好的水陸交通條件。

從水運情況看，溳水在今天雖說已基本上失去了航運的能力，但是，從我們實地調查的情況看，隨州安居鎮一帶的溳水在先秦時期不僅水流量比今大，而且河床比今寬，完全有通行舟楫的能力。當年隨楚間，除了有陸路可通外，隨一般都要出溳水順溳水，再經今天門河之古漢水主道經揚水而至楚郢都。同時隨人亦可走溳水經古漢水口即今武漢市灄口入長江，與吳越進行政治、經濟上的往來。由於受隨邑所在地的地理環境限制，隨與中原以及江淮各諸侯和方國的聯繫主要是依靠陸路。因此，隨人在溳水下游的東岸築城建都，首先要在水陸交通上進行有利於當時隨人發展與外界的聯繫的設施建設。近年來在隨州城郊、安居鎮、何店鎮、三里崗鎮、萬店鎮等地，皆發現有東周時期車輛銅構件[⑤]，即說明了這一點。

至於春秋戰國時期隨邑的水運碼頭在今何處，文獻中均無明載。但是，根據《水經注》記載和1984年我們實地考察以及石泉先生的考證分析可知，在今隨縣安居鎮西北的溳水東岸，不僅有築城的地理條件，而且可以利用河流作護城河以通舟楫。在安居西北這一南北長約1.5公里、東西寬約1公里的東周古文化遺址的東、西、北面都

① 單國強：〈記各省市自治區徵集文物彙報展覽〉，載《文物》，1978年第6期。
② 湖北省博物館：〈湖北棗陽發現曾國墓葬〉，載《考古》，1975年第4期。
③ 根據湖北省博物館提供的考古資料。
④ 黃鳳春：〈揭秘葉家山西周墓地〉，《湖北日報》2012年2月26日版。
⑤ 根據隨州市博物館提供的文物考古資料。

有古河道遺跡，南面不遠處靠近溳水。遺址的東、北故水道可與西北溠水、東南溳水相通，很可能是隨人引用溠水開挖的一條人工護城河。因此，在此遺址西邊即《水經注 溳水》所說的「溠水又東南，經隨縣故城西」和今安居鎮附近一帶，都有設置隨都水運碼頭和民間渡口的可能。《左傳 莊公四年》記「莫敖屈重除道梁溠，營軍臨隨」，《隨州志》也說隨州西四十里有安居渡，即可看出今安居鎮西北溠水和鎮南溳水邊上都有適合設置水運碼頭的水文地理條件。因此，根據文獻記載春秋早期隨與鄖人、州人皆有往來的情況看[1]，隨邑與江漢間故雲夢澤之間是有舟楫活動的。總之，春秋時，「漢東之國隨為大」，其都應當是溳水流域一座最大的港口城市。張正明先生說：「成王中葉以後，楚國主要的紅銅基地應在今銅綠山和附近地區，青銅鑄造基地則在郢都和其他通都大邑。」[2]所謂通都大邑，很顯然應包括溳水邊上的隨都大邑。因此，大冶所產的銅礦，一般都要通過今鄂州經黃岡、新洲、黃陂、孝感、雲夢、安陸一線的陸路和水路運往隨都。所以，隨邑應是春秋戰國時期楚國漢東地區的一座水運碼頭和陸路中轉要邑。

---

① 《左傳 桓公十一年》。
② 張正明：《楚文化史》，上海人民出版社1989年版，第65頁。

第十章　楚國的水上交通工具——船

　　由於楚人處於多湖多河且地形多樣的地理環境中，故其船舶種類之多，規模之大，用途之廣，為南方諸侯小國所不及。楚人善於就地取材，並結合當地特有的地理環境和水文條件來修造船舶。儘管宋應星在《天工開物》中亦曾籠統談到「凡舟古名百千，今亦百千」，畢竟未能實指。而根據文獻進行不完全統計，在春秋戰國時期楚國的船舶就已達到60餘種。楚國在春秋戰國時期勢力強大，應當說與其水運事業的發達和造船技術的進步有著密切聯繫。

第一節　楚國平原地區河流的船舶

　　春秋戰國時期，楚國平原地區的河流流勢一般較為平緩，沙洲甚多，且湖與江河多縱橫交錯，尤其是平原地區的內河水系，灣多水淺，大型船隻行駛較為困難。但是，凡與大江大河相通的河流，其下游河床一般都較寬廣，能行大型船隻。由於楚人積累有在平原地區的江河流域活動的經驗，他們依據南方不同地域的水文情況，在造船技術上顯示出了非凡的智慧和才能。下面，就楚國平原地區河流的船舶種類及其用途予以考述。

一、方舟

《荀子　子道》說：「昔者江出於岷山，其始出也，其源可以濫觴，及其至江之津也，不放舟，不避風，則不可涉也。」《水經注　江水》亦引《孔子家語》說：「江水至江津，非方舟避風，不可涉也。」《注》云：「故郭景純云，濟江津以起漲，言其源廣矣。」江津，按傳統說法，在今湖北長江邊上沙市。《荀子　子道》的「放舟」，顯然是《水經注》中說的「方舟」。方舟，按許慎《說文解字》說：「方，並船也。」意即用木板將兩隻船並連起來，行駛於大江大湖。這說明，在春秋戰國時期儘管長江中下游段江面較寬，但楚人在長江上還是可以使用方舟與南方越人進行經濟、文化方面的交往活動。《爾雅　釋水》說：「天子造舟，諸侯維舟，大夫方舟，士特舟。」當年楚商公子西「沿漢溯江，將入郢。王在渚宮，下見之」[①]。子西所乘的應該是大夫級別的方舟，因為他所途經的正是滔滔江漢。在七國爭雄的年代裡，方舟也曾運用到軍事上。不過僅用於軍事物資和兵源的輸送。《史記　張儀列傳》記：

秦西有巴蜀，大船積粟，起於汶山，浮江已下，至楚三千餘里。舫船載卒，一舫載五十人與三月之食，下水而浮，一日行三百餘里，里數雖多，然而不費牛馬之力，不至十日而距扞關。

又《戰國策　楚策一》：「舫船載卒，一舫載五十人，與三月之糧。」舫舟，通常指方舟，但也偶指小船。此處當指前者。綜合上述史料分析，大致上可得出三個方面的結論。第一，巴蜀之地的方舟在春秋戰國時期已經使用得比較廣泛。第二，若一舫載五十

---

① 《左傳　文公十年》。

人，當時秦軍浮江攻楚用了三萬人，那麼就得需要方舟600餘艘，可見當時巴楚之地的造船數量和長江上游三峽河段的通航能力是相當大的。第三，若一舫載卒五十人與三月之糧，按每人每月需用糧30斤計算，那麼每一舫船的載重量至少要達到4500餘斤（不含人員和兵器的重量）。當時的方舟不是很大，而單獨船隻更小。這樣的船隻走江漢內河水系，是比較合適的。新中國成立後，在荊州紀南城發掘出一座水門，長約11.3公尺，寬約3.4公尺，由四排木樁隔成三個寬度相等的通道，從而只能通行1公尺多寬的木船，即說明了當時駛進楚郢都的船都是些不很大的船隻。當然，這不等於說楚國不能造出規模較大的木船，而只能說楚人建都設置如此窄的水門恐怕與當時的戰爭防禦有關，為了防禦敵軍戰艦不能直接進入楚郢都。因此，我們不能以紀南城水門遺址的寬度大小，來推測楚國在戰國時期的造船規模。有人認為戰國至秦漢時期，我國南方所用的船隻也可能是獨木舟[1]。這種說法，是令人懷疑的。

二、帆舟

帆舟始見於何時，文獻中沒有記載，但掛有風帆的原始帆舟大約在商周時期即已出現。《詩　小雅　采菽》篇說：「汎汎楊舟，紼纚維之。」朱熹解釋說：「言以大索纚其舟而繫之也。」[2] 漢劉熙在《釋名》卷七十中說：「帆，泛也。隨風張幔曰帆，使舟疾泛泛然也。」《水經注　湘水》也有「故漁者歌曰，帆隨湘轉，望衡九面」之句。《太平御覽　舟部四》：「乘大船舶張七帆，時風一月餘日，入秦國。」這說明，在先秦時期掛帆之舟行駛於平原地區的大江大湖，是有可能的。尤其是當船隻逆水運行時，借用自然風力推動船行是古代船工省力且能加快航速的最好方法。結合至遲

---

① 中國社會科學院考古研究所編：〈漢代農業、手工業的考古發現與研究〉，《新中國的考古發現和研究》，文物出版社1984年版，第481頁。
② 《詩經集注》卷五。

在西漢時期就已有人做風車以利用風力看①，先秦時期平原地區的江湖上有舟揚帆當是事實。按前引《鄂君啟舟節》的記載，當年楚鄂君船隊自鄂地出發，若不用帆和人工拉纖作行船的輔助動力，船要到達長江邊上的「郢」、湘江上游的「陽」、漢水中游的鄢，以及唐白河的各邑，顯然是不可能的。同時從江漢平原和洞庭湖平原各水系的走向看，船行逆水都有借風行舟的自然條件。當地民諺即有：「舟行江湖八面風。」②因此，我們推測，帆舟至遲在春秋戰國時期即已在平原地區的江湖上廣泛行駛。

先秦時期的帆船結構，一般來說是在獨木舟的基礎上發展起來的。其用法比較靈活，無大的桅杆，逆水自行時看風向臨時掛帆。比如，在江蘇武進淹城村出土的戰國時期的獨木舟，舟上遺存有豎孔③，以及在河北平山縣發掘的一處戰國時期中山國王墓葬，其南側出土的木船上殘存有杆帽和彩杆④，即可證實春秋戰國時期我國南北方的江湖上不僅皆有帆舟出現，而且一般都在木船上加桅杆和麻布帆。帆的製作和使用在當時都十分簡單，不需要很複雜的構件。這就是說，在春秋戰國時期，楚國平原地區的江湖上有帆船行駛，是毋庸置疑的。

三、獨木舟

《易 繫辭下》曰：「刳木為舟，剡木為楫，舟楫之利，以濟不通。」《淮南子》云：「古人見竅木浮而知為舟。」這種用獨根樹幹挖成的舟，稱為獨木舟。

獨木舟使用時間很長。從新石器時期至唐宋，民間多用此舟。

---

① 河南省博物館：〈濟源泗澗溝三座漢墓的發掘〉，載《文物》，1973年第2期。
② 根據沙市交通志辦公室提供的資料。
③ 謝春祝：〈淹城發現戰國時期的獨木船〉，載《文物參考資料》，1958年第11期。
④ 河北省文物管理處：〈河北省平山縣戰國時期中山國墓葬發掘簡報〉，載《文物》，1979年第1期。

浙江杭州水田畈和浙江吳興錢山漾兩地分別出土的新石器時期原始木槳，即證實了獨木舟的始見年代是十分久遠的。爾後，在福建連江縣岱江下游近海處發掘出一條長7公尺多的秦漢之際的獨木舟[1]，在廣東化州鑒江堤岸附近發現東漢時期的獨木舟[2]，以及在山東平度發現隋代雙體獨木舟，在浙江寧波發現唐代獨木舟，在江蘇揚州發現宋代獨木舟等，都說明了獨木舟直至唐宋時期，仍然被人們所利用。此舟之所以使用時間甚長，主要原因是其取材方便、製作加工簡單。一般先用火燒焦樹幹中需要挖空的部分，然後再用刮削器深挖成槽形，從而成舟。福建連江發掘出的秦漢之際的獨木舟，舟體頭小尾大，不設擋板，並具有江蘇淹城出土的戰國獨木舟的特點，可以看出先秦時期獨木舟的製作工序是不複雜的。

　　古代獨木舟由於有一定的長度，寬度一般在1至1.6公尺，舟首兩側又有舷作架槳之用，舟底部較平，舟尾有舵，因此是當時穩定性良好，適宜內河、沿海航行的一種原始輕便船隻。根據考古資料和《史記　夏本紀》中所記的「陸行乘車，水行乘船，泥行乘橇，山行乘輦」推測，在先秦時期「江、漢、沮、漳」[3]地區是有獨木舟行駛在江湖上的。根據新中國成立後在沮漳河流域、江漢流域的諸水系沿河兩岸皆發現有新石器以至商周時期的古文化遺址和反映當時先民從事經濟活動的遺物[4]，可看出在當時生產力不甚發達、水運交通較為落後的情況下，江漢地區的楚人及其先民可以使用獨木舟去從事漁獵和水運活動。

[1]　盧茂樹：〈福建連江發掘西漢獨木舟〉，載《文物》，1979年第2期。

[2]　湛江地區博物館：〈廣東省化州縣石林村發現六艘東漢獨木舟〉，載《文物》，1979年第12期。

[3]　《左傳　哀公六年》。

[4]　湖北省博物館：〈湖北省文物考古工作新收穫〉，《文物考古工作三十年》，文物出版社1979年版。

四、大船

在春秋時期的文獻中就已經有了大船的記載。《越絕書　外傳紀策考》說：「昔者，吳王夫差興師伐越，敗兵就李。大風發狂，日夜不止；車敗馬失，騎士墮死，大船陵居，小船沒水。」大船，從文獻記載看，不是專名，而當是我國古代對較大船隻的泛稱，亦叫「大舶船」。《初學記　舟部》及《事類賦》引《蜀王本紀》皆說大船即是「大舶船」。此船是一種載重量大、駕駛人員多、能行大江大湖大海的船隻。《左傳　襄公二十四年》記「楚子為舟師以伐吳」，《左傳　昭公十九年》記「楚子為舟師以伐濮」，《左傳　昭公二十四年》記「楚子為舟師以略吳疆」等文獻記載表明，楚國以水師為主力的重大戰役，將士乘坐的應是大船。

春秋戰國時期的大船究竟有多大，文獻中沒有具體記載。但是，根據湖北江陵鳳凰山西漢墓出土的遺冊[①]和《史記　淮南衡山列傳》中的「上取江陵木以為船，一船之載，當中國數十兩車」分析，春秋戰國時期的楚地大船，最窄不低於2公尺，最短不少於13公尺。解放後在河北平山縣發掘出的戰國時期中山國大木船的長、寬尺度[②]，應當是所謂大船規模尺度的下限。廣州發現秦漢時期能夠造長約30公尺、寬約8公尺大船的造船工廠遺址[③]，可以給人們提供這一資訊。

由於大木船主要行駛在楚國平原地區的大江大湖水面上，所以它的形制不同於在山區溪水河流中航行的船舶。大船，一般都是船頭方而起翹，船身肥寬，貨艙口窄而肚大，穩性好，吃水深，船底較平，艙面兩側有可供人行的走道，艙面上有固定的木制艙篷，為遮擋風雨

---

① 黃盛璋：〈江陵鳳凰山漢墓簡牘及其在歷史地理研究上的價值〉，載《文物》，1974年第6期。

② 河北省文物管理處：〈河北省平山縣戰國時期中山國墓葬發掘簡報〉，載《文物》，1979年第1期。

③ 廣州市文管處，中山大學：〈廣州秦漢造船工廠遺址試掘〉，載《文物》，1979年第4期。

所用。這類船適宜行駛在寬深的河道中，並且客貨裝卸都比較方便，在戰時很容易改裝成戰艦為軍事所用。這類船的建造，用木量大，需要一定的造船場地和木料來源。《戰國策　宋衛策》說：「荊有長松、文梓、楩、楠。」《國語　楚語》：「又有藪曰云連徒洲，金、木、竹、箭之所生也。」可見，楚國是盛產造船木材的。這就是說，春秋戰國時期楚人不僅有了造大船的技能，而且造大船的木料也是十分富足的。

五、青翰舟

此舟是戰國時期一種造型別致華麗、專供楚國上層貴族乘坐的舟。《說苑　善說》說：「鄂君子晳方泛舟於新波之中也，乘青翰之舟，極萳芷，張翠蓋而檢犀尾，班麗袿衼，會鐘鼓之音畢，榜枻越人擁楫而歌。」《初學記》卷二十五說：「鄂君方泛舟於斯波之中，乘青翰之舟。鄂君子晳係楚親，為楚王母之弟。」其封地在今湖北大冶西南的梁子湖一帶。子晳揚帆游於新波之中，很可能是在其封地的湖區泛舟作樂。今梁子湖在楚時不僅是鄂君舟楫往來的重要活動地區，而且也是王公大臣們遊玩的勝地。《說苑　善說》說楚襄成君乘舟出遊，「載羽旗，鼓吹呼」，也證實了當時楚國貴族們所乘的船都是十分講究的。河北平山縣發掘出戰國時期中山國王墓，在其南側出土的船有彩杆，船槳有朱、黃紋飾，船體用色漆油飾過[①]，即說明當時君王乘坐的船是一種精緻而華麗的船。鄂君子晳所乘的「青翰之舟」當屬於這類形式的彩船。

雖然青翰舟的規模究竟有多大目前難以確知，但根據文獻記載和考古資料所提供的資訊，青翰舟也不是當時很大的船隻。《說苑　善說》說襄成君出遊大江大湖如臨不測之淵，要連方舟而行，

---

① 河北省文物管理處：〈河北省平山縣戰國時期中山國墓葬發掘簡報〉，載《文物》，1979年第1期。

即說明了當時楚的遊船不是《史記》中所說「大船積粟」那樣大的木板船。但是，青翰舟也不會小於當時民間行駛的一種叫「舲船」的小木船。從發掘出戰國時期中山國王墓的三艘木板船和荊州紀南城楚郢都出土了三道水門，其中一道水門寬3.4至3.7公尺看，楚王封君所乘的青翰舟最寬可能不超過2公尺。另外，根據青翰舟規格較高的情況分析，此船一般都有開窗的篷架和可供遊人觀賞活動的船頭平臺，甚至還有生活設施。由於此類船屬遊船性質，且多行駛於江湖，故其形制一般是頭尾較寬，船頭起翹，船底較平，駕駛比較靈活，能夠抵擋一定的風浪，而且為了遊人的安全和水上臨時交通的方便，船尾一般還拖帶著小船。戰國時中山王墓南側有長約13公尺、寬約2公尺的大船，其兩旁平放著兩隻小木船，就說明了當時君王泛舟是有小船伴隨而行的。青翰舟標誌著楚國的造船技術在戰國時期已達到了驚人的水準。

六、艑舟

艑舟是楚國江南內河水系上一種較為普遍的運輸船。此船有大艑和小艑之分。《正字通》在解釋「艑」時說：此舟因「形扁，故呼為艑舟」。《通雅》釋為淺船。但劉宋臧質《石城樂》說：「大艑載三千，漸水丈五餘。」又《太平御覽 舟部》引《荊州記》：「湘州七郡，大艑之所出，皆受萬斛，非艑皆淺船也。」可見，此舟是因其形狀而不是因其大小或吃水深淺而得名。艑舟在文獻中還被稱為艒艒舟。《三國志 吳書 呂蒙傳》記，呂蒙利用艒艒為商船，「盡伏其精兵於艒艒中，使白衣搖櫓，作商賈人服，晝夜兼行，至羽所置江邊屯候，盡收縛之，是故羽不聞之」。《北堂書鈔 舟部》說：「豫章（今江西南昌）西南有艒艒洲。」注引《豫章記》云：「句鹿洲在城之西南，去城百步可二里，是作句鹿大艑之處也。」這說明，艑舟不僅使用歷史很長，而且是長江中下游以及湘、資、沅、澧、贛等中下游河段主要的貨物運輸船隻。

《國語　越語》說范蠡「遂乘輕舟以浮於五湖」。東漢應劭在《風俗通義　山澤　湖》中說：「及越滅吳，范蠡乘扁舟遊於五湖。」很顯然，應劭認為當年范蠡遊五湖所乘的船是吳地艑舟。由此可見，艑舟是古代人們根據當時當地水文條件和運輸量的大小而設計的一種水上航運船，主要適用於平原地區的江湖水系上。

由於艑舟有大小之分，又有吃水深淺之別，因而用途廣泛，航運操作十分靈活方便。吃水淺的艑舟，可以行駛於人工所鑿的運河和天然內河水系洲灘較多的河道；吃水深的可以行駛於大江大湖之中，並且也適用於遠距離航行。從荊州地區水運部門搜集的資料分析，艑舟最早不是出自於長江中游楚人早期活動的江漢平原，而主要來源於鄂東地區和江南吳越之地[①]。因此，說艑舟是吳越人所造的船，也是有一定道理的。至於春秋戰國時期艑舟的形制如何，歷史文獻未作詳細記載。但是，根據迄今在長江中下游一帶尚有稱為艑子的木帆船，並結合有關資料分析，艑舟基本上是首尾略翹，船底較平，形如扁豆。大艑設有九艙，桅杆一至二根，艙上有固定的艙篷為遮蓋貨物所用。船體的後部呈半圓形。1973年在江蘇如皋出土的唐代木帆船與今尚在長江上航行的艑船在形制上有近似的地方[②]。這說明後者一定程度上還保留著古代艑舟的風格。

第二節　楚國丘陵山區河流的船舶

春秋戰國時期，楚國境內有許多具有山溪特性的河流。這些河流灘多、水急，河床狹窄。楚人在這樣的河流中進行舟楫活動，

---

① 　荊州地區水運志編纂委員會：《荊州地區水運志》，廣西人民出版社1989年版，第171頁。
② 　南京博物院：〈如皋發現的唐代木船〉，載《文物》，1974年第5期。

必然要使船舶適應山區河流的水文地理環境。這種船與平原地區江湖上活動的船，在規模和造型上都有著很大的區別。丘陵山區河流中，一般是小船多於大船，筏子多於木板船。其中，最主要的有泭舟和舲船。

一、泭舟

《楚辭 惜往日》說：「乘氾泭以下流兮，無舟楫而自備。」王逸注云：「乘舟氾船而涉渡也。編竹木曰泭。楚人曰柎，秦人曰筏也。乘，一作椉。泭，一作柎。洪興祖補注：氾，音泛。泭，音敷。《說文》云：『編木以度。柎與泭同。』《方言》：『泭謂之箄，箄謂之筏。』」很顯然，屈原在《惜往日》中說的「泭」，實際上就是楚人用竹或樹木雜材等並排編紮而成的水運工具，這類水運工具在古代又被稱為桴或箔。《物原》說：「燧人氏以瓠濟水，伏羲氏始乘桴。」這說明，用竹或木編紮而成的筏，是我國水運史上一種原始的交通工具。當時筏的使用在我國南北方都很普遍。《華嚴經音義今編》說：「竹木以水運為箄，秦人名筏，江東為箔。」

筏排由於係淺水運載工具，所以除了可在江湖中運行外，更主要的是適用於山區淺灘湍急的溪河[1]。今四川川江、廣西漓水、浙江富春江上游，以及湖北的巴河、舉水、清江、沮水、漳河，湖南的湘江、資水、沅水、澧水等上游，在古代都是楚人和越人利用筏排從事運載活動最頻繁的地區[2]。從前文所述，當年屈原放逐時，在湖南西北部寫下了「乘氾泭以下流兮」的詩句，即可看出戰國時期人們用竹木編紮的筏子，在楚國境內長江中下游山區已經廣為應用。

在先秦時期，竹筏和木筏也有大小之分。小者由3至6根竹和木並排而成，主要用於民間擺渡和短途運載；大者則由大楠竹和松木

---

① 浙江富陽交通志編纂委員會：《浙江省富陽縣交通志》，1986年版，第21頁。
② 《北堂書鈔 舟部》。

110至120根用皮繩編紮而成。木筏和竹筏皆可兩筏並連航行。其以順流撐篙而行，溯流時則要根據河床的深淺，由人們下水或上岸背縴而行。大的竹筏或木筏，不僅可運載一定數量的貨物，而且在軍事上亦可充當臨時性的水上運輸工具。《越絕書·外傳記地傳》說越王使卒伐松柏以為桴拒吳，此「桴」即筏。事實證明，春秋戰國時期，竹筏或木筏是楚國南方山區民間的主要水運工具。

二、舲船

《楚辭·涉江》說：「乘舲船余上沅兮，齊吳榜而擊汰。船容與而不進兮，淹迴水而凝滯。朝發枉渚兮，夕宿辰陽。」朱熹注云：「舲船，船有窗牖者，或曰小船也。上，謂溯流而上也。」王逸在「齊吳榜而擊汰」語中注云：「吳榜，船棹也。汰，水波也。言已始去乘窗舲之船，西上沅、湘之水，士卒齊舉大櫂而擊水波，自傷去朝堂之上，而入湖澤之中也。」朱氏與王氏對舲船樣式的解釋基本上是可取的。但是，王逸所說的屈原乘舲船「而入湖澤之中」，與《涉江》中「朝發枉渚兮，夕宿辰陽」的地理環境極不相符。湖南沅水中上游的辰溪、漵浦一帶皆屬山區，這段沅水灘多流急，附近也不見大湖大澤，因此屈原當是朝發今湖南常德，夜宿沅水辰溪，再至漵浦。當時他主要活動在湘西山區，而不在「湖澤之中」。《涉江》說：「入漵浦余儃佪兮，迷不知吾所如。深林杳以冥冥兮，乃猨狖之所居。山峻高以蔽日兮，下幽晦以多雨。」即可為證。

至於屈原所乘的舲船是大船還是小船，這還是一個謎。說舲船是小船者，始見於梁顧野王《玉篇·舟部》。東漢王逸為《涉江》作注時並沒有說舲船是小船。他認為：「舲船，船有窗牖者。」但是，至宋洪興祖在《楚辭補注》中說：「《淮南》云：『越舲蜀艇。』注云：『舲，小船也。』」朱熹兼采王氏與洪氏之說。事實上，《淮南子·俶真訓》有「越舲蜀艇不能無水而浮」之語，並不能證實戰國時期楚地越人的舲船就是小船。《藝文類聚·舟

部》引《淮南子》說：「湯武聖主也，而不能與越人乘舲舟而浮於江湖。」這說明越人的舲船也有大小之別。大者比較講究，且可行當時水面甚寬的江湖。因此，戰國時期楚國南方的「舲船」不可一概解釋為小船。而且從屈原「乘鄂渚而反顧兮……乘舲船余上沅兮」，以及王逸在「淹迴水而凝滯」一語中注云「言士眾雖同力引棹，船猶不進，隨水迴流」，船的運行阻力很大的情況看，當年屈原所乘的舲船不像是一種很小的木板船。《方言》和《藝文類聚·舟部》皆說：「南楚江湘，凡船大者謂之舸，小舸謂之艖。」唯獨不說舲船是江湘中的一種小船。這說明，我國古代南方的舲船是航行於山區或丘陵地區河流的中型船隻。《北堂書鈔·舟部》中「越舲蜀艇，溯游覆水，帆柁如林」的記載，應當說是戰國時期楚國南方舲船的普遍性和實用性的真實寫照。新中國成立後，在湖北、湖南、四川、廣東等省發現兩漢時期的木船模型，大都可反映出戰國時期楚國江南一帶的船隻概貌[1]。

---

① 中國社科院考古研究所編：〈秦漢造船的考古發現〉，《新中國的考古發現和研究》，文物出版社1984年版，第479頁。

參 考 文 獻

1. 《史記》，中華書局1959年版。

2. 《漢書》，中華書局1962年版。

3. 《戰國策》，上海古籍出版社1985年版。

4. 《國語》，上海古籍出版社1978年版。

5. 《春秋左傳集解》，上海人民出版社1977年版。

6. （北齊）酈道元著，（清）楊守敬、熊會貞疏：《水經注疏》，江蘇古籍出版社1989年版。

7. （清）孫詒讓：《周禮正義》，中華書局1987年版。

8. （清）顧棟高：《春秋大事表》，中華書局1993年版。

9. （清）顧祖禹：《讀史方輿紀要》，上海書店1998年版。

10. 中國歷史地理地圖集編輯組：《中國歷史地圖集》（第一冊），中華地圖學社1975年版。

11. 地圖出版社編制：《中華人民共和國地圖集》（縮印本），地圖出版社1984年版。

12. 國家文物局主編，湖北省文物事業管理局編制：《中國文物地圖集　湖北省分冊》，西安地圖出版社2002年版。

13. 《湖北農業地理》編寫組：《湖北農業地理》，湖北人民出版社1980年版。

14. 陳鈞，張元俊，方輝亞主編：《湖北農業開發史》，中國文史出版

社1992年版。

15. 中國社會科學院考古研究所編：《新中國的考古發現和研究》，文物出版社1984年版。

16. 潘新藻：《湖北省建制沿革》，湖北人民出版社1987年版。

17. 王國維：《觀堂集林》，中華書局1959年版。

18. 楊寬：《西周史》，上海人民出版社1999年版。

19. 楊寬：《戰國史》，上海人民出版社1980年版。

20. 史念海：《河山集》，生活　讀書　新知三聯書店1978年版。

21. 童書業：《春秋左傳研究》，上海人民出版社1983年版。

22. 童書業：《中國古代地理考證論文集》，中華書局1962年版。

23. 顧鐵符：《楚國民族述略》，湖北人民出版社1984年版。

24. 俞偉超：《先秦兩漢考古學論集》，文物出版社1985年版。

25. 石泉，張國雄編：《中國歷史地理專題》（油印本），1985年版。

26. 石泉：《古代荊楚地理新探》，武漢大學出版社1988年版。

27. 張正明：《楚文化史》，上海人民出版社1987年版。

28. 張正明：《楚史》，湖北教育出版社1995年版。

39. 張正明主編：《楚文化志》，湖北人民出版社1988年版。

30. 張正明，劉玉堂：《湖北通史　先秦卷》，華中師範大學出版社年1999版。

31. 高介華，劉玉堂：《楚國的城市和建築》，湖北教育出版社1996年版。

32. 劉玉堂：《楚國經濟史》，湖北教育出版社1996年版。

33. 王光鎬：《楚文化源流新證》，武漢大學出版社1988年版。

34. 何浩：《楚滅國研究》，武漢出版社1989年版。

35. 陳偉：《楚東國地理研究》，武漢大學出版社1992年版。

36. 徐少華：《周代南土歷史地理與文化》，武漢大學出版社1994年版。

37. 羅運環：《楚國八百年》，武漢大學出版社1992年版。

38. 馬世之：《中原楚文化研究》，湖北教育出版社1995年版。

39. 劉和惠：《楚文化的東漸》，湖北教育出版社1995年版。

參考文獻